K. J. T. 1872

Das
Elsaß-Lothringische Verfassungsgesetz
vom 31. Mai 1911
nebst dem Wahlgesetz und den ergänzenden Verordnungen

herausgegeben mit Erläuterungen

von

Dr. F. F. Heim
Gerichtsassessor in Straßburg

Mit einem Vorwort von Dr. Wilhelm Kisch
Professor an der Universität zu Straßburg.

Straßburg
Verlag von Karl J. Trübner
1911

M. DuMont Schauberg, Straßburg i. E.

Vorwort.

Der Aufforderung des Verlags, dem hier vorliegenden Kommentar zum elsaß-lothringischen Verfassungsgesetz einige Worte des Geleites mit auf den Weg zu geben, habe ich gerne Folge geleistet. Man mag über das Gesetz im ganzen und über seine einzelnen Bestimmungen denken, wie man will; unzweifelhaft ist, daß es in der staatsrechtlichen Entwickelung Elsaß-Lothringens einen bedeutsamen Schritt darstellt, den bedeutsamsten vielleicht, den das Land seit seiner Vereinigung mit dem Deutschen Reiche getan hat. Schon diese Tatsache ist wichtig genug, dem neuen Gesetzeswerk die teilnahmvolle Aufmerksamkeit weiter Kreise zu sichern. Aber auch abgesehen davon wird es dem Leser dieses Buches ein wohltuendes und erfrischendes Gefühl sein, sich von der leidenschafterfüllten Luft der Politik auf das stillere und kühlere Feld der Rechtswissenschaft zu flüchten, und sich nach dem aufgeregten Kampf der Geister, der das Zustandekommen des Gesetzes begleitete, nunmehr in Ruhe und Beschaulichkeit auf den gewordenen Rechtszustand zu besinnen.

Bietet doch Elsaß-Lothringen der staatsrechtlichen Betrachtung eine Fülle ebenso interessanter wie schwieriger Probleme. So war es von Anbeginn; so wird es auch unter der Herrschaft des neuen Gesetzes bleiben. Man kann sagen, daß die staatsrechtlichen Verhältnisse des Landes nicht viel klarer sind, als die politischen. Nach wie vor begegnet uns eine Menge von Anomalien. Schon die

Grundfrage ist ungewiß, ob Elsaß-Lothringen nicht bloß, wie es in der verschrobenen Sprache unserer Gesetze heißt, als Staat „gilt", sondern ob es wirklich ein Staat ist. Wie diese Frage bisher zu beantworten war, ist dunkel. Eines aber steht fest: Ist Elsaß-Lothringen bisher kein Staat gewesen, so hat es diese Eigenschaft auch durch das neue Verfassungsgesetz nicht erlangt. Nicht minder wird die Frage bestritten bleiben, wer Träger der in Elsaß-Lothringen wirksamen Staatsgewalt ist: das Reich, der Kaiser oder gar das Land? Eigenartig ist ferner die Stellung des Statthalters. Ein staatsrechtliches Kuriosum allerersten Ranges ist sodann die Erscheinung, daß ein Gebilde, welches, mag es auch ein Staat sein, jedenfalls kein Bundesstaat im Sinne der Reichsverfassung ist, dennoch wie ein solcher mittels Abstimmung im Bundesrat auf die Reichsgeschäfte direkt einwirkt, wenn ihm auch freilich in den wichtigsten Angelegenheiten die Teilnahme wieder entzogen ist. Dieser Punkt, welcher neben der Ausschaltung von Reichstag und Bundesrat politisch als eine der hauptsächlichen Errungenschaften des neuen Gesetzes angesehen wird, schafft eine höchst eigentümliche staatsrechtliche Situation, die jüngeren dissertationslüsternen Fachgenossen bestens empfohlen sei. Daß gar ein abhängiger und jederzeit absetzbarer Beamter die selbständige (!) Instruktion der Stimmen zum Bundesrat vorzunehmen hat, ist keine der geringsten juristischen Merkwürdigkeiten, auf die wir stoßen, von der eigenartigen „Preußenklausel" ganz abgesehen.

In allen diesen und in manchen anderen Beziehungen bietet unser Gesetz das Bild eines unfertigen, der weiteren Entwickelung harrenden, Rechtszustandes. Am deutlichsten aber und empfindlichsten wird der Eindruck der Unfertigkeit durch die Tatsache hervorgerufen, daß Elsaß-Lothringen die eben erhaltene Verfassung nicht als sicheren Besitz, sondern gewissermaßen auf Widerruf erhalten hat. Das Reich hat sie gegeben, das Reich kann sie wiedernehmen. Juristisch steht nichts im Wege, daß zu beliebiger Zeit durch einen der Einwirkung des Landes entzogenen Akt der Reichsgesetzgebung die elsaß-lothringische Verfassung wieder aus der Welt geschafft wird. Dem Lande fehlt, was jedem deutschen Bundesstaat eignet, das Recht der Selbstbestimmung und die juristische Garantie gegen eine von außenher kommende Einwirkung auf seine Verfassungsverhältnisse. Ob die Zeit für eine andere Regelung gekommen war, ist eine politische Frage, die hier nicht zu untersuchen ist. Jedenfalls ist kein Zweifel, daß für die rechtliche Betrachtung Elsaß-Lothringen ein wirklicher, vollberechtigter Bundesstaat nicht eher sein wird, als bis auch diese bedeutsame Schranke gefallen ist. Das ist der Punkt, an welchem die künftige staatsrechtliche Entwickelung einzusetzen haben wird. Solange dieser letzte Schritt noch aussteht, ist die Verfassungsgeschichte des Landes noch nicht zum Abschluß gebracht. Das gegenwärtige Gesetz kann, wie politisch, so auch rechtlich nur als die Regelung einer Übergangsperiode angesehen werden. Nicht nur jeder Angehörige, sondern auch jeder Freund des schönen Landes muß den aufrichtigsten Wunsch hegen, daß in nicht allzu ferner Zeit das ersehnte Ziel sich erreichen lasse, ohne Schaden für das Reich und zum Segen Elsaß-Lothringens.

Drei-Ähren, im August 1911.

Wilhelm Kisch.

Abkürzungen.

Abs. = Absatz.
AG. = Ausführungsgesetz.
A. M. = Anderer Meinung.
Art. = Artikel.
B. oder Begr. = Begründung.
BGB. = Bürgerliches Gesetzbuch.
BGBl. = Bundesgesetzblatt.
E. = Entwurf.
E.-L. = Elsaß-Lothringeu, entsprechend auch e.-l.
E.-L.Gbl. oder Gbl. = Gesetzblatt für Elsaß-Lothringen.
Ges. = Gesetz.
KB. = Bericht der Reichstagskommission.
PV. = Preußische Verfassungsurkunde.
RGBl. = Reichsgesetzblatt.
RStGb. oder StGb. = Reichsstrafgesetzbuch.
RV. = Reichsverfassung.
S. = Satz
SB. = Stenographische Berichte des Reichstags.
StPO. = Strafprozeßordnung.
Ver. = Verordnung.
VG. = Verfassungsgesetz.
WG. = Wahlgesetz.
WO. = Wahlordnung.
ZPO. = Zivilprozeßordnung.

Bezüglich der mir dem Namen der Verfasser nach angeführten Literatur wird auf das Literaturverzeichnis verwiesen. Mit Leoni ist stets dessen Verfassungsrecht von Elsaß-Lothringen (Das öffentliche Recht des Reichslandes . . I. Teil) gemeint.

Literatur.

Löning, Die Verwaltung des Generalgouvernements im Elsaß (1874). Mitscher, Elsaß-Lothringen unter deutscher Verwaltung, in den Preußischen Jahrbüchern 33, S. 269 ff., 388 ff., 552 ff., sowie 34, 1 ff. v. Stengel, Das öffentliche Recht und die Verwaltungsgerichtsbarkeit in Elsaß-Lothringen, Annalen des Deutschen Reichs 1876, 808 ff., 879 ff. Das Recht der Wiedergewonnenen (1883 — anonym). Elsaß-Lothringen als Kaiserliches Kronland (1878 — anonym). Stöber, Archiv für öffentliches Recht 1, 646 ff. Kayser, Art. Reichsland in v. Holtzendorffs Rechtslexikon III, 402 ff. Otto Mayer, Art. Elsaß-Lothringen in v. Stengels Wörterbuch des deutschen Staats- und Verwaltungsrechts (2. A. herausgegeben v. Fleischmann) I 711 ff.; derselbe, Theorie des französischen Verwaltungsrechts 41 ff. Ernst Mayer, Annalen des Deutschen Reichs 1896, 264 ff. Jellinek, Über Staatsfragmente (1896) 31 ff.; derselbe, Allgemeine Staatslehre I 594 ff. Rehm, Annalen des Deutschen Reichs 1885, 71 ff.; derselbe, Allgemeine Staatslehre 167. Rosenberg, Die staatsrechtliche Stellung von Elsaß-Lothringen (1896); derselbe, Annalen des Deutschen Reichs 1899, 382 ff. sowie 1903 482 ff., 664 ff. Hamburger, Die staatlichen Besonderheiten der Stellung des Reichslandes Elsaß-Lothringen im Deutschen Reich (1901). Hellmann, Die staatsrechtliche Stellung des Reichslandes Elsaß-Lothringen (Diss. 1907). Leoni, Marquardsens Handbuch des öffentlichen Rechts II, 1, 215 ff.; derselbe, Das öffentliche Recht des Reichslandes Elsaß-Lothringen, I. Teil: Verfassungsrecht (1892). Leoni-Mandel, Das öffentliche Recht usw. II. Teil: Verwaltungsrecht (1895). Mandel-Grünewald, Die Verfassung und Verwaltung von Elsaß-Lothringen (1895). Bruck, Verfassungs- und Verwaltungsrecht von Elsaß-Lothringen (1908—1910).

Aus der allgemeineren Literatur: Laband, Staatsrecht des Deutschen Reichs (4. A. 1901) II §§ 67—69, S. 197 ff. Hänel, Deutsches Staatsrecht (1892) I 823 ff. Schulze, Lehrbuch des deutschen Staatsrechts (1886) II 354 ff. G. Meyer, Lehrbuch des deutschen Staatsrechts (6. A. 1905 von Anschütz) §§ 138—141 S. 472 ff. Arndt, Staatsrecht des Deutschen Reichs (1901) S. 745 ff.; Derselbe, Verfassung des Deutschen Reichs (4. A. 1911) S. 45 ff. Zorn, Staatsrecht des Deutschen Reichs (2. A. 1895—1897) I 558, 561 u. a. . . Seydel, Kommentar zur Verfassungsurkunde für das Deutsche Reich (2. A. 1897) 128 ff.

Bezüglich der Materialien zu dem Verfassungs- und dem Wahlgesetz vgl. die Drucksachen des Reichstags 12. Legislaturperiode II. Session 1909/10/11 Nr. 581, 1032—1046, 1069, sowie die stenographischen Berichte über die 115., 116., 182.—184. Sitzung (S. 4157—4243, 7035—7159).

Einleitung.

A. Die Entwickelung des Reichslandes Elsaß-Lothringen.

I. Mit dem 4. August 1870 begann die Besetzung der französischen Gebiete, die heute das Reichsland bilden, durch die deutschen Truppen. Mitte Dezember war sie im wesentlichen vollendet; nur die Festung Bitsch war noch in französischem Besitz, aber von jeder äußeren Verbindung mit Frankreich losgelöst. Am 14. August 1870 wurde durch Kabinetsordre des Königs von Preußen (Amtliche Nachrichten Nr. 1) die Verwaltung der okkupierten Teile des Elsasses einem „General-Gouverneur im Elsaß" übertragen, dem am 26. August ein „Civilkommissar" beigeordnet wurde (Ordre v. 26. August 1870, Amtl. Nachr. Nr. 1). Durch Verordnung vom 21. August und durch Ordre vom 7. November 1870 wurde das der Verwaltung des Generalgouverneurs unterstellte Gebiet erweitert, sodaß es der Hauptsache nach das ganze Elsaß-Lothringen umfaßte. Die Zuständigkeit des Generalgouverneurs bestimmte sich nach einer Instruktion, die vom preußischen Kriegsministerium in Gemeinschaft mit dem Kanzler des Norddeutschen Bundes entworfen und vom König von Preußen genehmigt wurde (21. August 1870). Veröffentlicht wurde diese Instruktion niemals; jedoch ergibt sich aus der Proklamation des Generalgouverneurs vom 30. August 1870, daß er zur Handhabung der Staatsgewalt im Lande berufen war. Die Tätigkeit des Civilkommissars wurde durch eine Instruktion vom 26. August und einen Erlaß des Bundeskanzler-Amts vom 3. September 1870 geregelt.

Durch die Okkupation wurde die französische Staatsgewalt nicht rechtlich beseitigt, sondern lediglich „außer Wirksamkeit gesetzt", der Ausübung nach suspendiert[1]). Ihre Handhabung ging nach völkerrechtlichen Grundsätzen auf den König von

[1]) Über die Wirksamkeit der während des Kriegs erlassenen französischen Gesetze in E.-L. vgl. Laband II § 69 S. 236f., Leoni 9f. und Bruck I 4f.

Preußen als den Oberbefehlshaber der deutschen Truppen über. Seine Gewalt war eine militärische und hatte ihren Rechtsgrund im völkerrechtlichen Titel der Okkupation. Daß diese letztere in der Absicht erfolgte, das besetzte Gebiet dauernd zu behalten, änderte an dem dargelegten Rechtszustande nichts. Der Generalgouverneur übte also während der Dauer der bloßen Okkupation das Recht der Gesetzgebung, das ihm kraft des Auftrags des Oberbefehlshabers der deutschen Armee zustand, an Stelle der suspendierten französischen Staatsgewalt und für dieselbe aus. Seine innerhalb dieser Zeit erlassenen Verordnungen sind nicht Äußerungen der deutschen Staatsgewalt.[2])

II. Anders wurde es mit der **Abtretung** des Landes an das während des Krieges am 1. Januar 1871 errichtete Deutsche Reich. Sie erfolgte im Präliminarfrieden von Versailles vom 26. Februar 1871 (RGBl. S. 215), der mit dem Austausch der Ratifikationsurkunden am 2. März 1871 Wirksamkeit erlangte. Seit diesem Tage untersteht Elsaß-Lothringen der Staatsgewalt des Deutschen Reichs.[3]) Im Frankfurter Friedensvertrag vom 10. Mai 1871 (RGBl. S. 223) wurde die Abtretung bestätigt; der Austausch der Urkunden fand am 20. Mai statt. Nach wiederholten Gebietsverschiebungen[4]) durch den Frankfurter Friedensvertrag (Art. I), den Zusatzartikel III zu demselben (RGBl. 1871 S. 237) und die Zusatzkonvention vom 12. Oktober 1871 (RGBl. 365) wurde die neue deutsch-französche Grenze durch eine auf Grund des Art. I des Präliminarfriedens gebildete internationale Grenzregulierungskommission an Ort und Stelle festgestellt und durch einen Grenzrezeß,[5]) der am 31. Mai 1877 zu Metz ratifiziert wurde, festgesetzt.

Die Abtretung Elsaß-Lothringens stellte das Reich vor ein neues, ebenso seltenes als schwieriges Problem. Sie hatte lediglich zur Folge, daß die Staatsgewalt in Elsaß-Lothringen

---

[2]) Vgl. darüber **Laband** II § 69 S. 236f., **Bruck** I 2f. und die bei beiden angeführte Literatur. A. M. insbesondere **Leoni** 27., der eine schon mit der Okkupation des Landes beginnende ununterbrochene Kontinuität deutschen Rechts und deutscher Verwaltung annimmt. Vgl. auch Bem. I zu § 5 VG.

[3]) Vgl. dazu **Bruck** I 7 N. 1 u. **Leoni** 3 N. 3. Durch die Abtretung wurden nicht alle französischen Gesetze außer Kraft gesetzt. Vgl. darüber **Bruck** I 5f. und **Leoni** 11f.

[4]) Vgl. **Bruck** I 7f.

[5]) Vgl. Gemeindezeitung für E.-L. 1877 N. 16ff.

dem Reich zustand. Staatsrechtlich war das Land nicht einmal Bestandteil des Reichs; nur vom Standpunkte des Völkerrechts gehörte es demselben an. Es bedurfte daher eines besonderen Reichsgesetzes, um das staatsrechtliche Verhältnis des Landes zum Reiche zu regeln. Hierfür standen verschiedene Möglichkeiten offen. Elsaß-Lothringen konnte einem der deutschen Bundesstaaten einverleibt oder unter mehrere aufgeteilt werden. Es konnte ferner zu einem Bundesstaate erhoben werden. Schließlich konnte man von beiden Maßregeln absehen und es in seiner bisherigen Stellung als bloßes Objekt der Reichsgewalt in das Reichsgebiet aufnehmen. Aus politischen Gründen wurde dieser letzte Weg eingeschlagen. Das Reichsgesetz vom 9. Juni 1871 (RGBl. S. 212; ELGBl. S. 1)[6]) sprach die endgültige Vereinigung des Landes mit dem Deutschen Reiche aus (§ 1). Elsaß-Lothringen ist als „unmittelbares Reichsland" konstituiert, wie es in den Motiven[7]) des Gesetzes heißt.

Die Ausübung der Staatsgewalt wurde dem *Kaiser* übertragen. Hinsichtlich der Gesetzgebung wurde er jedoch an die Zustimmung des Bundesrats gebunden; diejenige des Reichstags war nur ausnahmsweise erforderlich (§ 3).[8]) Als verantwortlicher Minister des Kaisers für Elsaß-Lothringen wurde ausdrücklich der *Reichskanzler* bezeichnet (§ 4). Das diesem zur Erledigung der Geschäfte beigegebene Reichskanzleramt nahm dementsprechend auch die Stellung der obersten Verwaltungsbehörde für das Land ein. Zur Bearbeitung der „inneren" Angelegenheiten des Landes wurde eine besondere Abteilung (III) des Reichskanzleramts eingerichtet, die ursprünglich auch die Verwaltung der Reichseisenbahnen zu leiten hatte,[9]) aber keine selbständige Behörde bildete.

Das Amt des Generalgouverneurs blieb bis zum 5. September 1871 fortbestehen. Seine Stellung war schon durch die Abtretung Elsaß-Lothringens an das Reich insoweit geändert worden, als er nicht mehr die französische, sondern die deutsche Staatsgewalt ausübte. Durch das Gesetz vom 9. Juni 1871 aber erlitt er eine erhebliche Einbuße an seiner Machtvollkommenheit. Das bestehende Landesrecht war jeder Ab-

---

[6]) Vgl. über die Verkündigung des Gesetzes *Bruck* I 8 N. 4, über sein Inkrafttreten *Laband* II § 69 S. 239.

[7]) Ziffer I. Annalen des Deutschen Reichs 1871, 848.

[8]) Vgl. Bem. I zu § 5 VG.

[9]) Vgl. *Laband* II § 68 S. 217.

änderung durch ihn entzogen. Abgesehen davon war er jedenfalls nur mehr ein dem Kaiser und Reichskanzler unterstelltes Verwaltungsorgan.

Als „oberste Verwaltungsbehörde in Elsaß-Lothringen" schuf das Gesetz vom 30. Dezember 1871 (RGBl. 1872 S. 49) einen „*Oberpräsidenten*" mit dem Amtssitz in Straßburg. Er stand unter dem Reichskanzler, der allein verantwortlicher Minister blieb. Seine Zuständigkeit umfaßte insbesondere die Aufsicht über die Landesverwaltung, ihre Behörden und Beamten, die Sorge für die gleichmäßige Ausführung der Gesetze und Verordnungen, die Entscheidung über Beschwerden gegen die Behörden, die Aufstellung des jährlich durch Gesetz festzustellenden Etats u. a. (§ 5). Eine Reihe von Angelegenheiten war ihm zur unmittelbaren Verwaltung überwiesen (§ 6 I). Bei Gefahr für die öffentliche Sicherheit konnte er alle Maßregeln treffen, die er zur Abwendung derselben für erforderlich erachtete (§ 10 I — „Diktaturparagraph" —)[10]) und zu diesem Behufe, sowie überhaupt zu polizeilichen Zwecken die im Lande stehenden Truppen requirieren (§ 10 II). Außerdem konnten ihm durch den Reichskanzler die Befugnisse übertragen werden, die nach den noch geltenden französischen Gesetzen von den Ministern auszuüben waren (§ 6 II). Da der Reichskanzler von dieser Ermächtigung ausgiebigen Gebrauch machte,[11]) hatte der Oberpräsident, von geringen Ausnahmen abgesehen, im Bereiche der inneren Landesverwaltung tatsächlich die Stellung eines Ministers. Rechtlich war er nur eine vom Reichskanzler abhängige Zentralinstanz ohne konstitutionelle Verantwortlichkeit.[12])

III. Am 1. Januar 1874 trat die *Reichsverfassung* in Elsaß-Lothringen auf Grund des Gesetzes vom 25. Juni 1873 (RGBl. S. 161) in Kraft. Ihre Einführung war von vornherein beabsichtigt und bereits im Gesetz vom 9. Juni 1871 vorgesehen (§§ 2, 3).[13]) Über die staatsrechtlichen Schwierigkeiten, die ihr entgegenstanden und in dem Charakter der Ver-

---

[10]) Vgl. über dessen Inhalt des näheren *Bruck* I 18f. und die daselbst angeführte Literatur.

[11]) Vgl. *Bruck* I 15f., *Leoni* 84f.

[12]) Vgl. die Charakteristik bei *Laband* II § 68 S. 218f.

[13]) Art. 3 RV wurde durch dieses Gesetz sofort eingeführt (§ 2 III), gewisse andere Bestimmungen derselben schon vor dem 1. Januar gemäß § 2 I S. 2 Ges. Vgl. die Zusammenstellung bei *Bruck* I 9 und bezüglich § 2 I S. 1 Ges. das Ges. v. 20. Juni 1872 (RGBl. 208).

fassung und der Stellung des Landes ihren Grund hatten,[14]) setzte man sich einfach hinweg. Bundesratsstimmen erhielt Elsaß-Lothringen nicht, dagegen die Befugnis zur Wahl von Abgeordneten zum Reichstag (§ 3 Ges. v. 25. Juni 1873). Von besonderer Bedeutung ist die Änderung hinsichtlich der Gesetzgebung, die sich mit dem 1. Januar 1874 vollzog. Landesgesetze waren nunmehr im Wege der Reichsgesetzgebung zu erlassen, also vom Kaiser nach Zustimmung des Bundesrats und des Reichstags (§ 3 IV Ges. vom 9. Juni 1871). Der Kaiser behielt nur das Recht, unter Zustimmung des Bundesrats nach Maßgabe des § 8 des Gesetzes vom 25. Juni 1873 Verordnungen mit gesetzlicher Kraft zu erlassen.[15])

IV. Einen wesentlichen Fortschritt in der staatsrechtlichen Entwickelung des Landes brachte das Gesetz vom 2. Mai 1877 (RGBl. S. 491). Der durch Erlaß vom 29. Oktober 1874 (RGBl. S. 37) als Landesvertretung ins Leben gerufene Landesausschuß, der von den drei Bezirkstagen aus ihrer Mitte gewählt wurde und gutachtliche Äußerungen über Entwürfe von Landesgesetzen einschließlich des Haushalts-Etats, sowie über Verwaltungsmaßregeln von allgemeiner Bedeutung, die nicht der Beratung und Beschlußfassung der Bezirkstage unterlagen, zu erstatten hatte, wurde zum gesetzgebenden Faktor für Landesgesetze erhoben. Gesetze in Landesangelegenheiten konnten und sollten nunmehr vom Kaiser mit Zustimmung des Bundesrats und des Landesausschusses erlassen werden (§ 1). Auch sollten die Rechnungen über den Landeshaushalt diesen Körperschaften zur Entlastung vorgelegt werden (§ 3 S. 1). Subsidiär blieb indes die bisherige Zuständigkeit des Reichstags bestehen (§§ 2, 3 S. 2). Auch das Verordnungsrecht des Kaisers wurde nicht angetastet.

V. Das Gesetz vom 4. Juli 1879 (RGBl. S. 165) änderte nichts an der Kompetenz zur Landesgesetzgebung. Doch wurde der Landesausschuß in Bezug auf seine Zusammensetzung und seine Befugnisse weiter ausgestaltet (§§ 12—21) und ein Staatsrat zur Begutachtung von Entwürfen zu Gesetzen und allgemeinen Ausführungsverordnungen berufen (§ 9, 10).

Einen schweren Eingriff machte das Gesetz in die Organisation der Regierung. Sie wurde von Grund aus umgestaltet.

---

[14]) Vgl. Bem. I zu Art. 1 VG.
[15]) Vgl. Bem. III zu § 5 und die Bem. zu § 23 VG.

Seit dem 1. Januar 1877 bildete die Abteilung III des Reichskanzleramts als „Reichskanzleramt für Elsaß-Lothringen" eine selbständige oberste Reichsbehörde, deren Chef später nach Maßgabe des Stellvertretungsgesetzes vom 17. März 1878 (RGBl. S. 7) zum verantwortlichen Stellvertreter des Reichskanzlers bestellt wurde. Es bestanden somit für die innere Verwaltung des Landes drei verschiedene Zentralinstanzen: der Oberpräsident, das Reichskanzleramt für Elsaß-Lothringen und schließlich der Reichskanzler, außerdem eine mittlere und eine untere Instanz.[16]) Die Justizverwaltung lag in den Händen des Reichsjustizamts, das sich gleichzeitig mit dem Reichskanzleramt für Elsaß-Lothringen aus der Abteilung IV des Reichskanzleramts entwickelt hatte und dessen Vorstand ebenfalls Stellvertreter des Reichskanzlers geworden war. Dem unbefriedigenden Zustand wurde durch das Gesetz vom 4. Juli 1879 abgeholfen. Das Reichskanzleramt für Elsaß-Lothringen sowie das Oberpräsidium wurden aufgelöst und an deren Stelle ein „Ministerium für Elsaß-Lothringen"[17]) eingerichtet, dem außer den Zuständigkeiten beider Behörden[18]) auch die bisher vom Reichsjustizamt in der Landesverwaltung geübten Obliegenheiten übertragen wurden (§§ 3 bis 6, 8). Das Ministerium wurde nicht dem Reichskanzler unterstellt, sondern einem Statthalter,[19]) auf den die dem Reichskanzler in Landesangelegenheiten überwiesenen Kompetenzen nebst den Diktaturbefugnissen des Oberpräsidenten[20]) übergingen (§ 2). Der Reichskanzler schied damit aus dem Bereich der Landesverwaltung aus. Dem Statthalter konnten außerdem noch „landesherrliche Befugnisse" durch Kaiserliche Verordnung übertragen werden (§ 1). Mit Rücksicht auf den Landesausschuß wurde Straßburg zum Sitz des Statthalters und des Ministeriums bestimmt. Vom 1. Oktober 1871 ab — an dem das Gesetz in Wirkung trat — hatte Elsaß-Lothringen also nicht nur eine von der des Reichs verschiedene Regierung, sondern auch eine Regierung im Lande selbst. Im übrigen blieb das Verhältnis des Landes zum Reiche grund-

[16]) Vgl. Gesetz v. 30. Dez. 1871.
[17]) Vgl. darüber Bem. VI zu § 2 VG.
[18]) Ausgenommen die außerordentlichen Gewalten des § 10 Ges. v. 30. Dez. 1871.
[19]) Vgl. die Bem. zu § 2 VG.
[20]) Vgl. oben III und Note 18.

sätzlich dasselbe wie früher. Der Statthalter erhielt jedoch das Recht, gemäß § 7 des Gesetzes Kommissare ohne Stimmberechtigung in den Bundesrat abzuordnen.[21])

VI. Der durch die Gesetze vom 2. Mai 1877 und vom 4. Juli 1879 geschaffene Rechtszustand konnte nicht als Abschluß der staatsrechtlichen Entwickelung des Reichslands gelten und wurde stets auch nur als ein Provisorium aufgefaßt. Trotzdem blieb er in seinen Grundlagen über drei Jahrzehnte hinaus bestehen[22]; es war ein Stillstand in der Fortbildung des elsaß-lothringischen Verfassungsrechts eingetreten. Seit Jahren wurde die Bevölkerung des Landes nicht müde, eine Verbesserung seiner rechtlichen Stellung zu verlangen. Die Forderung nach der Gleichstellung Elsaß-Lothringens wurde aufgestellt und fort und fort in der Presse, in politischen Versammlungen und in den Parlamenten erhoben und erörtert. Landesausschuß und Reichstag traten dieser Forderung bei. Endlich entschlossen sich die verbündeten Regierungen, „im Hinblick auf die Gestaltung der politischen Verhältnisse in Elsaß-Lothringen" und in der „zuversichtlichen Erwartung", „daß durch die Gewährung größerer Selbständigkeit die innere Verschmelzung des Landes mit dem Reiche eine wesentliche Förderung erfahren werde", den Reformbestrebungen nicht länger entgegenzutreten und dem Reichslande eine Verfassung zu geben, „durch die es in einem mit den Interessen des Reichs verträglichen Umfang die gewünschte staatliche Selbständigkeit" erlangen sollte.[23])

Dementsprechend legte der Reichskanzler am 17. Dezember 1910 dem Reichstag die vom Bundesrat beschlossenen Entwürfe eines **Gesetzes über die Verfassung Elsaß-Lothringens** und eines **Gesetzes über die Wahlen zur zweiten Kammer des Landtags für Elsaß-Lothringen** nebst Begründung zur verfassungsmäßigen Beschlußnahme vor. Der Entwurf zum Verfassungsgesetz folgte der die ganze bisherige Entwickelung beherrschenden Tendenz, die Ausübung der dem Reiche zustehenden Funktionen mehr und mehr von den allge-

---

[21]) Vgl. Bem. I zu Art. I VG.

[22]) Nur vereinzelte Gesetze statuierten unwesentliche Änderungen. Das Ges. v. 7. Juli 1887 (RGBl. S. 377) erweiterte die kais. Verordnungsgewalt (vgl. Bem. III zu § 5), das Ges. v. 18. Juni 1902 (RGBl. 231) beseitigte den Diktaturparagraphen.

[23]) Begründung zum VG. 8.

meinen Reichsorganen loszulösen und auf besondere reichsländische Organe zu übertragen. Die Begründung sagt hierüber folgendes: „Eine selbständige Verwaltung besitzt das Land bereits seit 1879. Der Entwurf sieht vor, daß auch die Gesetzgebung verselbständigt wird, indem für das Land besondere gesetzgebende Körperschaften ins Leben gerufen und mit allen parlamentarischen Rechten ausgestattet werden. Die Kompetenz dieser Körperschaften wird die gleiche sein, wie die der bundesstaatlichen Parlamente, jedoch mit der sich aus der rechtlichen Natur des Reichslands ergebenden Einschränkung, daß die Regelung der staatsrechtlichen Beziehungen zum Reiche nach wie vor der Reichsgesetzgebung vorbehalten bleibt.“ Der Forderung, Elsaß-Lothringen zum Bundesstaate zu erheben und ihm eine stimmberechtigte Vertretung im Bundesrate zu gewähren, gab der Entwurf keine Folge.

Die erste Beratung der Entwürfe im Reichstag fand am 26. und 28. Januar 1911 statt. Sie wurden einer Kommission von 28 Mitgliedern überwiesen, die am 30. Januar zum erstenmale zusammentrat und ihre Arbeiten am 20. Mai 1911 beendigte.[24]) Ihre Verhandlungen drohten wiederholt die Vorlage zum Scheitern zu bringen, waren aber schließlich doch in der 5. Lesung von Erfolg gekrönt. Die Kommission nahm eine große Reihe von Bestimmungen der Vorlage unverändert an, traf aber auch Änderungen und setzte einige neue Bestimmungen ein, nämlich die jetzigen §§ 25/6 und vor allem den Art. I des Verfassungsgesetzes, durch den Elsaß-Lothringen ein Stimmrecht im Bundesrat erhält.[25]) Das Plenum des Reichstags schloß sich in der dritten Beratung der Entwürfe am 26. Mai 1911 den Kommissionsbeschlüssen an.[26]) Unter dem 31. Mai wurden die vom Bundesrat sanktionierten Gesetze vom Kaiser ausgefertigt und in N. 29 des Reichsgesetzblattes, ausgegeben den 6. Juni 1911, verkündet. Die Bestimmungen des Verfassungsgesetzes über die Bildung des Landtags und das Wahlgesetz traten mit dem Tage der Verkündung in Kraft; die übrigen Vorschriften sollen an einem durch Kais. Verordnung festzusetzenden

[24]) KB. 1, 55.

[25]) Vgl. die Zusammenstellung der Entwürfe nach den Kommissionsbeschlüssen. Drucksache Nr. 581.

[26]) Die namentliche Abstimmung ergab 212 Stimmen für und 94 gegen die Vorlage; 7 Mitglieder enthielten sich der Abstimmung und 1 Stimme war ungültig (SB. 7158).

Tage, jedoch spätestens am 1. Januar 1912 in Kraft treten (Art. III VG. § 14 WG.).

Auch jetzt ist die staatsrechtliche Entwickelung Elsaß-Lothringens nicht abgeschlossen. Mit der neuen Verfassung beginnt aber eine neue Periode derselben, die in nicht allzu ferner Zeit mit der Erhebung des Landes zum selbständigen Gliedstaate des Reichs ihr Ende erreichen muß.

B. Die staatsrechtliche Stellung Elsaß-Lothringens.

Sie ist eine der schwierigsten Fragen des neueren deutschen Staatsrechts und hat eine umfangreiche Literatur hervorgerufen. Ihre Bestimmung ist durch das neue Verfassungsgesetz nicht leichter geworden. Auch jetzt noch, ja heute vielleicht mehr als früher, erscheint Elsaß-Lothringen als ein ganz eigenartiges Gebilde, dessen Einordnung in die üblichen staatsrechtlichen Begriffe mit um so größeren Schwierigkeiten verknüpft ist, als diese Begriffe nicht durchweg scharf umgrenzt und unbestritten sind. So besteht denn auch in der Literatur alles andere eher denn eine Übereinstimmung der Ansichten über den staatsrechtlichen Charakter des Reichslandes. Verschiedene Schriftsteller betrachten Elsaß-Lothringen als einen Staat mit einer von der Reichsgewalt verschiedenen eigenen Staatsgewalt.[1]) Von der großen Mehrheit wird diese Meinung indes verworfen. Die einen erklären das Reichsland für einen bloßen Verwaltungsdistrikt des Reiches ohne jede Rechtspersönlichkeit,[2]) die andern für eine Reichsprovinz mit besonderem zum Privatrechtssubjekt ausgestalteten Landesfiskus,[3]) wieder andere für einen Selbstverwaltungskörper mit besonderen öffentlichen und privaten Rechten.[4]) Schließlich suchte man die Eigenart der Rechtsstellung des Landes dadurch besser zu kennzeichnen, daß man es mit anderen ungewöhnlichen staats- oder völkerrechtlichen

---

[1]) Leoni, 3ff; Rehm, Annalen des Deutschen Reichs 1885, 71ff; Seydel 39; Mandel-Grünewald, Die Verfassung und Verwaltung von E.-L., 3ff. Vgl. dazu insbes. Laband II § 67 S. 201 N. 1 und Bruck I 21ff.

[2]) Hänel, Staatsrecht I 823ff., 833, 835; Zorn, Staatsrecht I 558, 561 u. a.; Arndt, Staatsrecht 745ff., Kommentar zur RV. 45 N. 2.

[3]) Laband II § 67 S. 199ff; Hamburger, Die staatsrechtlichen Besonderheiten der Stellung des Reichslands, 50f., 56.

[4]) Löning, Lehrbuch des deutschen Verwaltungsrechts (1884), 77; Schulze, Staatsrecht II 374; G. Meyer, Staatsrecht 472ff.

Erscheinungen in Parallele stellte. So wurden die Begriffe eines Staatsfragments,[5]) eines Lands oder Nebenlands,[6]) eines Territoriums[7]) zur Charakterisierung des Reichslands geprägt oder verwertet.

Daß Elsaß-Lothringen kein Staat ist, zeigt ohne weiteres ein Vergleich mit den Bundesstaaten. Der wesentliche Unterschied zwischen den Bundesstaaten und E.-L. besteht darin, daß jene eigene, nicht abgeleitete Herrschaftsrechte haben, dieses dagegen nicht. Freilich sind die Bundesstaaten auch einer höheren Gewalt, der Reichsgewalt, unterworfen; sie sind deshalb auch nicht souveräne Staaten, d. h. sie haben nicht die oberste Gewalt. Aber durch ihre Unterordnung unter das Reich haben sie ihren Charakter als Staat nicht eingebüßt, sie sind nicht bloße Reichsprovinzen geworden; sie haben nur die Souveränität verloren, die kein wesentliches Merkmal des Staates darstellt, wie sich dies gerade beim Begriff des Bundesstaats gezeigt hat. Wesentlich ist vielmehr die Existenz einer originären, nicht übertragenen Herrschergewalt, einerlei ob ihr Umfang unbeschränkt oder beschränkt ist.[8])

Eine solche Gewalt besteht zwar auch in E.-L. Sie ist jedoch nichts anderes als die Reichsgewalt. Eine von der des Reiches verschiedene Staatsgewalt existiert nicht. Das tritt namentlich darin zutage, daß die Organisation Elsaß-Lothringens, seine Verfassung vom Reiche gegeben und von ihm abhängig ist, daß die gesamte Gesetzgebung, Rechtsprechung und Verwaltung in letzter Linie auf das Reich zurückgeht. Das Reich hat sich seiner Herrschaft über das Land, die es als Rechtsnachfolger Frankreichs ausübt, noch nicht zugunsten eines andern entäußert, insbesondere nicht zugunsten des Kaisers, wie schon irrtümlich behauptet wurde. Immerhin ist es üblich und sogar rechtlich geboten, zwischen Reichsgewalt und elsaß-lothringischer Staatsgewalt zu unterscheiden. Es handelt sich dabei um die Abgrenzung derjenigen Zuständigkeiten, die das Reich auf Grund der Reichsverfassung und für das ganze Reichsgebiet hat, gegenüber den Befugnissen, die ihm nur in

---

[5]) Jellinek, Über Staatsfragmente.

[6]) Jellinek, Allg. Staatslehre 594 ff.; O. Meyer, in v. Stengels Wörterbuch des Deutschen Staats- u. Verwaltungsrechts I 712 f.

[7]) Rosenberg, Annalen des Deutschen Reichs 1903, 664 ff.

[8]) Vgl. darüber Laband I 51 ff. und Jellinek 446 ff.

E.-L. zustehen und die mit den Rechten vergleichbar sind, welche den einzelnen Bundesstaaten verblieben sind.[9]) Die Unterscheidung bedeutet nicht, daß in E.-L. zwei selbständige Staatsgewalten bestehen. Es gibt nur eine Staatsgewalt des Reichs, die aber in E.-L. unbeschränkt ist, im Gegensatz zu der beschränkten Herrschaft, die es über seine Gliedstaaten hat.

Hat also Elsaß-Lothringen keine eigene, vom Reich verschiedene Staatsgewalt, so fehlt ihm das wesentliche Merkmal eines Staates. Daß es etwa durch die Verleihung der Bundesratsstimmen zum Staate oder zum Bundesstaate — denn nur ein Bundesstaat hätte es werden können — geworden sei, läßt sich mit Rücksicht auf verschiedene Bestimmungen des VG., deren Entstehungsgeschichte und die bisherige staatsrechtliche Entwickelung Elsaß-Lothringens, nicht aufstellen.[10]) Jene Verleihung erscheint vielmehr angesichts der rechtlichen Stellung des Landes ebenso wie schon die Einführung der Reichsverfassung als eine Inkonsequenz, zu der sich das Reich aus politischen Gründen bequemt hat. E.-L. wird jetzt im Verhältnis zum Reich mehr als früher gleich einem Bundesstaate behandelt, ohne daß es in Wirklichkeit ein solcher ist. Eine Gleichstellung mit den Bundesstaaten war in anderen Beziehungen schon mehrfach erfolgt,[11]) sie war jedoch vielfach ohne staatsrechtliche Bedeutung.

Ist E.-L. kein Staat, so ist es andererseits nicht ein bloßer Verwaltungsbezirk des Reichs ohne eigene Rechtspersönlichkeit. Daß die „Landeskasse" einen besonderen Landesfiskus darstellt, nicht einen nur verwaltungsmäßig gesonderten Teil des Reichsfiskus, kann füglich nicht bestritten werden.[12]) E.-L. wird dem Reiche gegenüber in vermögensrechtlicher Beziehung nicht nur verwaltungsmäßig wie ein Staat behandelt; es ist ein besonderes Vermögenssubjekt. Aber seine Rechtsfähigkeit beschränkt sich nicht auf dieses Gebiet; es ist ein mit öffentlichen Rechten ausgestatteter Organismus des Reichs, eine juristische

[9]) Laband I § 12 S. 102 ff.; G. Meyer 475.

[10]) Ebenso insbesondere Laband in der Deutschen Juristenzeitung 1911 S. 771.

[11]) So insbesondere für das Gebiet des Strafrechts durch Art. I Abs. II des Einführungsgesetzes vom 30. August 1871, für das Gebiet des bürgerlichen Rechts durch Art. 5 des Einführungsgesetzes zum BGB. Vergl. auch Gesetz vom 17. Juli 1871, § 82 Grundbuchordnung, § 1 Einf.-Ges. zum Zwangsversteigerungsgesetz, § 185 Ges. über die freiwillige Gerichtsbarkeit.

[12]) Laband II § 67 S. 213 f.; Rosenberg, Annalen 1903, 482 ff.

Person des öffentlichen Rechts.[13]) Zu dieser Annahme führt mit innerer Notwendigkeit die Tatsache, daß E.-L. an der Herrschaft des Reichs durch seine Bundesratsstimmen beteiligt ist. Es ist logisch undenkbar, daß dem Reich als solchem Bundesratstimmen zustehen; möglich ist dagegen, daß ein öffentlich-rechtlicher Verband, ein besonderes staatsähnliches Gebilde den Bundesstaaten in dieser Beziehung gleichgestellt ist. Jener Auffassung entspricht es auch, daß Elsaß-Lothringen ein eigenes Organ für die Landesgesetzgebung hat. Den Landtag als — unmittelbares — Reichsorgan zu bezeichnen, hieße den tatsächlichen Verhältnissen Zwang antun. Daß es zur Gesetzgebung der Mitwirkung eines Reichsorgans, des Kaisers, bedarf, steht dem nicht entgegen. Es handelt sich um einen eigentümlichen Rechtszustand, der mit dem herkömmlichen Begriff der zur Dezentralisation des Staates geschaffenen Selbstverwaltungskörper mit eigener Rechtsfähigkeit, wie wir sie in den e.-l. Gemeinden und Bezirken finden, nicht gemessen werden darf, der aber in der Organisation gewisser außerdeutscher Gebiete ein Analogon hat.[14]) Als ein Kommunalverband höherer Ordnung kann E.-L. schon deshalb nicht wohl betrachtet werden, weil seine Zuständigkeit eine ganz andere ist als diejenige der Kommunalverbände, und weil seine Behörden staatliche Behörden sind. Die Kompetenz und Organisation des Landes ist eine staatliche und mit derjenigen eines Bundesstaates auf eine Stufe zu stellen, nur daß die Staatsgewalt dem Reich zusteht und von einem Organ des Reiches ausgeübt wird, daß die Hoheitsrechte des Landes abgeleitete, ihm vom Reich übertragene und wieder entziehbare sind.

Bezeichnet man E.-L. als ein Staatsfragment, als ein Land oder Nebenland, als ein Territorium oder sonst in ähnlicher Weise (unvollkommener, werdender Staat), so deutet man damit in gewissem Maße seine eigentümliche Rechtsstellung als diejenige eines Gebiets an, das in der Entwickelung zum selbständigen Staatswesen begriffen ist und vorderhand staatsrechtliche „Zwitterbildungen“ aufweist; aber zur Charakterisierung derselben reichen diese Begriffe bei weitem nicht aus, weil sie zu unbestimmt sind und die verschiedenartigsten Erscheinungen umfassen.[15])

---

[13]) Löning, D. Verwaltungsrecht 77; Schulze, Staatsrecht II, 374; G. Meyer, 475.

[14]) Jellinek 594 ff.

[15]) Vgl. die Übersicht bei Jellinek, Staatslehre 594 ff.

Der Ausdruck „Land" hat sich allgemein eingebürgert und die offizielle Sanktion erhalten. Wie es eine Landeskasse gibt, so gibt es eine Landesregierung, eine Landesgesetzgebung, Landesbehörden und Landesbeamte, jetzt sogar einen Landtag.

Im einzelnen ist noch folgendes zu bemerken:

1) E.-L. hat das Recht der Selbstverwaltung, u. z. dies nicht nur hinsichtlich der Angelegenheiten, die nicht zur Kompetenz des Reichs gehören, sondern auch auf dem Gebiete, für welches dem Reich nach Art. 4 RV. die Gesetzgebung und Beaufsichtigung zusteht. Wird die Landesverwaltung als Provinzialverwaltung des Reichs oder als dezentralisierte Reichsverwaltung bezeichnet, so läßt sich damit ein verschiedener Sinn verbinden. E.-L. ist eine Reichsprovinz, und seine Verwaltung ist dezentralisiert. Aber die Provinz kann Subjekt öffentlicher Rechte und Pflichten mit eigener Verwaltung sein oder nur Verwaltungsdistrikt. Im letzteren Falle kann man nicht von einem Recht der Selbstverwaltung reden. Im Gegensatz zu der Selbstverwaltung der Bundesstaaten ist diejenige in E.-L. stets mittelbare Reichsverwaltung. Sie wird von den „Landesbehörden" und „Landesbeamten" geführt, welch letztere zwar vom Kaiser oder in dessen Auftrag ernannt werden, aber namentlich ihrer Kompetenz nach von den dem Reichsbeamtengesetz unterstehenden Reichsbeamten zu unterscheiden sind. Sie beziehen auch ihren Gehalt nicht vom Reich, sondern aus der Landeskasse. Staatsrechtlich werden sie wohl zutreffend als mittelbare Reichsbeamte zu charakterisieren sein, nicht als eigentliche Landesbeamte wie die Beamten der Bundesstaaten, ebensowenig als unmittelbare Reichsbeamte[16]) Unmittelbare Reichsbeamte gibt es in E.-L. nur für die Angelegenheiten, die in den Bundesstaaten vom Reiche selbst verwaltet werden. Sie unterstehen in höchster Instanz dem Reichskanzler, während die Landesbeamten dem Statthalter unterstellt sind. Für diese letzteren sind die Bestimmungen des Reichsbeamtengesetzes landesrechtlich eingeführt (Reichsbeamtengesetz v. 31. März 1873, jetzt in der Fassung des Ges. v. 17. Mai 1907 — RGBl. 1907 S. 201, — Landesgesetz v. 23. Dez. 1873 und Verordnung v. 19. Okt. 1907 GBl. 1907 S. 113). Die Landesbeamten und Landesbehörden werden entsprechend dem Allerhöchsten Erlaß v. 3. Aug. 1871 als „Kaiserliche" bezeichnet.

[16]) Vgl. über diese mit der rechtlichen Stellung des Reichslandes zusammenhängende Frage Laband I § 45 S. 418 Note 2, II § 68 S. 233 ff., Bruck I 164 ff. und die von beiden angeführte Literatur.

Das Recht der Autonomie, das den Bundesstaaten zusteht, hat E.-L. nicht. Für den Erlaß von Landesgesetzen ist nur eine besondere Form vorgeschrieben. Sie werden vom Kaiser im Namen des Reichs nach Zustimmung des Landtags erlassen.[17])

2) E.-L. hat eigenes Vermögen, eigene Forderungen und Schulden. Das Finanzvermögen besteht aus dem Betriebsfonds der Landeskasse (3 Mill. M.), den Staatsforsten und der Tabakmanufaktur.[18]) Dem Reiche gegenüber wird das Land in vermögensrechtlicher Beziehung grundsätzlich gleich den Bundesstaaten behandelt. Das Gesetz vom 25. Mai 1873 über die Rechtsverhältnisse der zum dienstlichen Gebrauch einer Reichsverwaltung bestimmten Gegenstände hat auch in E.-L. Geltung (Ges. v. 8. Dez. 1873). Wie die Bundesstaaten hat das Land die Matrikularbeiträge an das Reich zu entrichten. Außerdem leistet es einen Ausgleichungsbetrag für die Brausteuer, sowie Beiträge zu den Ausgaben für das Geheime Zivilkabinett des Kaisers und zu den Ausgaben des Rechnungshofs des Deutschen Reichs.[19]) Andererseits bezieht es vom Reich gewisse Einnahmen.[20]) Natürlich trägt E.-L. die Kosten der gesamten Landesverwaltung. Über die Einnahmen und Ausgaben wird jährlich ein eigener Haushaltsplan aufgestellt.

3) E.-L. hat als Reichsland keine Sonderrechte, wie sie gewissen Bundesstaaten zustehen. Wenn es bezüglich der Biersteuer und der Erhebung des Oktroi (Gesetz v. 25. Juni 1873 § 5) eine Ausnahmestellung einnimmt, so kann sie doch jederzeit ohne seine Zustimmung durch Reichsgesetz beseitigt werden. Die Militärverwaltung in E.-L. ist preußisch; es hat kein eigenes Kontingent und daher auch nicht die Rechte des Art. 66 RV. Ebensowenig hat es in der Post- und Telegraphenverwaltung das Recht der Anstellung der in Art. 50 V RV. bezeichneten Beamten. Schließlich ist eine Exekution des Reichs gegen das Land (Art. 19 RV.) ausgeschlossen. Sie wäre zwecklos, da der Kaiser, das Exekutionsorgan, die Staatsgewalt in E.-L. ausübt und durch Maßnahmen, die er in Ausübung derselben trifft, den verfassungsmäßigen Zustand selbst in wirksamster Weise herbeiführen kann.

4) Da E.-L. kein Staat ist, gibt es auch keine eigentliche

[17]) Vgl. Bem. I zu § 5 VG.
[18]) Unzutreffend Rosenberg 486 und Bruck II 5.
[19]) Vgl. Kap. 73 des Etats für 1911.
[20]) Vgl. darüber Bruck II 14 ff.

e.-l. Staatsangehörigkeit wie in den Gliedstaaten des Reichs. Trotzdem ist das Gesetz über die Erwerbung und den Verlust der Bundes- und Staatsangehörigkeit vom 1. Juni 1870, demzufolge die Staatsangehörigkeit das primäre, die Reichsangehörigkeit das sekundäre Element darstellt, in E.-L. eingeführt worden (Ges. v. 8. Januar 1873). Welche Bedeutung dies hatte, ist streitig.[21]) Praktisch wird jedenfalls die der Staatsangehörigkeit zu einem Bundesstaat entsprechende „Landes"-angehörigkeit von der Reichsangehörigkeit zu unterscheiden sein.

5) Die Gebietshoheit in E.-L. kann begrifflich nur dem Reiche zustehen. Sie ist ja nichts anderes als die Staatsgewalt in ihrem besonderen Verhältnis zum Staatsgebiet. Daher hat E.-L. kein Recht auf sein Gebiet wie die Bundesstaaten es haben. Es kann durch verfassungsänderndes Reichsgesetz gegen seinen Willen an das Ausland abgetreten oder einem oder mehreren Gliedstaaten zugeteilt werden. Andererseits kann es selbst keine Erwerbungen machen, selbst nicht mit einem benachbarten Bundesstaat einen Gebietsaustausch vereinbaren. Dazu bedarf es stets eines Reichsgesetzes. Daß die deutschen Bundesstaaten auf e.-l. Gebiete Hoheitsrecht nicht ausüben dürfen, liegt auf der Hand; es ist für jeden einzelnen von ihnen fremdes Staatsgebiet.

6) E.-L. ist kein Subjekt des Völkerrechts. Staatsverträge für E.-L. können daher mit Gliedstaaten des Reichs sowohl als mit auswärtigen Mächten nur durch das Reich abgeschlossen werden, mag es sich auch um Angelegenheiten handeln, die nicht zur Kompetenz desselben gehören. Die Tatsache, daß als vertragsschließende Partei vielfach E.-L. genannt wird, ist hierfür unerheblich und verdunkelt nur den wirklichen Sachverhalt. In ihren Wirkungen sind die über Landesangelegenheiten abgeschlossenen Verträge auf das Land beschränkt, namentlich was die vermögensrechtlichen Wirkungen betrifft. Soweit zur Ausführung von solchen Verträgen ein Gesetzesbefehl vonnöten ist, hat die Zustimmung vom Landtag auszugehen, nicht vom Bundesrat und Reichstag.

[21]) Vgl. insbesondere Laband II § 67 S. 208 f.; G. Meyer 217 N. 11 und Bruck I 48 ff.

Gesetz

über die Verfassung Elsaß-Lothringens. Vom 31. Mai 1911.

Reichsgesetzblatt 1911 S. 225.

Wir Wilhelm, von Gottes Gnaden Deutscher Kaiser, König von Preußen 2c.

verordnen im Namen des Reichs, nach erfolgter Zustimmung des Bundesrats und des Reichstags, was folgt:

Artikel I.

In die Reichsverfassung wird als Artikel 6a folgende Vorschrift eingestellt:

Elsaß-Lothringen führt im Bundesrate drei Stimmen solange die Vorschriften in Artikel 2 § 1, § 2 Abs. 1 und 3 des Gesetzes über die Verfassung Elsaß-Lothringens vom 31. Mai 1911 in Kraft sind.

Die elsaß-lothringischen Stimmen werden nicht gezählt, wenn die Präsidialstimme nur durch den Hinzutritt dieser Stimmen die Mehrheit für sich erlangen oder im Sinne des Artikel 7 Abs. 3 Satz 3, den Ausschlag geben würde. Das Gleiche gilt bei der Beschlußfassung über Änderungen der Verfassung.

Elsaß-Lothringen gilt im Sinne des Artikel 6 Abs. 2 und der Artikel 7 und 8 als Bundesstaat.

Eingestellt in der Reichstagskommission, KB. S. 10—17. SB. 4183, 4185, 4230, 7039, 7041 f., 7044 ff., 7052 f., 7056 ff., 7082.

I. Durch die Vereinigung Elsaß-Lothringens mit dem Reich auf Grund des Gesetzes vom 9. Juni 1871 (RGBl. S. 212; ELGBl. S. 1) wurde ein Zustand geschaffen, der in der Reichsverfassung nicht vorgesehen war. Das neu erworbene Gebiet wurde weder einem der 25 in Art. 1 der Verfassung bezeichneten Gliedstaaten einverleibt, die im Reich zu einem besonderen, über ihnen stehenden Staatswesen vereinigt sind, noch wurde es diesen Gliedstaaten gleichgestellt und damit zu einem Staate erhoben; es blieb vielmehr bloß ein Bestandteil des Reichs, ein dessen Herrschaft unterworfenes Gebiet, ein „Reichsland", das keinen Anteil an der Reichsgewalt hatte. Für die Einführung der ganz auf bundesstaatlicher Grundlage beruhenden Reichsverfassung in E.-L. war daher eigentlich kein Raum, solange nicht eine Änderung in der Stellung des Landes nach einer der beiden angegebenen Richtungen hin erfolgt war. Die Verfassung geht eben von der Existenz selbständiger Staatengebilde aus, die nicht lediglich Objekte der Reichsgewalt, sondern an ihr aktiv beteiligt sind, denen Mitgliedschaftsrechte am Reich zustehen. Das Gesetz vom 25. Juni 1873 (RGBl. S. 161; ELGBl. S. 131), das die Reichsverfassung mit Wirkung vom 1. Januar 1874 ab in E.-L. einführte, brachte eine solche Änderung nicht, sondern nur einen kleinen Ansatz dazu. Es bestimmte, daß im Reichslande, dessen Gebiet nunmehr dem in Art. 1 der Verfassung bezeichneten Bundesgebiete hinzutreten sollte, 15 Abgeordnete zum Deutschen Reichstag zu wählen seien. Damit wurde dem Reichsland eines der Mitgliedschaftsrechte der Bundesstaaten übertragen. Es nahm jetzt durch das Organ des Reichstags, der Vertretung des deutschen Volkes, in gewissem Maße an den Reichsgeschäften teil, namentlich an der Reichsgesetzgebung, und vermöge des Etatsgesetzes insbesondere an der Finanzwirtschaft des Reichs. Durch Art. I des Verfassungsgesetzes für E.-L. hat das Land das wichtigste aller Mitgliedschaftsrechte erhalten, eine seiner Bedeutung entsprechende Vertretung im Bundesrate, dem dem Reichstage gleichgeordneten Reichsorgan, durch das die verbündeten Staaten die ihnen nach der Organisation des im Reich verkörperten Gesamtstaates zustehenden Rechte ausüben, und durch das „der souveräne Herrschaftswillen des Reiches zutage tritt". Der Bundesrat ist eine Versammlung der Vertreter der Bundesmitglieder; er setzt sich aus den „Bevollmächtigten" zusammen, die von den Trägern der Staatsgewalt in den Einzelstaaten entsandt werden. Hieraus ergab sich die logische Konsequenz, daß E.=L. als Reichsland im Bundesrat nicht selbständig vertreten sein konnte. Auf Grund des Gesetzes vom 4. Juli 1879 (RGBl. S. 165) wurden jedoch vom Statthalter zur Vertretung der Vorlagen aus dem Bereiche der Landesgesetzgebung, sowie der Interessen des Landes bei Gegenständen der Reichsgesetzgebung Kommissare in den Bundesrat abgeordnet, die an den Beratungen über diese Angelegenheiten teilnahmen, aber kein Stimmrecht hatten.

II. E.=L. hat nach dem der RV. durch Art. I VG. neu eingefügten Art. 6a für das Gebiet des Titels III derselben (Bundesrat) die Stellung eines Bundesstaats. Wenn dies in Absatz IV der Bestimmung nur in Bezug auf gewisse Vorschriften des Titels ausdrücklich gesagt wird, so hängt das mit gesetzestechnischen Gründen zusammen, aus denen auch die ganze Bestimmung in die RV. aufgenommen wurde. Sie stellt eine Änderung der RV. dar, im Gegensatz zu den Vorschriften des Art. II, die lediglich e.=l. Verhältnisse regeln, mögen sie auch einen Eingriff in die bisherigen Kompetenzen des Bundesrats und Reichstags enthalten und die Rechtsstellung des Kaisers dem Lande gegenüber normieren.

Die Gewährung des Stimmrechts an E.=L. ist jedoch keine unwiderrufliche und endgültige. Das Reich ist jederzeit in der Lage, sie aus eigener Machtbefugnis im Wege eines Reichsgesetzes zurückzunehmen, ohne daß das Land dem Unternehmen auch nur verfassungsmäßig widersprechen könnte. Allerdings würde es hierzu einer qualifizierten Mehrheit bedürfen; Veränderungen der Reichsverfassung gelten als abgelehnt, wenn sie im Bundesrate 14 Stimmen gegen sich haben (Art. 78 I RV.). Die prekäre Rechtslage E.=L. gegenüber den Bundesmitgliedern zeigt sich besonders klar, wenn man die Frage aufwirft, unter welchen Umständen einem solchen das Stimmrecht entzogen werden könnte. Jene qualifizierte Mehrheit würde dazu nicht genügen; es wäre vielmehr entsprechend der Bestimmung des Art. 78 II RV. jedenfalls die Zustimmung des betreffenden Bundesstaats erforderlich. (Laband I § 12 S. 105; Arndt, Bem. 3 zu Art. 78 RV. mit zahlreichen Nachweisen.)

Abgesehen von seiner Widderruflichkeit ist das Stimmrecht davon abhängig, daß gewisse Vorschriften des Art. II VG. in

Kraft bleiben. Es soll nur solange bestehen, als die Staatsgewalt in E.-L. durch den Kaiser ausgeübt wird, an der Spitze der Landesregierung ein vom Kaiser ernannter Statthalter steht, der von ihm auch abberufen werden kann, und als der Kaiser dem Statthalter landesherrliche Befugnisse übertragen kann. Würde in einer dieser Beziehungen, die als die Grundlagen der e.-l. Verfassung zu gelten haben, durch die Reichsgesetzgebung, die für die Fortentwickelung des Verfassungsrechts allein zuständig ist (Art. III S. 2 VG.), eine Änderung getroffen, so wäre auch eine neue Bestimmung über das Stimmrecht vonnöten, wenn ein solches dem Lande noch weiterhin verbleiben sollte. Gewisse Ausbildungen der Verfassung würden eine derartige Bestimmung mit logischer Notwendigkeit erheischen. Die Ausgestaltung E.-L. zum wirklichen selbständigen Bundesstaat, die das Ziel aller politischen Bestrebungen im Lande bilden muß und offenbar nur mehr eine Frage der Zeit sein kann, wäre ohne Stimmberechtigung undenkbar, gleichviel in welcher Form sie erfolgen würde, ob in der Weise der Monarchie oder der Republik.

Durch die fragliche Vorschrift hat sich das Reich volle Freiheit in Ansehung einer späteren Verfassungsänderung ausdrücklich vorbehalten. Aber darin erschöpft sich ihre Bedeutung nicht. Sie hat nämlich zur Folge, daß zum Zustandekommen eines Reichsgesetzes, welches die Bestimmungen der §§ 1, 2 I und 3 des Art. II VG. ganz oder teilweise aufheben, also eine wesentliche Änderung in der Stellung des Kaisers oder des Statthalters anordnen würde, die besondere Mehrheit des Art. 78 I RV. erforderlich ist, und daß dabei die e.-l. Stimmen nicht gezählt werden. Verfassung im Sinne des Art. 78 ist zwar nicht das ganze bestehende Verfassungsrecht, sondern die Verfassungsurkunde (Laband II § 55 S. 33; Arndt, Bem. 1 zu Art. 78), die an sich ihrem Wortlaute nach durch ein solches Reichsgesetz nicht berührt würde. Aber dieses würde doch eine „materielle verfassungswidrige" Bestimmung darstellen, weil es den Inhalt derselben abändern würde. Derartige Änderungen fallen nun ebensowohl wie die formellen unter die Vorschrift des Art. 78 I, sodaß auch deren Rechtsfolge in Verbindung mit derjenigen des Art. I Abs. III S. 2 VG. eintreten muß. Fraglich kann nur sein, ob neben dem Spezialgesetz für E.-L. eine förmliche Verfassungsänderung notwendig wäre oder nicht.

Man wird sich in Ermangelung einer ausdrücklichen Vorschrift für die letztere Alternative entscheiden (Laband II § 55 S. 34ff.). In bezug auf die übrigen Bestimmungen des Art. II VG. findet Art. 78 RV. keine Anwendung, sodaß das Verfassungsgesetz hinsichtlich der Frage nach seiner Aufhebung oder Abänderung zwei verschiedenartige Elemente aufweist. Handelt es sich um die in Art. I Abs. II VG. angeführten Vorschriften, so werden die e.-l. Stimmen nicht gezählt, und eine Beseitigung derselben ist ausgeschlossen, wenn nur 14 von den früheren 58 und nunmehr 61 Stimmen des Bundesrats sich gegen sie erklären. Stehen dagegen die anderen Bestimmungen des Art. II VG. in Frage, so entscheidet die einfache Majorität, und E.-L. kann mitstimmen. So führt der dargelegte Zusammenhang zwischen der Stimmberechtigung des Landes nach der RV. und den Vorschriften über die Stellung des Kaisers und des Statthalters zu dem Ergebnis, daß E.-L. gerade dort eine bestimmende Mitwirkung versagt ist, wo der Hebel zu seiner Weiterentwickelung vom Reichsland zum gleichberechtigten Bundesmitglied anzusetzen ist. Seine Angliederung an einen Bundesstaat kann politisch nicht mehr in Frage kommen. Im übrigen sei noch besonders betont, daß die Rechtsstellung, die E.-L. auf Grund der Verfassung hat, insbesondere die durch § 5 gewährte sogenannte Autonomie jederzeit ohne seine Zustimmung beseitigt werden kann, im Gegensatz zu den Gliedstaaten des Reichs. Indes ist das nur eine rechtliche Möglichkeit. Tatsächlich ist eine derartige Reaktion kaum denkbar.

III. Seiner Bedeutung im Verhältnis zu den einzelnen Bundesstaaten entsprechend führt E.-L. im Bundesrat 3 Stimmen, dieselbe Anzahl wie Baden und Hessen[1]). Sie können nur einheitlich abgegeben werden, doch können 3 Bevollmächtigte zum Bundesrat[2]) ernannt werden, außerdem noch Stellvertreter für den Fall ihrer Verhinderung (Art. 6 II RV). Die Teilnahmeberechtigung bezieht sich auf die gesamte umfassende Tätigkeit des Bundesrats auf dem Gebiete der Gesetzgebung,

---

[1]) Preußen hat einschließlich der ihm einverleibten früher selbständigen Gebiete 17 Stimmen, Bayern 6, Sachsen und Württemberg je 4, Mecklenburg-Schwerin und Braunschweig je 2, von den übrigen 17 Staaten ein jeder 1 Stimme. Art. 6 RV.

[2]) Vgl. über die Stellung der Bundesratsbevollmächtigten Laband I § 28 S. 221ff.

der Verwaltung und der Rechtspflege. Insbesondere hat E.-L. gemäß Art. 8 RV. Anspruch auf Vertretung in den dauernden Ausschüssen, die aus der Mitte des Bundesrats gebildet werden.[1]) Man hat darin sogar den Hauptvorteil erblickt, den die Gewährung des Stimmrechts an E.-L. biete (KV. 16 f.). Natürlich unterliegt E.-L. der für alle Bundesstaaten geltenden Beschränkung, derzufolge bei der Beschlußfassung über eine Angelegenheit, die nach den Bestimmungen der RV. nicht dem ganzen Reich gemeinschaftlich ist, die Stimmen nur derjenigen Bundesstaaten gezählt werden, denen die Angelegenheit gemeinschaftlich ist (Art. 7 IV RV.). Von Bedeutung ist das für das Land nur hinsichtlich der Besteuerung des Bieres, für die ihm gleich Bayern, Württemberg und Baden die Gemeinschaft mit dem übrigen Reichsgebiet fehlt (§ 4 RG. v. 25. Juni 1873 Art. 35 II RV.).

Speziell für E.-L. sind durch Art. I Abs. III VG. zwei verschiedenartige Beschränkungen eingeführt, von denen die eine sich nur auf bestimmte Angelegenheiten bezieht (vgl. unten 2), während die andere allgemein Platz greift (1). Für jenen besonderen Kreis gilt die erstere nach dem Wortlaute der Vorschrift jedoch absolut, unter allen Umständen, die letztere nur relativ, in eigenartigen Fällen.

1) Die e.-l. Stimmen werden nicht gezählt, wenn die Präsidialstimme, d. h. die Stimme Preußens (Art. 11 RV.) nur durch den Hinzutritt dieser Stimmen die Mehrheit für sich erlangen oder bei Stimmengleichheit den Ausschlag geben würden („Preußenklausel"). Zeigt sich also bei der Ermittelung des Ergebnisses der Abstimmung, daß eine Majorität von 2 Stimmen zugunsten Preußens oder Stimmengleichheit vorliegt, und daß dieses Resultat nur durch die Abgabe der 3 e.-l. Stimmen im Sinne Preußens herbeigeführt worden ist, so sind diese letzteren 3 Stimmen zuungunsten Preußen in Abzug zu bringen. Dadurch entsteht in allen Fällen eine Mehrheit für die Gegner. Beträgt die preußische Majorität unter den gleichen Umständen 3 Stimmen, so ist der Abzug bedeutungslos, da er in diesem Falle eine Stimmengleichheit bewirkt und somit die Stimme

[1]) Vgl. darüber Laband I § 31 S. 261 ff. Für E.-L. ist ein besonderer Ausschuß eingerichtet worden (Beschluß des Bundesrats vom 27. Mai 1871 — Protokoll § 272, vgl. auch § 307).

Preußens entscheidet (Art. 7 III S. 3 RV.).[1]) Eine Stimmengleichheit ist infolge der durch Art. 6a RV. herbeigeführten Änderung der Stimmenzahl nur dann möglich, wenn Stimmen nicht gezählt werden, weil sie nicht vertreten oder nicht instruiert sind (Art. 7 III S. 2 RV.).

Sind die e.-l. Stimmen gegen die preußischen abgegeben, was namentlich in Fragen rein wirtschaftlicher Natur vorkommen kann, so werden sie stets gezählt, sofern nicht eine Ausnahme durch den unter 2) darzulegenden Grundsatz geschaffen wird. Ein Gleiches gilt, wenn sie die preußischen Stimmen verstärken und diese schon ohnehin die Mehrheit für sich haben.

Die erörterte Bestimmung ist eine Ausnahmevorschrift gegen Preußen, deren Bedeutung aber mehr theoretisch als praktisch ist. Ihr Zweck ist nicht in einer Schmälerung der E.-L. eingeräumten Rechtsstellung zu suchen; sie sollte vielmehr eine der Hauptschwierigkeiten, die der Verleihung der Bundesratsstimmen entgegenstanden, beseitigen, nämlich die Gefahr einer Machtverschiebung im Bundesrat zugunsten Preußens ausschalten (KB. 11). Indem sie dieser Vormacht des Reichs die Benutzung der e.-l. Stimmen zwecks Herstellung einer Majorität gegen die andern Bundesstaaten unmöglich macht und dadurch Bestrebungen zu einer Beeinflussung derselben jedenfalls einschränkt, bietet sie in gewissem Maße die Gewähr für eine den besonderen Interessen des Landes entsprechende Instruktion derselben. Die in der Kommission aufgestellte Behauptung, daß E.-L. fast zur Stimmenabgabe gegen Preußen animiert werden möchte, weil es seine Stimmen nur gegen dieses in die Wagschale werfen könne, wenn es das einmal tun wolle (KB. 15), ist nicht ernst zu nehmen. Im übrigen sind die staatsrechtlichen Bedenken gegen die Verleihung von Bundesratsstimmen an das „Reichsland" E.-L. und deren Instruktion durch den vom Kaiser ernannten und abhängigen Statthalter durch die Preußenklausel keineswegs beseitigt.

2) Die e.-l. Stimmen sollen ferner nicht gezählt werden bei der Beschlußfassung über Änderungen der Verfassung (**Verfassungsklausel**). Unter Verfassung ist hier das gleiche zu verstehen, wie in Art. 78 I RV., nämlich die Verfassungsurkunde

[1]) In gewissen Angelegenheiten (Militärwesen, Kriegsmarine, Abgaben des Reichs nach Art. 35 RV.) hat Preußen ein eigenes Vetorecht. Art. 7 III S. 1, Art. 5 und 37 RV.

des Reichs mit Ausschluß der bestehenden verfassungsändernden Spezialgesetze, die den Wortlaut der Verfassung unberührt gelassen haben (Laband II § 55 S. 36ff.; Seydel 413f.). Solche Spezialgesetze sind namentlich das Gesetz vom 9. Juni 1871 (betreffend die Vereinigung E.-L. mit dem Deutschen Reich), sowie das Gesetz vom 25. Juni 1873 (betreffend die Einführung der Verfassung des Deutschen Reichs in E.-L.). Für sie greift also die fragliche Beschränkung nicht Platz. Anders verhält es sich dagegen mit dem vorliegenden VG. wie oben unter II bereits dargelegt wurde. Alle andern Reichsgesetze über e.-l. Angelegenheiten fallen gleich den beiden vorerwähnten Spezialgesetzen nicht unter Art. 78 I RV., sodaß die e.-l. Stimmen hier grundsätzlich ebenso gelten, wie diejenigen der Bundesstaaten, soweit nicht die Ausnahme unter 1) zutrifft.

Die Bestimmung des Art. I Abs. III S. 2 wurde einer Erklärung des Staatssekretärs Delbrück in der Reichstagskommission zufolge deshalb als notwendig erachtet, weil E.-L. an der Vereinbarung der Verfassung nicht mitgewirkt habe — was es nicht wohl tun konnte, da es damals überhaupt noch nicht an das Deutsche Reich abgetreten war —, hauptsächlich aber mit Rücksicht auf Bayern, Sachsen und Württemberg, die zusammen ebenso wie Preußen nach dem Sinn der Reichsverfassung die Möglichkeit haben sollten, durch ihr Votum jede Verfassungsänderung zu hindern (KB. 11). Diese Begründung ist nach beiden Richtungen hin verfehlt. Insbesondere wäre den genannten nicht preußischen Königreichen durch die Gewährung des vollen Stimmrechts an E.-L. jene Möglichkeit nicht entzogen worden. Die Folge desselben wäre eine Erschwerung einer Verfassungsänderung gewesen, indem durch den Hinzutritt der e.-l. Stimmen eine bisherige Minderheit von 11 bundesstaatlichen Stimmen in den Stand gesetzt worden wäre, eine Änderung unmöglich zu machen. Daß ein solcher Zustand vermieden werden sollte, ist immerhin verständlich. Schließlich läßt sich noch geltend machen, daß es nicht als angebracht erschien, einem bloßen Reichslande die bundesstaatlichen Befugnisse in dem Maße beizulegen, daß es auch in der Frage nach der Umgestaltung der Bundesverfassung gleich den Bundesstaaten zur Mitwirkung berufen wäre. Die praktische Bedeutung der Ausnahme besteht darin, daß die e.-l. Stimmen nicht in Betracht kommen, wenn nur durch ihren Hinzutritt eine Minderheit von 14 Stimmen gegen eine Verfassungsänderung zustande käme.

Soll durch Beschluß des Bundesrats festgestellt werden, ob ein Fall einer Verfassungsänderung gegeben ist, so findet Art. 78 I RV. keine Anwendung; es entscheidet also die einfache Mehrheit, und die e.-l. Stimmen werden nach Maßgabe des oben zu 1) Gesagten gezählt.

Auch ist E.-L. in allen Fällen ausnahmslos befugt, Vorschläge zu machen, die das Präsidium zur Beratung zu stellen verpflichtet ist (Art. 7 II RV.). Es kann also auch im Bereich des Art. 78 RV. selbständig Anträge stellen. Darauf weist schon die Fassung des Art. 1 Abs. III hin.

Artikel II.

Elsaß-Lothringen erhält folgende Verfassung:

Die in Art. II festgesetzte Verfassung enthält nur einen geringen Teil des e.-l. Verfassungsrechts. Es bleiben also neben ihr die bestehenden verfassungsrechtlichen Vorschriften in Kraft, soweit sie durch dieselbe nicht aufgehoben worden sind (vgl. § 27 VG.). Außer den durch deutsche Gesetze gegebenen Normen behalten insbesondere noch eine ganze Reihe von Bestimmungen französischer Gesetze ihre Geltung. Wie die meisten anderen Verfassungen regelt das e.-l. VG. die Organisation des Landes, das zwei Organe haben soll, den Kaiser (§ 1) und den aus zwei Kammern bestehenden Landtag (§§ 5—22, 28). Der Landtag ist zur Mitwirkung beim Erlaß von Landesgesetzen und bei der Feststellung des Landeshaushaltsetats berufen (§ 5); dem Kaiser ist jedoch das Recht zu Notstandsverordnungen eingeräumt (§ 23). Ihre Spitze soll die Landesregierung im Statthalter haben, dem für die Ausübung seiner ministeriellen Befugnisse ein ständiger Vertreter in der Person des Staatssekretärs bestellt ist (§§ 2—4). Im übrigen normiert die Verfassung noch die Ausübung der staatlichen Hoheitsrechte an den Eisenbahnen des Landes, in Ansehung deren Zweifel bestanden (§ 24). Ferner führt sie das Bundesgesetz über die Gleichberechtigung der Konfessionen in bürgerlicher und staatsbürgerlicher Beziehung vom 3. Juni 1869 (BGBl. 292) in E.-L. ein (§ 25). Eine weitere Vorschrift betrifft die Landessprache

(§ 26). Wie aus dieser kurzen Inhaltsübersicht hervorgeht, ist das Verfassungsgesetz außerordentlich lückenhaft und gibt nur ein höchst unvollkommenes Bild der nunmehr bestehenden Verfassung. Namentlich besagt es nicht, wer Träger der Staatsgewalt in E.-L. ist. Andererseits enthält es Bestimmungen, deren Aufnahme besser unterblieben wäre. Dies alles ist ohne weiteres verständlich, wenn man von der schrittweisen Entwickelung des Verfassungsrechts ausgeht und die Emanation des Gesetzes in Betracht zieht. Es kann nicht gleich den eigentlichen Staatsverfassungen als definitive Regelung der e.-l. Verhältnisse angesehen werden. Darauf weist auch schon die Bestimmung des Art. I Abs. II hin.

Vielfach werden die Verfassungen als Staatsgrundgesetze bezeichnet. Dadurch soll zum Ausdruck gebracht werden, daß Staatswillensäußerungen nicht gegen sie verstoßen dürfen. Die Verfassungen gelten als Normen, die über den Gesetzen stehen, die eine die normale Gesetzeskraft übersteigende Wirkung haben. Ein solcher Erfolg kann auf verschiedene Weise herbeigeführt werden, durch Einführung besonderer Organe für Verfassungsänderungen oder durch Festsetzung erschwerender Formen für dieselben. Vom Standpunkt der e.-l. Landesgesetzgebung aus ist das VG. ein Grundgesetz, weil es nur durch Reichsgesetz abgeändert oder aufgehoben werden kann. Geht man dagegen vom verfassunggebenden Staat aus, vom Reich, so haben nur einzelne Bestimmungen desselben, die in Art. I Abs. II angeführten, den Charakter eines Grundgesetzes, weil nur zu ihrer Abänderung die gesteigerte Mehrheit gemäß Art. 78 I RV. erforderlich ist. Die weitere Entwickelung muß dahin führen, daß dem Reich die Bestimmung über die e.-l. Verfassung entzogen wird, wie es denn auch die Verfassungen der Bundesstaaten nicht normiert. Diesen Verfassungen geht natürlich die Reichsverfassung vor.

§ 1.

Die Staatsgewalt in Elsaß-Lothringen übt der Kaiser aus.

E. § 1 B. 9 f., KB. 2 ff., 7. 9. SB. 4165, 4186, 4209, 7041.

I. Träger der Staatsgewalt in E.-L. ist das Reich; ihre Ausübung steht nach § 1 dem Kaiser zu. Die Bestimmung gibt das geltende Recht wieder (vgl. § 3 I Ges. v. 9. Juni 1871); sie wurde aufgenommen, um ihre Abänderung dem Reiche vorzubehalten (Begr. 9). Die früher vertretene Meinung, daß der Kaiser die Staatsgewalt nicht nur im Namen des Reichs ausübe, wie dies tatsächlich der Fall ist, sondern Inhaber derselben, also Landesherr sei, wenngleich nicht Landesherr kraft eigenen Rechts, sondern nur auf Grund eines Reichsgesetzes (Leoni 48), bedarf keiner Widerlegung mehr. Daß die Ausübung der Staatsgewalt im Namen des Reichs erfolge, wurde sowohl in der Begründung zum VG. als auch in der Reichstagskommission festgestellt und in § 1 nur deshalb nicht zum Ausdruck gebracht, um jeden Anschein einer Änderung des früheren Rechts zu vermeiden (KB. 15). Demnach ist der Kaiser hinsichtlich seiner Rechtsstellung in E.-L. nichts anderes als ein vom Reich zur Wahrnehmung seiner landesherrlichen Rechte bestelltes Organ, was insbesondere zur Folge hat, daß Beleidigungen von Angehörigen des preußischen Königshauses, die von anderen Personen als preußischen Staatsangehörigen in E.-L. begangen werden, nur nach Maßgabe der Vorschriften der §§ 100, 185 ff. RStGB. strafbar sind (Bruck I 78). Der Kaiser selbst genießt als solcher einen besonderen strafrechtlichen Schutz (§§ 80, 94, 95 RStGB.).

Vermöge der Verbindung der Kaiserwürde mit der Krone Preußen entscheidet das preußische Staatsrecht über die Frage, wer die kaiserlichen Befugnisse in E.-L. auszuüben hat. Ist für den König von Preußen ein Regent bestellt, so liegt diesem ohne weiteres auch die Ausübung der Staatsgewalt in E.-L. ob, in gleicher Weise wie diejenige der Präsidialrechte im Reich. Die Befugnisse eines vom König von Preußen ernannten Stellvertreters (vgl. darüber G. Meyer 286 Nr. 3) bemessen sich dagegen nach dem Inhalt der Bestellung (Arndt, Bem. 2 zu Art. 11 RV.).

II. Die dem Kaiser nach § 1 zugewiesenen Befugnisse erstrecken sich auf alle Landesangelegenheiten, d. h. auf alle Angelegenheiten, die nicht zur Zuständigkeit des Reichs gehören. Im einzelnen befindet darüber das Landesrecht. Der Kaiser übt die Landesstaatsgewalt grundsätzlich als ganze aus, nicht nur — dem Grundsatz von der Gewaltenteilung entsprechend — bloß einen Teil derselben. Er ist jedoch hierbei an zahlreiche Schranken gebunden, die seine Tätigkeit bald von der

Mitwirkung eines weiteren Organs abhängig machen, bald eine persönliche Betätigung ausschließen oder sie nur unter gewissen Bedingungen zulassen. Die Gesetzgebung als die oberste Äußerung des Staatswillens erfordert die Zustimmung des Landtags. Die Rechtsprechung wird durch unabhängige, nur dem Gesetz unterworfene Richter „im Namen des Kaisers" ausgeübt. Bei der Verwaltung ist dem Kaiser die Zuziehung des Statthalters vorgeschrieben; außerdem hat er die gesetzlich normierten Zuständigkeiten einzuhalten. Alle Anordnungen und Verfügungen des Kaisers, welchem Gebiete sie auch angehören mögen, bedürfen zu ihrer Gültigkeit der Gegenzeichnung des Statthalters, der dadurch die Verantwortlichkeit übernimmt (§ 2 IV VG.). Dadurch ist der Grundsatz der Unverantwortlichkeit des Landesherrn auch auf den Kaiser übertragen. Das ist schon seit dem Vereinigungsgesetz vom 9. Juni 1871 (§ 4) der Fall und für Angelegenheiten des Reiches auch in der RV. (Art. 17 S. 2) anerkannt. Die französische Verfassung vom 14. Januar 1852 dagegen, die in gewisser Beziehung auch für E.-L. noch Bedeutung hat, statuierte in Art. 5 eine Verantwortlichkeit des Kaisers vor dem Volke.

Wenngleich der Kaiser die Regierung führt, so ist doch die eigentliche, unmittelbare Verwaltung nicht seine Sache. Er selbst übt nur die Oberaufsicht aus und gibt die Direktiven. Von dieser Regel gibt es jedoch Ausnahmen. Abgesehen von der Ernennung einer Reihe höherer Beamter (vgl. die Zusammenstellung bei Bruck I 169) kennt das bestehende, aus der französischen Zeit überkommene Recht noch eine größere Anzahl von Verwaltungsakten, deren Erledigung zur ausschließlichen Kompetenz des Kaisers gehört. Die vorgeschriebene Mitwirkung des Staatsrats beim Erlaß dieser décrets spéciaux et individuels ist in E.-L. beseitigt, da das deutsche Recht für den französischen Staatsrat keinen gleichwertigen Ersatz geschaffen hat (Leoni 51, Bruck I 80). Ein namhafter Teil der in Rede stehenden landesherrlichen Befugnisse ist jeweils dem Statthalter für seine Person zur Ausübung „im Allerhöchsten Auftrage" überwiesen worden, sodaß die Kompetenz keine Änderung erfahren hat (vgl. die Bemerkungen zu § 3). Anders verhält es sich bezüglich derjenigen Befugnisse, die gemäß § 18 des Gesetzes vom 30. Dez 1871 (GBl. 1872 S. 49) den Zentral- oder Bezirksbehörden übertragen werden konnten (vgl.

Verordnungen vom 5. Mai 1873 — GBl. S. 85 — und vom 10. Februar 1875 — GBl. S. 57 —); durch die Übertragung hat die Zuständigkeit des Kaisers aufgehört.

Unter den landesherrlichen Befugnissen des Kaisers ist das **Begnadigungsrecht** (Art. 1 des Senatsbeschlusses vom 25. Dezember 1852) besonders zu erwähnen. Der Kaiser kann in den Strafsachen, die vor einem e.-l. Gericht in erster Instanz abgeurteilt wurden, die konkrete Strafe ganz oder zum Teil aufheben oder mildern (droit de faire grâce — Begnadigung im eig. Sinne). Er kann ferner darüber hinaus für eine Gesamtheit von Personen oder für bestimmte Arten von strafbaren Handlungen — im Gegensatz zum einzelnen Straffalle — sowohl die Strafverfolgung als auch die erkannte Strafe aufheben (droit d'accorder des amnesties — Amnestie. Dagegen kann er nicht die einzelne gerichtliche Untersuchung niederschlagen (Abolition). Die hiernach nur als Amnestie, d. h. für die angegebene Mehrheit von Fällen zulässige Abolition beseitigt ebensowenig wie die Begnadigung die strafbare Handlung als solche, sie beseitigt nur endgültig die Untersuchung nebst deren Rechtswirkungen. Daher werden aus der Tat erwachsene privatrechtliche Ansprüche weder durch die generelle Maßregel der Amnestie, noch durch eine spezielle Begnadigung berührt. Ebensowenig werden die Rechtsverwirkungen, die sich von Rechts wegen an die Verurteilung knüpfen, durch die Begnadigung aufgehoben; sie bezieht sich nur auf die Strafe als solche (einschließlich der Aberkennung der bürgerlichen Ehrenrechte. — Ebenso **Bruck** I 81 gegen **Leoni** 50). Die gegen die Weitergeltung des dargestellten Begnadigungsrechts erhobenen Bedenken (vgl. die Nachweise bei **Bruck** a. a. O. Note 5) sind unbegründet (**Laband** III 490 Note 7; **Fleischmann** in v. **Stengels** Wörterbuch I 52 f.). Seine Ausübung ist zum Teil dem Statthalter übertragen, der Geldstrafen erlassen, außerdem aber auch die Rehabilitation gewähren darf (V. v. 23. Nov. 1907 — RGBl. 759).

Die Befugnis des Kaisers zur **Verhängung des Belagerungszustandes** über E.-L. gründet sich nur mehr auf Art. 68 RV., nicht auch auf das französische Gesetz vom 9. August 1849, das durch das Reichsrecht aufgehoben ist (**Laband** IV § 97 S. 45 ff., **Bruck** I 82. A. M. **Leoni** 50, **Leoni-Mandel** 119 ff. Vgl. auch **Arndt** Bem. 1 zu Art. 68). Mit Ausnahme von Bayern, für das Art. 68 RV. nicht gilt, kann innerhalb des Reiches nur der Kaiser den Kriegszustand erklären, für den vorläufig noch — bis zum Erlaß eines Reichsgesetzes — die Vorschriften des preußischen Gesetzes vom 4. Juni 1851 (Gesetz-Sammlung für 1851 S. 541 ff.) maßgebend sind. Besondere Bestimmungen für E.-L. trifft das Gesetz über die Vorbereitung des Kriegszustands vom 30. Mai 1892 (RGBl. S. 667), das — im Gegensatz zu dem vorgenannten (§ 2) — den Fall des inneren Aufruhrs nicht mitumfaßt und übrigens nur solange gelten soll, als nicht für das ganze Reichsgebiet ein Gesetz über den Kriegszustand erlassen worden ist. Über das praktische Verhältnis zwischen beiden Gesetzen vgl. Leoni-Mandel 122.

Ebenso sind die übrigen in der französischen Verfassung vom 14. Januar 1852 und dem Senatsbeschluß vom 25. Dezember 1852 aufgezählten militärischen Befugnisse des Staatsoberhauptes durch das Reichsrecht beseitigt (Art. 63/4 RV.). Die Vertretung des Landes nach außen steht dem Kaiser ausschließlich gemäß Art. 11 RV. zu, auch soweit es sich um den Abschluß von Staatsverträgen über Landesangelegenheiten handelt (A. M. Leoni 49 f.).

III. Der Kaiser hat keine Vermögensrechte der Landeskasse gegenüber, ebensowenig wie gegen das Reich; er bezieht nur die preußische Zivilliste. Wie aber ein Dispositionsfonds für ihn im Reichsetat vorgesehen ist, so steht ihm bei der Landeshauptkasse ein Fonds für Gnadenpensionen und Gnadenbewilligungen aller Art zur Verfügung (100 000 Mk.; vgl. Kap. 70 des Etats für 1911).

Seine Ehrenrechte sind diejenigen, die er als Kaiser und als König von Preußen hat. Das Recht der Verleihung des Adels und von Ordensauszeichnungen besitzt er nur in dieser letzteren Eigenschaft. Einen besonderen Reichsadel und Reichsorden gibt es nicht (Arndt, Bem. 1 zu Art. 11 RV.). Titel und Rang der Beamten, sowie deren Uniform bestimmt der Kaiser auf Grund des § 17 des Beamtengesetzes.

§ 2.

An der Spitze der Landesregierung steht ein Statthalter, der vom Kaiser unter Gegenzeichnung des Reichskanzlers ernannt und abberufen wird.

Der Statthalter hat insbesondere die Befugnisse und Obliegenheiten, die vor dem Inkrafttreten des Gesetzes, betreffend die Verfassung und die Verwaltung Elsaß-Lothringens, vom 4. Juli 1879 (Reichs-Gesetzbl. S. 165) durch Gesetze und Verordnungen dem Reichskanzler in elsaß-lothringischen Landesangelegenheiten überwiesen waren. Er ist berechtigt, zu polizeilichen Zwecken die in Elsaß-Lothringen stehenden Truppen in Anspruch zu nehmen.

Der Statthalter ernennt und instruiert die Bevollmächtigten zum Bundesrate.

Die Anordnungen und Verfügungen des Kaisers bedürfen zu ihrer Gültigkeit der Gegenzeichnung des Statthalters, der dadurch die Verantwortlichkeit übernimmt.

Der Statthalter residiert in Straßburg.

E. §§ 2, 25. B. 9. KB. 7 ff., 17 ff., 29. SB. 4231, 4182, 7036 ff., 7054.

I. Die Vorschrift entspricht im Ganzen dem durch das Gesetz vom 4. Juli 1879 geschaffenen Rechtszustande. Die Fassung des § 1 sanktioniert die zutreffende, aber im Hinblick auf den Wortlaut des § 1 des Juligesetzes mehrfach bekämpfte Meinung, daß die Bestellung eines Statthalters nicht fakultativ, sondern obligatorisch sei (vgl. die Nachweise bei Bruck I 126). Sie erkennt ferner den von der herrschenden und richtigen Ansicht gelehrten und in der Praxis auch befolgten Satz an, daß die Ernennung und Abberufung des Statthalters der Gegenzeichnung des Reichskanzlers und nicht der des Statthalters bedarf. Wie die Begründung anführt (9), soll dadurch auch die staatsrechtliche Stellung des Statthalters als eines Reichsbeamten gekennzeichnet werden. In Abs. II werden die in § 2 des Juli-Gesetzes genannten „durch § 10 des Gesetzes betreffend die Einrichtung der Verwaltung, vom 30. Dezember 1871 (GBl. f. E.-L. 1872 § 49) dem Oberpräsidenten übertragenen außerordentlichen Gewalten“ nicht mehr als solche erwähnt, nachdem der sog. Diktaturparagraph (§ 10 I) durch Reichsgesetz vom

18. Juni 1902 (RGBl. 231) gefallen ist; das bei Bestand gebliebene Recht der Requisition der Militärmacht zu polizeilichen Zwecken (§ 10 II) wird dagegen in Abs. II S. 2 besonders hervorgehoben, angeblich aus dem Grunde, weil nach geltendem Recht Zweifel möglich seien (?), ob das Recht dem Statthalter oder dem Ministerium als Rechtsnachfolger des Oberpräsidenten zustehe (Begr.). — Neu ist die Bestimmung des Abs. III, die an die Stelle des Rechts zur Abordnung von Bundesratskommissaren (§ 7 Ges.) mit Rücksicht auf Art. I VG. die Befugnis zur Ernennung und Instruktion von Bundesratsbevollmächtigten setzt. Abs. IV und V enthalten wieder nichts anderes als eine Neukodifikation bestehenden Rechts (vgl. § 4 Ges. v. 9. Juni 1871, §§ 2 und 1 I S. 2 Ges. v. 4. Juli 1879).

II. Die Ernennung und insbesondere auch die Abberufung des Statthalters ist nicht an besondere Voraussetzungen gebunden. Wie der Staatssekretär, die Unterstaatssekretäre und eine ganze Reihe anderer Beamter (§ 25 Beamten-G.), kann er jederzeit mit Gewährung des gesetzlichen Wartegeldes in den einstweiligen Ruhestand versetzt werden. Wartegeld und Pension bestimmen sich nach den für den Reichskanzler geltenden gesetzlichen Vorschriften und Etatsbestimmungen (Ges. v. 28. April 1886 — RGBl. S. 129). Der Anspruch auf Pension ist begründet, wenn er sein Amt mindestens 2 Jahre bekleidet oder eine mindestens 10jährige Dienstzeit hinter sich hat. Alle vermögensrechtlichen Ansprüche des Statthalters gehen gegen die Landeskasse, aus der er sein Diensteinkommen unter den Titel von Repräsentationskosten bezieht; zu ihnen tritt noch die Vergütung für die Dienstreisen und Umzugskosten. Für die unvorhergesehenen Ausgaben der Landesverwaltung steht ihm ein Dispositionsfonds (130000 Mk.) zu Gebote.

III. Der Statthalter ist der Landesminister für E.-L. und hat als solcher die ministeriellen Befugnisse in den Landesangelegenheiten; er steht „an der Spitze der Landesregierung". Diese Befugnisse sind ihm ein- und für allemal durch Gesetz übertragen und ebenso hinsichtlich ihres Umfangs bestimmt. Sie stellen den wesentlichen Inhalt seines Amtes dar (Laband II § 68 S. 228). Daneben können ihm landesherrliche Befugnisse durch kaiserliche Verordnung übertragen werden, die auch ihren Umfang festsetzt (§ 3 VG.). Ihre Übertragung steht völlig im Belieben des Kaisers, der von ihr absehen, sie erweitern, beschränken, widerrufen kann; sie erfolgt auch nur für den einzelnen Statthalter persönlich, erscheint als Gnadenbeweis und ändert nichts an der Zuständigkeit des Kaisers. Die übertragenen Befugnisse bleiben landesherrliche und werden nicht ministerielle, obwohl eine solche Regelung durchaus möglich gewesen wäre. Konsequenterweise trägt der Statthalter bei ihrer Ausübung auch nicht die konstitutionelle Verantwortlichkeit. Sie liegt vielmehr dem Staatssekretär ob, der die Gegenzeichnung der betreffenden Akte vorzunehmen hat. Dadurch überragt die Stellung des Statthalters bedeutend die eines Ministers; er erscheint in der fraglichen Beziehung gewissermaßen als Regent. Diese gehobene Stellung war von vornherein beabsichtigt und findet in der Amtsbezeichnung des Statthalters ihren Ausdruck. Trotzdem ist derselbe seinem Wesen nach ein Minister und überhaupt nichts anderes als dies, solange der Kaiser von seinem Delegationsrechte keinen Gebrauch gemacht hat (vgl. Laband a. a. O. und O. Mayer in v. Stengels Wörterbuch 1. A. II 538, 2. A. I 714).

IV. Die ministeriellen Befugnisse begreifen in sich die Zuständigkeiten, die das französische Recht den Ministern und das deutsche Landesrecht dem Reichskanzler oder dem Statthalter in Landesangelegenheiten beilegt[1]). Nach § 4 des Gesetzes vom 9. Juni 1871 ist nämlich der Reichskanzler in die Stellung der französischen Minister eingetreten; sein Rechtsnachfolger ist gemäß § 2 des Gesetzes v. 4. Juli 1879 der Statthalter geworden, indem ihm neben den außerordentlichen Gewalten des Oberpräsidenten „die durch Gesetze und Verordnungen dem Reichskanzler in e.-l. Landesangelegenheiten überwiesenen Befugnisse und Obliegenheiten" übertragen worden sind. Abgesehen von diesen letzteren in § 2 I VG. besonders erwähnten Kompetenzen ist der Amtskreis des Statthalters seit dem Inkrafttreten des Gesetzes v. 4. Juli 1879 bedeutsam erweitert worden, was jedoch im § 2 VG. nicht zum Ausdruck gelangt ist. Andererseits begründet § 2 III einen Kompetenzzuwachs von der größten Wichtigkeit.

[1]) In Militärangelegenheiten ist der Statthalter insoweit zuständig, als andere Behörden, als der preußische Kriegsminister, der die Militärverwaltung für E.-L. führt, zu entscheiden haben (Leoni 89; Bruck I 129). Außerdem ist er noch zur obersten Leitung aller Ersatzgeschäfte in Gemeinschaft mit dem preußischen Kriegsminister berufen (Ver. v. 26. März 1872 N. 1).

Ihrem Inhalte nach umfaßt die Zuständigkeit des Statthalters:

die Gegenzeichnung der vom Kaiser in Landesangelegenheiten erlassenen Akte (Gesetze, Verordnungen, Verwaltungsakte),

die Oberleitung der Landesverwaltung sowie die Oberaufsicht über die Landesbeamten,

die unmittelbare Landesverwaltung, insofern sie nicht dem Kaiser vorbehalten oder dem Statthalter untergeordneten Behörden oder sonstigen Organismen übertragen ist,

die Befugnis zur Aufhebung oder Abänderung der Verfügungen, die von den ihm nächst untergeordneten selbständigen Verwaltungsbehörden erlassen worden sind (vgl. Leoni 88 u. O. Mayer a. a. O. I 715).

Die konstitutionelle Verantwortlichkeit des Statthalters besteht dem e.-l. Landtag gegenüber, nicht mehr wie früher gegenüber dem Reichstag, dessen Zuständigkeit in Landesangelegenheiten mit Ausnahme des Vorbehalts in Art. III S. 2 VG. ausgeschaltet ist. (Unzutreffend Vogels in der D. Juristenzeitung 1911 S. 982, der die Kompetenz des Reichstags auch hinsichtlich der Ausübung der landesherrlichen Befugnisse des Statthalters fortbestehen läßt.) Sie erstreckt sich nicht nur auf die Anordnungen und Verfügungen des Kaisers, die er mit seiner Gegenzeichnung versehen hat, sondern auf seine gesamte Tätigkeit im Bereiche seiner amtlichen Kompetenz. Und sie besteht sowohl hinsichtlich der Gesetzmäßig'eit der getroffenen Maßregeln als hinsichtlich ihrer Zweckmäßigkeit. Sie ist aber ebensowenig wie diejenige des Reichskanzlers mit bestimmten Rechtswirkungen ausgestattet; insbesondere gibt es in E.-L. wie im Reich keine Ministeranklage. Tatsächlich ist die in § 2 IV VG. gemeinte Verantwortlichkeit also nur eine parlamentarische. Der Statthalter hat vor dem Landtag seine Maßnahmen zu rechtfertigen, wenn sie nach der einen oder der anderen Richtung hin beanstandet werden. Da nun die Stellung des Statthalters ausschließlich vom Vertrauen des Kaisers abhängt, der Landtag also an sich keinen Einfluß auf sein weiteres Verbleiben im Amte hat, ist die Bedeutung der ministeriellen Verantwortlichkeit des Statthalters eine ziemlich mäßige. Daß derselbe dem Landtag persönlich Rede zu stehen hat, ist nicht bestimmt. Er kann sich daher durch den Staatssekretär vertreten lassen, was bisher dem Landesausschuß gegenüber ständige Übung war;

dabei ist allerdings zu berücksichtigen, daß dieser Vertretung gegenüber eine Verantwortlichkeit nicht bestand. Durch das persönliche Erscheinen des Statthalters im Landtag würde das Verantwortlichkeitsprinzip jedenfalls einen schärferen Ausdruck finden, die ministerielle Stellung desselben gegenüber der repräsentativen mehr in den Vordergrund treten. Die Frage wurde in der Reichstagskommission ausführlich erörtert und schließlich mit der Erklärung erledigt, die verbündeten Staaten seien nicht in der Lage, eine bindende Zusage zu erteilen, daß der Statthalter dem Landtag in Zukunft Rede stehen werde (KB. 18 f.). Neben der parlamentarischen Verantwortlichkeit des Statthalters besteht eine solche gegenüber dem Kaiser (vgl. Laband I § 39 S. 346 f. für den Reichskanzler), außerdem eine straf-, zivil- und disziplinarrechtliche nach Maßgabe der allgemeinen Grundsätze (vgl. Arndt Bem. 7 zu Art. 17 RV.).

Die parlamentarische Verantwortlichkeit des Statthalters bezieht sich namentlich auf die Ausübung der ihm durch § 2 III VG. eingeräumten Befugnis der Ernennung und Instruktion der e.-l. Bevollmächtigten zum Bundesrat. Die in der Reichstagskommission von seiten der Regierung geäußerte Meinung, daß der Staatssekretär die Verantwortung für die Ausübung des Instruktionsrechts, gemäß § 3 II VG., zu tragen habe (KB. 19), ist irrig. Es handelt sich nicht um eine landesherrliche Befugnis im Sinne des § 3, sondern um ein dem Statthalter gesetzmäßig zur eigenen ministeriellen Zuständigkeit übertragenes Recht, dessen Ausübung gleich derjenigen aller ministeriellen Obliegenheiten einer Gegenzeichnung nicht bedarf. (Unrichtig auch Vogels a. a. O. S. 981. Wäre das Instruktionsrecht eine landesherrliche Befugnis gemäß § 3, so dürfte dessen Ausübung übrigens niemals dem Staatssekretär überlassen werden, wie Vogels in offenbarem Widerspruch zu § 4 I S. 1 VG. annimmt.) Allerdings übersteigt dieses Recht an Wichtigkeit bei weitem die Mehrzahl der landesherrlichen Befugnisse des § 3, die ebensowohl dem ministeriellen Geschäftskreis des Statthalters hätten zugewiesen werden können, wie sie denn auch in den Bundesstaaten meist von der Ministerialinstanz selbständig gehandhabt werden. Indes ist dieser Maßstab für die juristische Betrachtung unerheblich. Die Ernennung und Instruktion der Bundesratsbevollmächtigten konnte aus politischen Gründen nicht als eine landesherrliche Befugnis ausgestaltet werden, da der Kaiser mit dem König von Preußen identisch ist und mit Rücksicht darauf jeder Schein einer Unselbständigkeit der e.-l. Stimmen vermieden werden mußte. Tatsächlich wurde auch die Regelung des § 2 III VG. in Verbindung mit der politischen Verantwortlichkeit für die Ausübung des Ernennungs- und Instruktionsrechts der Bundesratsbevollmächtigten als eine Gewähr für die selbständige Instruktion der e.-l. Stimmen entsprechend den Landesinteressen angesehen, wie der Staatssekretär Delbrück in der Kommission ausführte (KB. 11 f.). Dem kann in gewissem Masse auch nur beigetreten werden, wenngleich es dem Kaiser freisteht, den Statthalter abzuberufen, falls er in einer besonders wichtigen Angelegenheit die Stimmen gegen Preußen instruiert (vgl. KB. 15). Eine absolute Selbständigkeit hätte sich nur auf einem anderen Wege erreichen lassen. Immerhin wird das Ergebnis das sein, daß E.-L. in Fragen vorwiegend wirtschaftlicher Natur sein besonderes Interesse mit voller Freiheit wahrnehmen kann (vgl. KB. 15). Daß der Statthalter wie das Recht so auch dem Lande gegenüber die Pflicht hat, Bundesratsbevollmächtigte zu ernennen und nach Maßgabe der Landesinteressen zu instruieren, bedarf kaum der Erwähnung. In Angelegenheiten von ganz besonderer Bedeutung möchte es sich empfehlen, vor Erteilung der Instruktion den Landtag zu hören, wie dies des öfteren in den Gliedstaaten des Reichs geschieht.

V. Das Verhältnis des Statthalters zum Reichskanzler ist das eines Spezialministers zum Generalminister (O. Mayer a. a. O. II 538). Mit dem Gesetz vom 4. Juli 1879 ist der Reichskanzler für den Bereich der e.-l. Landesangelegenheiten ausgeschieden. Sie sind ihm abgenommen und zu einem neuen Amt konstituiert worden, dessen Träger dem Reichskanzler gleichgeordnet ist und vielfach als Reichskanzler für E.-L. bezeichnet wird (vgl. Laband II § 68 S. 229). Der Statthalter ist also nicht etwa ein Stellvertreter des Reichskanzlers gemäß dem Gesetze vom 17. März 1878; sondern neben ihm ein zweiter Minister des Kaisers. Der Reichskanzler kann daher auch nicht in die Landesverwaltung eingreifen und deren Geschäfte selbst vornehmen. Seine Zuständigkeit bezieht sich nur auf die unmittelbaren Reichsangelegenheiten, zu denen nach Maßgabe des § 24 VG. aber auch der Bau und Betrieb von Eisenbahnen in E.-L. gehört. Durch besondere Vorschriften ist ihm die Gegenzeichnung der den Statthalter betreffenden Kais. Akte übertragen (§§ 2 I, 3 I S. 2 VG.)

VI. Der Statthalter hat zur Bearbeitung seiner Geschäfte ein besonderes Bureau, das aus verschiedenen Beamtenkategorien gebildet ist. Daneben ist ihm eine oberste bureaukratisch eingerichtete Zentralbehörde beigegeben, das Ministerium für E.-L., das einem Staatssekretär unterstellt ist und im Statthalter seinen Dienstvorgesetzten hat. Es zerfällt in Abteilungen, die von Unterstaatssekretären geleitet werden; dem Staatssekretär kann die Leitung einer Abteilung übertragen werden. Gegenwärtig sind es vier Abteilungen: die des Innern, diejenige für Justiz und Kultus, die Abteilung für Finanzen, Handel und Domänen und die Abteilung für Landwirtschaft und öffentliche Arbeiten (vgl. darüber des näheren Bruck I 141 ff.) Das Ministerium hat die Obliegenheiten wahrzunehmen, die vor dem Gesetz vom 4. Juli 1879 vom Reichskanzleramt für E.-L und vom Reichsjustizamt in der Verwaltung des Reichslands, sowie vom Oberpräsidenten geübt wurden (§ 3 Ges. v. 4. Juli 1879). Spätere Gesetze haben seine Zuständigkeit noch erweitert. Demnach hat das Ministerium insbesondere die Oberleitung der Landesverwaltung und die Aufsicht über die Landesbeamten, aber dies nur als Gehülfe des Statthalters, bei dem die wirkliche Zuständigkeit liegt.

Soweit es sich um die Kompetenz des Reichskanzleramts und des Reichsjustizamts handelt, ist das Ministerium keine dem Statthalter selbständig gegenüberstehende Verwaltungsbehörde; es nimmt in dieser Beziehung vielmehr die Stellung ein, wie sie den obersten unmittelbaren Reichsämtern im Verhältnis zum Reichskanzler zukommt. Es handelt also nur in Vertretung des Statthalters, soweit nicht seine Tätigkeit bloß in der Vorbereitung der Entschließungen desselben besteht. Demgemäß kann der Statthalter hier jederzeit jede Sache zur eigenen unmittelbaren Entscheidung bringen; er kann auch bereits ergangene Anordnungen abändern oder aufheben, aber nur soweit, als er dies tun könnte, wenn er sie selbst getroffen hätte (O. Mayer I 715, Leoni 92, Bruck I 131, vgl. auch Laband II § 68 S. 232). Dies alles gilt auch hinsichtlich derjenigen Angelegenheiten, die nicht zur gesetzlichen Zuständigkeit des Oberpräsidenten gehörten, sondern ihm auf Grund des § 6 II Ges. v. 30. Dezember 1871 vom Reichskanzler überwiesen waren (Verf. v. 29. Januar 1872

GBl. 122). Inhaber dieser Befugnisse ist trotz der Vorschrift des § 3 des Juligesetzes der Statthalter als Rechtsnachfolger des Reichskanzlers; sie sind nicht auf das Ministerium zu eigenem Recht übergegangen, sondern nur der Ausübung nach (A. M. Bruck I 132). Für die gegenteilige Annahme fehlt jeder Anhaltspunkt.

Soweit die dem Oberpräsidenten kraft Gesetzes zukommenden Befugnisse und die seit dem Juligesetz dem Ministerium beigelegten Kompetenzen in Frage stehen, ist das Ministerium eine dem Statthalter als Oberbehörde unterstellte selbständige Verwaltungsinstanz, bezüglich deren diesem letzteren die Rechte des Chefs der Landesverwaltung und zugleich einer höheren Instanz zustehen. Der Statthalter hat also für diesen Bereich wohl die Oberleitung und Oberaufsicht; er kann allgemeine Anweisungen erteilen und Beschlüsse des Ministeriums abändern oder aufheben. Aber er kann nicht an Stelle desselben tätig werden (Mayer und Bruck a. a. O.). Die Meinung Leonis (93), daß das Ministerium auch die gesetzlichen Befugnisse des Oberpräsidenten nur der Ausübung nach in seiner Hand vereinige, und daß lediglich für die Fälle, in denen zum Schutze von Privatrechten ein förmlicher Instanzenzug vom Oberpräsidenten an den Reichskanzler eingesetzt worden sei, eine Ausnahme nach Maßgabe des oben Gesagten bestehe, läßt sich nicht begründen. Jene Fälle stellen vielmehr nur eine besondere Anwendung des angeführten Prinzips dar. So verhält es sich namentlich im Bergrecht, für dessen Gebiet das Ministerium die Oberbergbehörde, der Statthalter die oberste Bergbehörde bildet (vgl. weiteres bei Bruck I 132).

Als Vorstand des Ministeriums trägt der Staatssekretär ebensowenig wie die ihm unterstellten Vorstände der einzelnen Ministerialabteilungen eine politische Verantwortlichkeit; sie sind grundsätzlich nur wie alle Verwaltungsbeamten verantwortlich. Die politische Verantwortlichkeit für die Geschäftsführung des Ministeriums ruht beim Statthalter.

§ 3.

Der Kaiser kann dem Statthalter landesherrliche Befugnisse übertragen. Der Umfang dieser Übertragung wird durch Kaiserliche Verordnung bestimmt, die vom Reichskanzler gegenzuzeichnen ist.

Die Anordnungen und Verfügungen, die der Statthalter kraft der ihm zustehenden landesherrlichen Befugnisse erläßt, bedürfen zu ihrer Gültigkeit der Gegenzeichnung des Staatssekretärs, der dadurch die Verantwortlichkeit übernimmt.

E. § 3 B. 9f. KB. 18f. SB. 7036ff., 7041.

Die landesherrlichen Befugnisse der vorstehenden Bestimmung — die sich an das frühere Recht anschließt (§§ 1, 4 I Ges. v. 3. Juli 1879) und sich von ihm nur durch die ausdrückliche Anordnung unterscheidet, daß die kais. Verordnung über die Übertragung derselben an den Statthalter vom Reichskanzler gegenzuzeichnen ist — bilden den Gegensatz zu den ministeriellen Befugnissen des Statthalters (vgl. Bem. III zu § 2). Sie können, müssen ihm aber nicht übertragen werden, verlieren auch durch die Übertragung ihren Charakter keineswegs. Der Statthalter übt sie „im Allerhöchsten Auftrag" des Kaisers aus, was in den einzelnen Erlassen, deren Eingangsformel die gleiche ist wie in den vom Kaiser selbst ausgehenden, besonders vermerkt wird. Er ist dabei politisch unverantwortlich wie ein Regent, weshalb die Gegenzeichnung durch den Staatssekretär erforderlich ist.

Dem Sinne der Vorschrift nach ist die Übertragung eine höchst persönliche, sowohl was den Träger der kaiserlichen Gewalt als den Inhaber des Statthalteramts angeht. Sie überdauert also nach beiden Seiten hin keinen Wechsel in der Person; sie bedarf der Erneuerung, wenn der Kaiser stirbt, oder ein Regent die kaiserlichen Gewalt übernimmt, oder ein neuer Statthalter ernannt wird. Sie ist auch dem beliebigen Widerruf ausgesetzt. Eine Stellvertretung des Statthalters ist ausgeschlossen.

Welche Befugnisse überhaupt in Frage kommen können, bestimmt sich nach e.-l. Landesrecht. Über den Umfang der Übertragung hat der Kaiser zu befinden. Nach der Begründung des Gesetzes v. 4. Juli 1879 sollen hauptsächlich Verwaltungsakte von geringerer politischer Bedeutung und mit beschränkterem Interessenkreis, die nach deutschem Verwaltungsrecht im allgemeinen unter die Ministerialbefugnisse fallen, den Gegenstand derselben bilden. Dem entsprechen auch in der Tat die bereits ergangenen Delegationen, von denen die letzte, die noch in Geltung steht, — und durch das VG. nicht berührt wird — vom 23. November 1907 (RGBl. S. 759) datiert. Daß die dem Kaiser im VG. eingeräumten Befugnisse grundsätzlich nicht delegiert werden können, bedarf kaum der Erwähnung. (Vgl. aber Bem. II zu § 12 VG.) Unter den dem Statthalter zur Ausübung übertragenen Kompetenzen lassen sich drei Gruppen unterscheiden:

1. Der Erlaß von Verordnungen und Verfügungen über gewisse besonders bezeichnete Gegenstände der Landesverwaltung.
2. Der Nachlaß von Geldstrafen, Steuern, Gebühren, Gefällen, die Niederschlagung von Kassendefekten und fiskalischen Forderungen, die Gewährung der Rehabilitation, eines Strafaufschubs usw., also im allgemeinen die Vornahme gewisser Gnadenakte im Bereich der Justiz und der Finanzen.
3. Die Ernennung zu gewissen Ämtern oder die Bestätigung oder Genehmigung einer solchen.

§ 4.

Der Statthalter wird, soweit es sich nicht um die Ausübung landesherrlicher Befugnisse handelt, durch den Staatssekretär vertreten. Als Vertreter des Statthalters hat der Staatssekretär die Rechte und die Verantwortlichkeit in dem Umfang, wie ein dem Reichskanzler nach Maßgabe des Gesetzes vom 17. März 1878 (Reichs-Gesetzbl. S. 7) substituierter Stellvertreter sie hat.

Dem Statthalter ist vorbehalten, jede in diesen Bereich fallende Amtshandlung selbst vorzunehmen.

E. § 4. B 9 f. KB. 19.

In Übereinstimmung mit dem bisherigen Rechte (§ 4 II Ges. v. 4. Juli 1879) bestellt § 4 dem Statthalter einen Generalstellvertreter für den gesamten Bereich seiner ministeriellen Befugnisse. Die neue, von der früheren abweichende Fassung beseitigt jeden Zweifel hinsichtlich des Umfangs der Stellvertretung. Während dem Reichskanzler ein Stellvertreter nur auf seinen Antrag „in Fällen der Behinderung durch kais. Anordnung" beigegeben wird, ist er für den Statthalter ein und für allemal und schlechterdings durch das Gesetz eingesetzt. Der Stellvertreter des Statthalters ist daher ein ständiger Vertreter des jeweiligen Trägers des Amts, nicht ein solcher für die Person des einzelnen Inhabers, sodaß er durch einen Wechsel in derselben grundsätzlich nicht berührt wird. Seine Bedeutung steigt sogar im Falle einer Vakanz des Statthalterpostens. Ist die Stellvertretung auch von der Person und vom Willen des Statthalters unabhängig, so ist ihm doch das Recht eingeräumt, jede Amtshandlung selbst vorzunehmen und dadurch den Stellvertreter außer Tätigkeit zu setzen. Das erfordert die Rücksicht auf die dem Statthalter zustehende oberste Leitung der Verwaltung, die einheitlich geführt werden muß und nicht beeinträchtigt werden darf.

Stellvertreter des Statthalters ist der jeweilige Staatssekretär für E.-L., zu dessen amtlichen Befugnissen die Stellvertretung ebenso wie die Gegenzeichnung der landesherrlichen Erlasse des Statthalters gehört. Die rechtliche Stellung des Staatssekretärs ist demnach eine komplizierte. Als Stellvertreter des Statthalters und als mitwirkende Person bei dessen landesherrlichen Akten steht er einem Minister gleich, was sich in seiner politischen Verantwortlichkeit zeigt; u. z. wird man ihn treffend als den Unterminister des Statthalters bezeichnen können (vgl. Laband I § 40 S. 358 f.), weil er diesem dienstlich unterstellt ist. Als Vorstand des Ministeriums ist er der Hauptsache nach der erste Gehülfe des Statthalters für die Erledigung der diesem obliegenden Regierungsgeschäfte, soweit das Ministerium aber eine selbständige Verwaltungsinstanz unter dem Statthalter bildet, der Chef dieser Verwaltungsbehörde. In seiner Eigenschaft als Vorstand des Ministeriums wird der Staatssekretär für den Fall seiner Beurlaubung oder Verhinderung durch einen hierzu ernannten Unterstaatssekretär vertreten (Ver. v. 23. Juli 1879 § 10). Daß diese Vertretung auch hinsichtlich seiner Eigenschaft als Minister gilt, ist in der Praxis mehrfach angenommen worden, in Ermangelung einer entsprechenden gesetzlichen Bestimmung jedoch mindestens zweifelhaft (ebenso Laband II § 68 S. 230 Note 3, Leoni 93, Bruck I 134).

Als Stellvertreter des Statthalters hat der Staatssekretär in bezug auf die Zuständigkeit desselben eine analoge Stellung wie ein dem Reichskanzler gemäß dem Gesetze vom 17. März 1878 bestellten Vertreter, d. h. er kann die zur Gültigkeit der Anordnungen und Verfügungen des Kaisers erforderliche Gegenzeichnung des Statthalters abgeben und auch die sonstigen demselben durch das Landesrecht übertragenen Obliegenheiten wahrnehmen, trägt aber dafür auch die politische Verantwortlichkeit für die vorgenommenen Akte, während der Statthalter insoweit davon entlastet wird. Immerhin ist eine weitere Verantwortlichkeit des letzteren noch denkbar. Er kann auch deshalb zur Verantwortung gezogen werden, weil er von dem Vorbehalt des § 4 II VG. keinen Gebrauch gemacht habe (vgl. Laband I § 40 S. 358). Gerade in der Begründung der ministeriellen Verantwortlichkeit für die Stellvertreter des Reichskanzlers liegt die wesentliche Bedeutung des Stellvertretungsgesetzes, und das gilt nicht minder von der Vorschrift des § 4 VG.

§ 5.

Landesgesetze für Elsaß-Lothringen werden vom Kaiser mit Zustimmung des aus zwei Kammern bestehenden Landtags erlassen. Die Übereinstimmung des Kaisers und beider Kammern ist zu jedem Gesetz erforderlich.

Der Kaiser fertigt die Gesetze aus und ordnet ihre Verkündung an. Sofern nicht in dem verkündeten Gesetz ein anderer Anfangstermin seiner verbindlichen Kraft bestimmt ist, beginnt diese mit dem vierzehnten Tage nach dem Ablauf desjenigen Tages, an welchem das betreffende Stück des Gesetzblatts für Elsaß-Lothringen in Straßburg ausgegeben worden ist.

Der Landeshaushalts-Etat wird alljährlich durch Gesetz festgestellt. Die Gesetzentwürfe über die Feststellung des jährlichen Landeshaushaltsetats werden zuerst der zweiten Kammer vorgelegt und von der ersten Kammer im ganzen angenommen oder abgelehnt. Im Etatsentwurfe nicht vorgesehene Ausgaben oder Erhöhungen von Ausgabeposten über den Betrag der von der Landesregierung vorgeschlagenen Summe können von der zweiten Kammer ohne Zustimmung der Regierung in den Etat nicht eingesetzt werden.

Steuern und Abgaben für die Staatskasse dürfen nur erhoben werden, soweit sie in den Haushaltsetat aufgenommen oder durch besondere Gesetze angeordnet sind. Nach dem Ablauf eines Etatsjahres bleibt die Landesregierung bis zum Inkrafttreten des neuen Etatsgesetzes ermächtigt, Schatzanweisungen auszugeben, soweit die Einnahmen aus den auf besonderen Gesetzen beruhenden Steuern und Abgaben nicht ausreichen, um die rechtlich begründeten Verpflichtungen der Landeskasse zu erfüllen, Bauten, die auf Grund eines dem Landtag vorgelegten und von ihm genehmigten Bauanschlags ausgeführt werden, fortzusetzen und die gesetzlich bestehenden Einrichtungen zu erhalten und fortzuführen.

E. § 5. B. 10ff. KB. 19ff. SB. 4226, 7051f., 7063ff., 7082.

I. Von der kriegerischen Okkupation des Landes ab bis zum Vereinigungsgesetz vom 9. Juni 1871, das am 28. Juni 1871 in Kraft trat, wurde die Gesetzgebung durch den „Generalgouverneur im Elsaß" ausgeübt. Seine Verordnungen, die in den „Amtlichen Nachrichten für das Generalgouvernement Elsaß" — erschienen seit dem 1. September 1871 — verkündigt wurden, stellen gleich den noch in Geltung stehenden französischen Gesetzen wirkliches Landesrecht dar. Alle späteren Gesetze sind dagegen nichts anderes als „Provinzialgesetze des Reichs" (vgl. statt aller Laband II § 69 S. 235ff.). Das gilt zunächst von der Gesetzgebung gemäß § 3 des Vereinigungsgesetzes. Die Bestimmung führte die „Kaiserliche Diktatur" in E.-L. ein. Der Kaiser erließ die Gesetze in Form von Verordnungen. Er war dabei zwar an die Zustimmung des Bundesrats gebunden; aber der Gesetzesbefehl ging von ihm selbst aus, sodaß es in seinem Ermessen stand, ob ein Beschluß des Bundesrats Gesetz werden sollte. Die Zustimmung des Reichstags war nur bei der Aufnahme von Anleihen oder der Übernahme von Garantien für E.-L. erforderlich, durch welche eine Belastung des Reichs herbeigeführt würde. Die Verkündigung erfolgte auf Grund des Gesetzes vom 3. Juli 1871 in dem „Gesetzblatt für Elsaß-Lothringen". Nach Maßgabe des § 3 des Vereinigungsgesetzes waren insbesondere auch die auf Grund der RV. von Reichswegen erlassenen und im Reichsgesetzblatt verkündigten Reichsgesetze in E.-L. einzuführen, wenn sie daselbst wirksam werden sollten (Laband II § 69 S. 247). Mit der Einführung der RV. am 1. Januar 1874 änderte sich der Zustand. Das Recht der Gesetzgebung stand nun nicht mehr wie früher der Ausübung nach dem Kaiser zu; diese war vielmehr jetzt unmittelbar Sache des Reichs (§ 3 IV Vereinigungsges.). Demgemäß gab es für die Gesetzgebung des Reichs nur noch einen Weg, den in der RV. vorgeschriebenen. Als Reichsgesetze mit dem Gesetzesbefehl des Bundesrats wurden die Gesetze für E.-L. auch in denjenigen Angelegenheiten erlassen, die in den Bundesstaaten der Reichsgesetzgebung nicht unterliegen; nur geschah die Verkündigung in solchen Angelegenheiten im Gesetzblatt für E.-L., ein Verfahren, dessen Zulässigkeit in Ermangelung einer besonderen Bestimmung nicht ganz unzweifelhaft war (vgl. darüber Laband II § 69 S. 253).

Eine besondere Bedeutung hat die Unterscheidung dieser „Landesangelegenheiten" von den übrigen durch das Gesetz vom 2. Mai 1877 gewonnen. Es bestimmte, daß Landesgesetze, d. h. Gesetze in Landesangelegenheiten, vom Kaiser mit Zustimmung des Bundesrats und eines neugeschaffenen Organs, des Landesausschusses erlassen werden sollten (§ 1). Die Sanktion derselben ging vom Kaiser aus, wie unter der Herrschaft des Vereinigungsgesetzes. Jedoch wurde ein Vorbehalt zugunsten des bisherigen Rechtszustands gemacht. Landesgesetze einschließlich des Landeshaushaltsetats sollten auch im Wege der Reichsgesetzgebung erlassen werden können (§ 2 I). Den auf Grund des Vorbehalts ergangenen Landesgesetzen wurde eine stärkere Wirkung als den vor dem Gesetz von 1877 und den nach § 1 derselben erlassenen Landesgesetzen beigelegt; sie konnten nur im Wege der Reichsgesetzgebung aufgehoben oder geändert werden. Für die Verkündigung der Gesetze wurde das Gesetzblatt für E.-L. stillschweigend beibehalten. Seit dem Gesetz vom 4. Juli 1879 wird es nicht mehr vom Reichskanzleramt ausgegeben, sondern vom Ministerium in Straßburg (§ 22).

Der § 5 VG. schließt den Weg der Reichsgesetzgebung für Landesgesetze grundsätzlich aus, ändert aber auch die bisherige Form der Landesgesetzgebung nach § 1 des Gesetzes v. 2. Mai 1877, indem er die Mitwirkung des Bundesrats und des Landesausschusses ausschaltet und an deren Stelle die Zustimmung eines aus zwei Kammern bestehenden e.-l. Landtags setzt. Landesgesetze für E.-L. werden nunmehr vom Kaiser mit Zustimmung des Landtags erlassen. Die Neuerung erscheint nach den beiden angegebenen Richtungen hin als organische Weiterentwickelung der Gesetzgebung vom Jahre 1877: Der Vorbehalt des § 2 I, der nach der Tendenz des Gesetzes nur subsidiäre Bedeutung haben sollte, ist wenigstens dem Prinzip nach beseitigt. Andererseits ist neben dem Kaiser nur ein dem Lande — gleich dem früheren Landesausschuß — eigenes Organ bei der Landesgesetzgebung beteiligt. Das stellt einen bedeutsamen Fortschritt dar, wenngleich die Stellung, die dem Kaiser nach § 1 des Gesetzes von 1877 zukam, keine Änderung erfahren hat. Er erteilt nach wie vor den Gesetzesbefehl im Namen des Reichs. Infolgedessen sind die Landesgesetze gemäß § 5 VG. auch noch Provinzialgesetze des Reichs wie alle seit dem 28. Juni 1871 erlassenen Gesetze für E.-L. Die Mitwirkung des Landtags steht dem nicht entgegen, weil es in dieser Beziehung nicht auf die Form der Gesetzgebung ankommt; entscheidend ist vielmehr das Recht zur Gesetzgebung, und dieses hat nicht die juristische Person des öffentlichen Rechts, die E.-L. darstellt, sondern der Kaiser in seiner Eigenschaft als Delegatar des Reichs (vgl. Laband II § 69 S. 251, 254). Demgemäß ist das Land hinsichtlich der Gesetzgebung nur dem äußern Scheine nach, mit Rücksicht auf den Landtag, den Bundesstaaten gleichgestellt. Es hat die Autonomie nur der Form, nicht dem Wesen nach. Immerhin hat es wegen des Erfordernisses der Zustimmung des Landtags, insbesondere aber der zweiten Kammer, einen bestimmenden Einfluß auf den Inhalt der Gesetzgebung.

II. Der Begriff der Landesgesetze im Sinne des § 5 VG. ist derselbe wie in § 1 des Gesetzes vom 2. Juli 1877. Gemeint sind Gesetze hinsichtlich solcher Angelegenheiten, die der Landesgesetzgebung in den Bundesstaaten unterliegen. Das sind zunächst diejenigen Angelegenheiten, die weder nach der RV. noch gemäß den auf Grund derselben erlassenen Reichsgesetzen zur Kompetenz des Reichs gehören. Ferner diejenigen des Art. 4 RV., die zwar der fakultativen Kompetenz des Reichs zugewiesen sind, aber eine reichsrechtliche Regelung noch nicht gefunden haben, oder deren reichsrechtliche Regelung gegenüber den Landesgesetzen subsidiären Charakter hat oder eine Ergänzung durch solche zuläßt. Ausgeschlossen ist die Landesgesetzgebung schlechterdings in Ansehung derjenigen Gebiete, die zur ausschließlichen Zuständigkeit des Reichs gehören (vgl. Laband II § 59 S. 110 ff.), und zu denen für E.-L. speziell das vorliegende VG. tritt (Art. III S. 2 VG.). Die Kompetenz der e.-l. Landesgesetzgebung umfaßt insbesondere die Verwaltungsorganisation des Landes, soweit sie nicht im VG. geregelt ist, also die Organisation des Ministeriums und der ihm unterstellten Zentralbehörden, die Bezirks-, Kreis- und Gemeindeverfassung, das Recht der Landesbeamten einschließlich des Gesetzes vom 28. April 1886 betreffend den Anspruch des Statthalters in E.-L. auf Gewährung von Pension und Wartegeld (A. M. die Begründung 11), die Landessteuern und -abgaben, namentlich die Biersteuer und das Oktroi, soweit es nach Reichsrecht noch bei Bestand ist, das Unterrichtswesen, abgesehen von der Unterrichtssprache (§ 26 VG.), das Forstwesen, überhaupt das ganze noch geltende französische öffentliche Landesrecht, das formelle und materielle Justizrecht, wie es in den Ausführungsgesetzen zu den Reichsjustizgesetzen niedergelegt oder in deren Einführungsgesetzen aufrecht erhalten worden ist.

In welcher Form die vorhandene Regelung der der e.-l. Landesgesetzgebung unterliegenden Angelegenheiten erfolgt ist, bleibt sich gleich. Es können also Landesgesetze, die auf dem vorbehaltenen Weg der Reichsgesetzgebung nach § 2 I des Gesetzes vom 2. Mai 1877 erlassen worden sind, ebensowohl abgeändert und aufgehoben werden, wie solche, die in der Form des § 1 desselben ergangen sind. Die besondere Gesetzeskraft der ersteren ist beseitigt. Es macht auch keinen Unterschied, ob es sich um französische oder deutsche Gesetze handelt, ob wirkliches partikuläres Landesrecht in Frage steht oder Provinzialreichsrecht. Von Bedeutung ist einzig und allein der Inhalt der Regelung; es kommt darauf an, ob sie Landesangelegenheiten in dem dargelegten Sinne oder Reichsangelegenheiten zum Gegenstand hat. Wichtig ist dieser Grundsatz namentlich in Ansehung der Bundes- oder Reichsgesetze, deren Wirksamkeit vor dem Inkrafttreten der RV. (1. Januar 1874) durch Kais. Verordnung auf E.-L. „ausgedehnt" wurde, wie es daselbst regelmäßig heißt, um mit Rücksicht auf den von der Sanktion der RV. verschiedenen Gesetzesbefehl die Vorstellung zu vermeiden, daß es sich eigentlich nur um gemeines Recht, nicht um einheitliches Reichsrecht handle (Laband II § 69 S. 248). Hierher gehören z. B. das Gesetz über die Freizügigkeit vom 1. November 1867, über die Erwerbung und den Verlust der Bundes- und Staatsangehörigkeit vom 1. Juni 1870, das Postgesetz vom 28. Oktober 1871 u. a. (vgl. Möller III). Alle diese Gesetze haben es mit Reichsangelegenheiten zu tun und sind der Landesgesetzgebung ebenso entzogen wie das Vereinigungsgesetz vom 9. Juni 1871 und das Gesetz betr. die Einführung der RV. in E.-L. vom 25. Juni 1873. Das Gleiche gilt von den verfassungsmäßigen Reichsgesetzen, die erst später im Wege der Reichsgesetzgebung in E.-L. eingeführt worden sind, wie z. B. die Gewerbeordnung (Ges. v. 27. Februar 1888 — RGBl. S. 57 —), das Gesetz über den Unterstützungswohnsitz (Gesetz vom 30. Mai 1908 — RGBl. S. 377 —). Ebenso wäre das Gesetz betr. die Gleichberechtigung der Konfessionen in bürgerlicher und staatsbürgerlicher Beziehung, das durch § 25 VG. auf E.-L. erstreckt worden ist, auch ohne die Bestimmung des Art. III, Abs. II VG nur im Wege der Reichsgesetzgebung abzuändern oder aufzuheben. Schließlich hat auch das Gesetz über die Vorbereitung des Kriegszustandes in E.-L. vom 30. Mai 1892, trotz seiner auf das Land beschränkten Wirksamkeit, den Charakter eines Reichsgesetzes.

Wenngleich die e.-l. Landesgesetze in Wahrheit Reichsgesetze sind und sich von den verfassungsmäßigen Reichsgesetzen — abgesehen von deren normalem Wirkungskreis — nur durch ihren Gegenstand und die auf dieser Verschiedenheit aufgebaute besondere Entstehungsform unterscheiden, wenngleich also die Kompetenzabgrenzung hier eine andere Bedeutung hat, als im Verhältnis des Reichs zu den Bundesstaaten, indem sie nicht die Zuständigkeit verschiedener Staatsgewalten bezeichnet, sondern nur die Anwendung verschiedener Formen für den Erlaß von Gesetzen bedingt, sind doch die Regeln über das Verhältnis der Reichsgesetze zu den Landesgesetzen der Bundesstaaten entsprechend anzuwenden. Demgemäß gehen die Reichsgesetze nebst dem übrigen Reichsrecht nach Art. 2 RV. den Landesgesetzen des § 5 VG. schlechterdings vor, ohne daß deren förmliche Aufhebung erforderlich ist. Das gilt für den ganzen Umfang der reichsrechtlichen Regelung, insbesondere auch hinsichtlich derjenigen landesrechtlichen Vorschriften, die dem Reichsrecht nicht widersprechen; sie werden formell beseitigt, gelten aber als Reichsrecht weiter. Die Landesgesetzgebung kann ihrerseits nicht in das Reichsrecht eingreifen, reichsrechtliche Bestimmungen nicht außer Kraft setzen, ja sie nicht einmal wiederholen; sie kann ebensowenig eine authentische Auslegung von solchen vornehmen, noch ihre Einwirkung auf das Landesrecht festlegen und etwa die aufgehobenen oder die weiter geltenden Vorschriften bestimmen; auch eigentliche Ausführungsbestimmungen kann sie nicht erlassen, wohl aber das Landesrecht dem Reichsrecht anpassen, dieses letztere auf das Landesrecht ausdehnen (Laband II § 59 S. 104 ff.). Über die Frage, welches Recht im einzelnen Falle anzuwenden ist, haben die zur Entscheidung desselben berufenen Behörden zu befinden, unbeschadet jedoch des dem Reich zustehenden Rechts der Überwachung und Beaufsichtigung (Art. 4 u. 7 I Z. 3 RV.; Laband II § 59 S. 112 ff.).

Auf die Verletzung des Landesrechts kann die Revision in Zivilprozessen in der Regel nicht gestützt werden (§ 549 ZPO.); doch sind für E.-L. zahlreiche Ausnahmen zugelassen (vgl. die Verordnung und Gesetze bei Freudenthal, ZPO. zu § 549).

Daß das Reich als Gesetzgeber für E.-L. hinsichtlich der Gesetzesform die von ihm hierfür gegebenen Vorschriften zu beobachten hat, ist selbstverständlich. Gesetze in Landesangelegenheiten, die im Wege der Reichsgesetzgebung erlassen würden, würden grundsätzlich der Gesetzeskraft entbehren. Jedoch ist zu berücksichtigen, daß das Reich seine Zuständigkeit jederzeit nach Art. 78 I RV. ohne formelle Änderung der Verfassung durch Spezialgesetz abändern kann, und daß ein solches sich nicht ausdrücklich als verfassungsänderndes bezeichnen muß. Außerdem ist es stets in der Lage, die Vorschrift des § 5 VG. abzuändern oder aufzuheben. Zweifel könnten also nur hinsichtlich der Wirksamkeit solcher Reichsgesetze bestehen, die ausschließlich für E.-L. ergehen und der Landesgesetzgebung vorbehaltene Gegenstände regeln würden, ohne den § 5 VG. ausdrücklich aufzuheben oder einzuschränken. Sie wären in Wirklichkeit Landesgesetze in der verfassungsmäßigen Form von Reichsgesetzen (§ 2 Ges. v. 2. Mai 1877) und, wie gesagt, als unwirksam zu betrachten.

III. Der § 5 Vg. bestimmt den Weg der Landesgesetzgebung; er sagt, daß Landesgesetze in der von ihm bezeichneten Weise zu erlassen sind. Er läßt aber grundsätzlich die Frage dahingestellt, welche staatlichen Willensäußerungen in der Form von Gesetzen zu ergehen haben, wann ein Akt der Gesetzgebung erforderlich ist. Eine Ausnahme gilt nur bezüglich des Landeshaushalts-Etats, dessen Feststellung durch Gesetz im Abs. III besonders angeordnet wird. Im übrigen ist die Frage nach dem Landesrecht zu beantworten. Demgemäß können Rechtssätze, einem Prinzip des konstitutionellen Staatsrechts entsprechend, in der Regel nur in der Form des Gesetzes angeordnet werden. Die rechtsverbindliche Anordnung einer Rechtsvorschrift (Gesetz im materiellen Sinne) wird also grundsätzlich durch einen der Vorschrift des § 5 VG. entsprechenden Staatsakt (Gesetz im formellen Sinne) geschehen müssen. Nur auf Grund einer besonderen gesetzlichen Ermächtigung, die ebensowohl generell als speziell gehalten sein kann, ist sie in der Form der Verordnung, einem ohne Mitwirkung des Landtags vom Kaiser oder einer Behörde erlassenen Staatsakt, zulässig und erscheint dann als Rechtsverordnung (vgl. über diese Begriffe Laband II §§ 54—58 u. G. Meyer §§ 155—161). Die generellen Ermächtigungen beziehen sich auf den Erlaß von Ausführungsverordnungen, von Polizeiverordnungen und von Notstandsverordnungen. Ausführungsverordnungen zu Landesgesetzen kann der Kaiser allgemein nach Art. 6 der Verfassung vom 14. Januar 1852 und Art. 14 des Senatuskonsults vom 21. Mai 1870 in Verbindung mit § 3 I des Gesetzes vom 9. Juni 1871 erlassen, Landesbehörden können dies nur auf Grund besonderer Delegation. Die Befugnis zum Erlaß von Polizeiverordnungen steht kraft genereller Ermächtigung dem Kaiser für die Landespolizei, den Bezirkspräsidenten für die Bezirkspolizei und den Bürgermeistern für die Ortspolizei zu; an Stelle dieser letzteren jedoch in Straßburg, Metz und Mülhausen den Polizeidirektoren; außerdem ist dem Ministerium durch eine Reihe von Gesetzen die Verordnungsgewalt übertragen, so z. B. im Gebiet der

Berg-, Jagd-, Wasser-, Fischerei-, Veterinär- und Gewerbepolizei (vgl. darüber des näheren Leoni 165 ff., Leoni-Mandel 105 ff., Bruck I 238 ff., II 146 ff.). Das Notstandsverordnungsrecht ist ausschließlich dem Kaiser beigelegt und nunmehr in § 23 VG. geregelt. Das Reichsgesetz vom 7. Juli 1887 (RGBl. 377), das die Einführung einer durch Reichsgesetz erfolgten Abänderung reichsgesetzlicher Vorschriften, die in E.-L. landesrechtliche Geltung hatten (wie z. B. das Reichsbeamtengesetz), als Landesrecht durch Kais. Verordnung mit Zustimmung des Bundesrats gestattete, ist infolge der Regelung des § 5 VG. durch § 27 VG. aufgehoben worden. Es bedarf noch der Bemerkung, daß das Verordnungsrecht in E.-L. sich nicht ausschließlich auf das Landesrecht gründet; es besteht vielfach auf Grund des Reichsrechts, das den Bundesstaaten wiederholt Delegationen erteilt hat, namentlich zum Erlaß von Ausführungsbestimmungen zu Reichsgesetzen. Fehlt es an einer reichsgesetzlichen Bestimmung über die Form, in der solche Bestimmungen zu erlassen sind, so entscheidet darüber das Landesrecht.

Gesetze im formellen Sinne können noch einen andern Inhalt haben als Rechtssätze; er kann so mannigfaltig sein wie der Inhalt irgend einer Willensäußerung. Der materielle Begriff des Gesetzes steht mit dem formellen nur insoweit in einem engeren Zusammenhange, als Rechtsvorschriften in Ermangelung einer besonderen Bestimmung auf dem Wege des Gesetzes erlassen werden müssen, wogegen andere Kundgebungen, namentlich Verwaltungsakte nur dann an diese Form gebunden sind, wenn dies durch besondere gesetzliche Bestimmung angeordnet ist, oder wenn sie eine Modifikation einer gesetzlich festgelegten Maßregel enthalten. Die Regierung braucht also für solche Willensäußerungen im allgemeinen den Weg der Gesetzgebung nicht einzuschlagen, sie kann sich nach Maßgabe des Inhalts derselben anderer Formen bedienen, insbesondere der Verordnung und Verfügung. Jedoch wird das erstere unter Umständen für sie zweckmäßig sein. Wenn dadurch einerseits ihre Bewegungsfreiheit eingeschränkt wird, weil die als Gesetz ergangene Anordnung auch nur wieder durch Gesetz aufgehoben oder abgeändert werden kann, so ist sie doch andererseits infolge der von ihr herbeigeführten Mitwirkung des Landtags von ihrer politischen Verantwortlichkeit befreit. Hauptsächlich in diesen beiden Beziehungen äußert sich die auf der Form des Gesetzes im Gegensatz zum besonderen Inhalt desselben beruhende Wirkung, die jedem Gesetz im formellen Sinne zukommende formelle Gesetzeskraft (Laband II § 57). Die materielle Gesetzeskraft dagegen richtet sich nach dem jeweiligen Inhalt des einzelnen Gesetzes, für den zwar politische, aber grundsätzlich keine rechtlichen Schranken bestehen, soweit nicht solche durch Gesetze, die von einer höheren Potenz ausgehen, wie die Reichsgesetze gegenüber den Landesgesetzen, gegeben sind.

IV. Der Weg der Landesgesetzgebung ist im einzelnen folgender:

1) Die Initiative zu Gesetzen steht neben dem Kaiser auch dem Landtag zu, u. z. jeder der beiden Kammern. Jedoch können Gesetzesvorschläge, die durch eine derselben oder dem Kaiser verworfen worden sind, in derselben Sitzungsperiode nicht wieder vorgebracht werden (§ 16 I, II VG.). Der Vorschlag der Regierung kann zunächst bei der ersten, oder aber bei der zweiten, oder bei beiden Kammern zugleich eingebracht werden. Eine Ausnahme besteht nur hinsichtlich des Entwurfs zum Landeshaushaltsetat, der zuerst der zweiten Kammer vorzulegen und von dieser an die erste weiterzugeben ist (§ 5 III S. 2 VG.). Zufolge einer verbreiteten Ansicht ist für diesen Fall auch das Recht der Initiative der ersten Kammer in Abrede zu stellen (G. Meyer 565 f.; Nachweise in Note 7 daselbst). Die Behandlung der Entwürfe in den Kammern erfolgt nach Maßgabe der Geschäftsordnung, die sie sich geben. Jede Kammer kann den zur Beratung gestellten Vorschlag unabhängig von der andern annehmen, ihn ablehnen, ihn abändern, also sowohl Zusätze als Streichungen vornehmen. Bloß der Landeshaushalts-Etat kann von der ersten Kammer entweder nur im Ganzen angenommen oder abgelehnt werden (§ 5 III S. 2 VG.). Die gefaßten Beschlüsse sind durch die Präsidenten der Kammern dem Statthalter mitzuteilen. Eine Verpflichtung der Regierung, die Beschlüsse der einen Kammer der andern zur Beschlußfassung vorzulegen, ist im Gesetz nicht besonders ausgesprochen, wird jedoch ohnehin anzunehmen sein. Allerdings kann die Regierung die von ihr eingebrachte Vorlage jederzeit einseitig zurückziehen. Auch eine Frist für die Vorlegung der Beschlüsse ist nicht bestimmt, sodaß die Regierung hier freie Hand hat. Beschließt die eine Kammer Änderungen

an dem von der andern angenommenen Entwurfe, so geht dieser wieder an die letztere zurück, mögen die Aenderungen auch unerhebliche und etwa lediglich redaktioneller Natur sein. Die parlamentarischen Verhandlungen sind erst dann erledigt, wenn eine Uebereinstimmung in den Beschlüssen beider Kammern vorliegt.

2) Der fertig gestellte Gesetzestext bedarf des Gesetzesbefehls. Die Sanktion geht — anders als bei den Reichsgesetzen, hinsichtlich deren sie dem Bundesrat zusteht (Art. 5 VG.) — vom Kaiser aus, der sie nach freiem Ermessen erteilen oder versagen kann, selbst wenn der Gesetzesvorschlag von ihm eingebracht und ohne Aenderung angenommen wurde. Er hat also, wie man sich, allerdings ungenau, auszudrücken pflegt, das absolute Veto. Gegen seinen Willen kann kein Gesetz zustande kommen; aber nicht nur das: Auf seinen Willen ist die Gesetzeskraft zurückzuführen. Die Mitwirkung des Landtags, die sich nicht in der Teilnahme an der äußerlichen Feststellung des Gesetzesinhalts erschöpft, sondern auch Zustimmung zum Erlasse des Gesetzes ist, stellt nur eine Schranke für seinen Willen dar, die er einhalten muß, wenn das Gesetz Wirkung haben soll. An eine Frist ist die Sanktion nicht gebunden. Nach der herrschenden, aber nicht unbedenklichen Meinung kann sie sogar nach Ablauf der Legislaturperiode des Landtags erfolgen (vgl. die Nachweise bei G. Meyer 570 Note 19), jedenfalls aber noch nach Beginn einer neuen Sitzungsperiode. Solange die Verkündigung des Gesetzes nicht erfolgt ist, ist auch die Rücknahme der erteilten Sanktion zulässig (G. Meyer 569; Laband II § 55 S. 27 Note 1). Die Sanktionsformel, die dem Gesetzesinhalt vorausgeht und den Eingang des Gesetzes bildet, wird nunmehr dahin lauten: „Wir . . . von Gottes Gnaden Deutscher Kaiser, König von Preußen usw. verordnen im Namen des Reichs für E.-L. nach erfolgter Zustimmung des Landtags . . ." Vollzogen wird die Sanktion — wieder anders als bei den Reichsgesetzen — durch die Ausfertigung des Gesetzes, die dem Kaiser durch § 5 II S. 1 VG. gleich der Anordnung der Verkündung ausdrücklich übertragen worden ist und den Wortlaut desselben, die Unterschrift des Kaisers nebst dem Datum — das als Datum des Gesetzes gilt —, sowie den Abdruck seines Siegels enthält. Die Ausfertigung stellt das gesetzmäßige Zustandekommen des Gesetzes fest und schließt

in soweit das Prüfungsrecht des Richters aus (Laband II § 55 S. 39 ff.). Demnach besteht es bloß hinsichtlich der Frage, ob das Gesetz sich innerhalb des Rahmens der Landesgesetzgebung hält und nicht einen Eingriff in das Reichsrecht darstellt. Entsprechend der Bedeutung der Ausfertigung bezieht sich die Verantwortlichkeit, die dem Statthalter oder seinem Stellvertreter auf Grund der Gegenzeichnung obliegt, auf die Uebereinstimmung des dem Kaiser zur Ausfertigung unterbreiteten Gesetzestexts mit dem vom Landtag beschlossenen und auf die Einhaltung der Form der Gesetzgebung, keineswegs aber auf den materiellen Inhalt des Gesetzes.

3) Nach Maßgabe der Ausfertigung erfolgt auf Anordnung des Kaisers die Verkündigung des Gesetzes im Gesetzblatt für E.-L. Durch sie wird der Gesetzgebungsakt vollendet; sie ist eine notwendige Voraussetzung für die verbindliche Kraft des Gesetzes. Jede andere Bekanntmachung desselben ist staatsrechtlich bedeutungslos. Verantwortlich für die Verkündigung ist der Statthalter. Sie stellt die Existenz des Gesetzes und seinen Wortlaut authentisch mit Wirkung für und gegen alle fest. Nachträgliche Berichtigungen sind nicht ausgeschlossen, unterliegen aber je nach der Art des zu berichtigenden Fehlers verschiedenen Grundsätzen (Druckfehler, Fehler in der Ausfertigung oder in den Landtagsbeschlüssen: Vgl. darüber Laband II § 55 S. 52 ff., sowie in der Deutschen Juristenzeitung 1903, 301 ff., und G. Meyer 568). Die verbindliche Kraft des Gesetzes beginnt, sofern es nicht selbst einen Anfangstermin für sie festsetzt, mit dem vierzehnten Tage nach dem Ablauf desjenigen Tages, an dem das betreffende Stück des Gesetzblattes in Straßburg ausgegeben worden ist (§ 5 II S. 2 VG., entsprechend dem bisherigen Landesrecht — § 22 Ges. v. 4. Juli 1879 — und dem Reichsrecht — Art 2 S. 3 RV.). Der Tag der Ausgabe wird auf jedem Stück des Gesetzblattes vermerkt, wodurch aber an dem mit abgedruckten Datum des Gesetzes nichts geändert wird.

V. Der § 5 VG. gibt in Abs. III und IV einige Vorschriften über das e.-l. Budgetrecht, die zwar von prinzipieller Bedeutung sind, aber bei weitem nicht eine erschöpfende Regelung darstellen, sodaß sie nach Maßgabe der allgemeinen Grundsätze und der Regeln, die zur Zeit in Uebung sind, ergänzt werden müssen.

1) Der Etat ist ein Wirtschaftsplan, der Voranschlag über alle innerhalb einer gewissen Wirtschaftsperiode vom Lande zu bewirkenden Einnahmen und Ausgaben. Er ist auf dem Wege der Gesetzgebung einheitlich für sämtliche Verwaltungszweige aufzustellen und hat die ganze Wirtschaftsperiode zu umfassen. Sie beträgt ein Jahr und läuft vom 1. April bis zum 31. März, gerade wie für das Reich (Gesetz vom 18. März 1878 § 1 GBl. 7). Die Aufstellung eines einzigen Etats für mehrere Jahre ist ebenso unzulässig wie grundsätzlich die Aufstellung von Spezialetats durch verschiedene Gesetze. Nur Nachtragsetats können erlassen werden, wenn größere Veränderungen des fertiggestellten Etats notwendig geworden sind; auch ist es nicht ausgeschlossen, daß in derselben Sitzungsperiode des Landtags die Feststellung der Etats für die zwei folgenden Jahre erfolgt, wenn dies durch besondere Gesetze für jedes einzelne Jahr geschieht. Seiner Natur nach ist der Etat vor Beginn des Etatsjahres aufzustellen. Andererseits verliert er mit Ablauf desselben seine Geltung. Tritt dies noch vor der Fertigstellung des neuen Etats ein, so greifen die noch zu erörternden Vorschriften des § 5 IV S. 2 Platz.

2) Der Etat wird auf Grund der im Bureau des Statthalters, im Zentralbureau des Staatssekretärs und in den einzelnen Ministerialabteilungen vorbereiteten Aufstellungen in der Finanzabteilung entworfen und alsdann vom Statthalter festgesetzt, der ihn im Namen des Kaisers der zweiten Kammer und nach deren Beschlußfassung der ersten Kammer vorlegt. Den Gegenstand der Beratung in dieser letzteren bildet der Etat, wie er von der zweiten Kammer festgestellt ist, nicht der Regierungsentwurf als solcher (G. Meyer 303). Die Vorlage erfolgt in der Form, wie sie im Reich und in Preußen üblich ist. Der Etat selbst wird dem Entwurf eines Gesetzes betr. die Feststellung des Landeshaushaltsetats als Anlage beigegeben und schließlich mit dem Gesetz auch ebenso im Gesetzblatt veröffentlicht. Zwei weitere Anlagen enthalten eine Übersicht der auszuschreibenden direkten Steuern und eine Nachweisung der freihändigen Veräußerungen von Staatseigentum.

Das Etatsgesetz erschöpft sich in der Regel nicht in der bloßen Feststellung des Etats; es enthält vielmehr regelmäßig eine Reihe von Vorschriften, die sich auf die Finanzwirtschaft des Landes beziehen, so insbesondere auf die Ausgabe von Schatzanweisungen. Bisweilen nimmt es noch andere Bestimmungen auf, denen jeder Zusammenhang mit den Landesfinanzen fehlt.

Der Etat wird seinerseits in zwei Hauptabschnitte geschieden, den ordentlichen und den außerordentlichen Etat. Jeder hat eine besondere Rubrik für die Einnahmen und Ausgaben, die nach den einzelnen Verwaltungszweigen unter besonderen Kapiteln angeführt werden. Die Ausgaben des ordentlichen Etats zerfallen wieder in fortdauernde und einmalige. Als Anlage zum Etatsgesetz gibt der Etat nur einen allgemeinen Überblick über die gesamten Einnahmen und Ausgaben des Landes. Er bedarf daher einer Ergänzung, die in Form von Spezialetats mit Unterabteilungen der Kapitel in einzelne Titel nebst Erläuterungen zu diesen, zum Teil auch in Form von Denkschriften erfolgt. Diese Schriftstücke gehen dem Landtage als Anlagen zum Etat — im Gegensatz zum Etatsgesetz — zu und bilden tatsächlich die Grundlage für seine Verhandlungen, werden aber im Gesetzblatt nicht bekannt gegeben. In Wirklichkeit bilden die Titel der Spezialetats einen wesentlichen Bestandteil des Etats, was im Gesetzblatt immerhin dadurch zum Ausdruck gelangt, daß bei den einzelnen Kapiteln die auf sie entfallenden Titel ihrer Nummer nach angegeben werden.

3) Der Landtag ist bei der Feststellung des Etats nicht vollständig frei. Er kann den Etat nicht nach seinem Belieben bewilligen oder die Bewilligung versagen; er ist vielmehr in verschiedener Richtung gebunden.

a) Ausgaben, die durch Reichs- oder Landesgesetze festgelegt sind, können vom Landtag nicht gestrichen werden. Das entspricht der herrschenden Theorie des Budgetrechts und wird in § 15 IV S. 2 VG. einfach vorausgesetzt. Unter die genannten Ausgaben fallen neben den an das Reich abzuführenden Beträgen insbesondere alle Aufwendungen, die zur Durchführung der bestehenden Gesetze und zur Aufrechterhaltung der gesetzlichen Einrichtungen erforderlich sind, namentlich die Gehälter der Beamten. Hätte der Landtag in dieser Beziehung das freie Bewilligungsrecht, so hätte er es in der Hand, die Gesetze außer Wirkung zu setzen und den Staat lahm zu legen. Tatsächlich ist die Bewilligung hier nichts anderes als das Anerkenntnis der Notwendigkeit der Ausgaben und, soweit sie ihrer Höhe nach nicht gesetzlich bestimmt sind, ihrer Angemessenheit (Laband IV § 129 S. 490 ff.). Alle Ausgaben, die nicht zu den gesetzlichen gehören, unterliegen dagegen der wahren Bewilligung des Landtags, auch wenn sie früher schon einmal bewilligt waren und das Bedürfnis für sie fortbesteht (A. M. Leoni-Mandel 45 f.). Das gilt insbesondere für die Errichtung neuer besoldeter Staatsämter.

b) Einnahmen aus gesetzlichen Titeln bedürfen keiner besonderen Bewilligung durch den Landtag. Ihre Feststellung im Etat ist nicht eine Ermächtigung zu ihrer Erhebung, sondern eine Schätzung derselben (Laband IV § 129 S. 492). Hierher gehören die vom Reich an das Land abzuführenden Beträge, der Erwerb auf Grund privatrechtlicher Geschäfte, die ohne Zustimmung des Landtags abgeschlossen werden können, hauptsächlich aber die Einnahmen aus den Landessteuern und -Abgaben, u. z. neben den indirekten Steuern (Weinsteuer, Biersteuer nebst Übergangsabgabe, Lizenzgebühren, Stempelgebühren von den Steuer- und Oktroibezettelungen) und den der Verwaltung der Verkehrssteuern unterliegenden Steuern und Gebühren (Verkehrssteuer, Erbschaftssteuer, Gerichtskosten, Stempelgefälle) auch die Erträgnisse aus den direkten Steuern (Grundsteuer, Gebäudesteuer, Kapitalsteuer, Lohn- und Besoldungssteuer, Gewerbesteuer, Wandergewerbesteuer, Bergwerkssteuer, Abgabe von den Gütern der toten Hand), wenngleich die Erhebung dieser letzteren im Gegensatz zu den andern Steuern durch das Etatsgesetz für jedes Etatsjahr immer besonders angeordnet wird, was früher nötig war (vgl. KB. 21, Bruck II 132, auch Leoni-Mandel 46). Dagegen sind an Steuern und Abgaben durch den Landtag zu bewilligen die Schiffahrtsabgaben für die Kanalschiffahrt, ferner alle Zuschläge zu den ersteren. Die Bestimmung des § 5 IV S. 1 VG., derzufolge Steuern und Abgaben für die Staatskasse nur erhoben werden dürfen, soweit sie in den Haushaltsetat aufgenommen oder durch besondere Gesetze angeordnet sind, ist eine Wiedergabe des Art. 100 der preußischen Verfassung und enthält für E.-L. keine Neuerung. Sie gibt nur dem oben gesagten einen gesetzlichen Ausdruck. Sollen neue Einnahmen erschlossen werden, für die ein Rechtstitel noch nicht besteht, so kann dies lediglich auf Grund der Bewilligung des Landtags erfolgen. Ebenso ist dessen Zustimmung nach Maßgabe des § 49

AG. z. BGB. grundsätzlich[1]) zur freihändigen Veräußerung von Grundstücken des Landes erforderlich, wogegen eine öffentliche Versteigerung derselben nur dann bedarf, wenn das Grundstück zu den Staatswaldungen gehört oder zu einem Werte von mehr als 100000 ℳ abgeschätzt ist. Auch die Aufnahme einer Anleihe und die Ausgabe von Schatzanweisungen ist nur mit der Ermächtigung des Landtags zulässig (vgl. darüber des näheren Bruck II 9ff.); indessen besteht hinsichtlich der Schatzanweisungen eine Ausnahme für den Fall, daß der Etat nicht rechtzeitig zustande kommt (§ 5 IV S. 2 VG.).

c) Neben den dargelegten allgemeinen Beschränkungen des Landtags ordnet § 5 III noch besondere an.

Die erste Kammer kann den von der zweiten beschlossenen Etat nur im ganzen annehmen oder ablehnen (S. 2), also einzelne Abänderungen nicht beschließen. Kommt eine Einigung nicht zustande, so hat die erste Kammer somit nur die Wahl, auf die Änderung zu verzichten oder den Etat vorderhand scheitern zu lassen. Sie kann auch nicht etwa den abweichenden Regierungsentwurf annehmen, da sie über diesen gar nicht beschließen darf (O. Mayer 303 mit Nachweisen in Note 7).

Für die zweite Kammer gilt eine andere Beschränkung. Ausgaben, die im Etatsentwurf nicht vorgesehen waren, oder Erhöhungen von Ausgabeposten über den Betrag der von der Landesregierung vorgeschlagenen Summe hinaus können von ihr ohne Zustimmung der Regierung in den Etat nicht eingesetzt werden. Die Bestimmung fehlte in dem von den verbündeten Regierungen dem Reichstag vorgelegten Entwurf zum VG. und wurde erst in der zweiten Lesung der Reichstagskommission beantragt und in der dritten angenommen. Sie entscheidet eine staatsrechtliche Streitfrage (vgl. Arndt, Bem. 4 zu Art. 69 RV.) zugunsten der Regierung und verhindert, daß diese Ausgaben zu machen hat, für die eine Deckung nicht vorgesehen ist (Laband, Deutsche Juristenzeitung 1911, 778). Wenn die Vorschrift auch ihrem Wortlaute nach nur die zweite Kammer betrifft, so gilt sie doch tatsächlich für den ganzen Landtag, wie auch im württembergischen Verfassungsrecht, das ja als Vorbild derselben angeführt wurde. Denn die erste Kammer

---

[1]) § 49 III statuiert verschiedene Ausnahmen, die aber alle an die Bedingung geknüpft sind, daß das Grundstück 20 Ar nicht übersteigt.

kann nicht bloß den Etat nicht selbständig abändern; sie kann auch keine Initiativanträge stellen, sondern nur solche bei der zweiten Kammer anregen, sodaß auch im Wege der Zwischenverhandlung eine Erhöhung des Ausgabenetats gegen den Willen der Regierung nicht herbeigeführt werden kann. Hält sich die zweite Kammer nicht an die Bestimmung, so dürfte die Regierung zur Leistung der gegen ihren Widerspruch bewilligten Ausgaben nicht verpflichtet sein, wenn sie auch den beschlossenen Etat im ganzen angenommen hat, um Konflikte zu vermeiden (vgl. Arndt a. a. O.).

4. Der Etat ist kein Gesetz im materiellen Sinne, sondern ein Verwaltungsakt in Form des Gesetzes. Er liefert dem Landtage einen wesentlichen Einfluß auf die Staatsverwaltung und unterwirft sie dessen Kontrolle. Die Regierung hat den Etat als Programm für ihre Tätigkeit einzuhalten und ist dem Landtag dafür Rechenschaft schuldig; insbesondere hat sie die Ausgaben entsprechend deren in den einzelnen Titeln fixierten Bestimmungen zu leisten; eine größere Bewegungsfreiheit ist ihr nur hinsichtlich der Titel eingeräumt, die unter sich besonders für übertragbar erklärt sind. Sie wird durch den Etat von ihrer Verantwortlichkeit von vornherein entlastet, soweit ihre Verwaltung den einzelnen Positionen desselben entspricht (Laband IV § 130 S. 496 ff.). In der Tat lassen sich aber Abweichungen niemals verhindern. Die tatsächlichen Einnahmen und Ausgaben können rein zahlenmäßig unter den Ansätzen des Etats bleiben oder sie übersteigen. Vielfach entsprechen sie nicht dem übrigen, materiellen Inhalt der Titel. Es sind nicht berücksichtigte Einnahmen und Ausgaben bewirkt worden, vorgesehene dagegen nicht erfolgt. Schließlich kommt es vor, daß Ausgaben schon im voraus, vor Anfang des Etatsjahres, gemacht worden sind (Vorschußverwaltung), während andere am Schluß desselben noch ausstehen (Resteverwaltung). Alle diese Abweichungen sind dem Landtag nachzuweisen und zu rechtfertigen. Dagegen besteht nicht für alle eine Verantwortlichkeit der Regierung, so z. B. nicht bezüglich rein zahlenmäßiger Abweichungen, die vom Willen der Regierung unabhängig sind, auch wenn es sich um Etatsüberschreitungen handelt (Laband IV § 130 S. 498 ff.). Mitunter stellen Etatspositionen bloß eine Ermächtigung der Regierung zur Erhebung gewisser Einnahmen oder zur Leistung gewisser Ausgaben dar. Macht sie keinen Gebrauch

von ihr, so bedarf sie nicht der Entlastung durch den Landtag; sie kann unter Umständen sogar verpflichtet sein, den Gebrauch zu unterlassen. Einnahmen, die nicht im Etat stehen, darf die Regierung bewirken, wenn sie auf besonderen Rechtstiteln beruhen. Zu den Ausgaben, die nicht etatsmäßig festgestellt sind, ist grundsätzlich die Genehmigung des Landtags notwendig; sie darf aber nicht verweigert werden, wenn die Ausgabe auf Grund gesetzlicher Bestimmungen zu leisten war. Zahlungen auf einen Ausgabeposten sind spätestens innerhalb des auf das Etatsjahr folgenden Jahres zu leisten; mit Schluß des letzteren hört die Resteverwaltung auf, und der noch nicht verbrauchte Restbetrag wird gleich den Einnahmeüberschüssen als erspart in den nächsten Etat eingestellt. Eine Ausnahme gilt jedoch hinsichtlich solcher Posten, die nach einer besonderen Anordnung des Etats auf weitere Jahre übertragbar sind, und der für einmalige Ausgaben bestimmten Fonds, deren Übertragbarkeit erst mit der Erfüllung ihres Zwecks wegfällt (Leoni-Mandel 48). Die Vorschußverwaltung ist grundsätzlich unzulässig (Laband IV § 130 S. 505).

Eine Nachweisung der Etatsüberschreitungen und der außeretatsmäßigen Ausgaben ist bereits in dem auf dieselben folgenden Jahre dem Landtag zur nachträglichen Genehmigung vorzulegen (§ 19 III des für E.-L. durch Ges. v. 11. Februar 1875 in Geltung gesetzten preußischen Gesetzes betr. die Einrichtung und die Befugnisse der Oberrechnungskammer v. 27. März 1872). Im übrigen findet die Rechnungslegung, deren Grundlage der Etat bildet, erst statt, nachdem die Rechnungen vom „Rechnungshof des Deutschen Reichs" einer Prüfung unterzogen worden sind. Diese Kontrollbehörde ist eine Abteilung der preußischen Oberrechnungskammer, die unter jener Bezeichnung periodisch durch besondere Gesetze zur Kontrolle des Reichs- sowie auch des Landeshaushalts berufen wird. Ihre Tätigkeit ist durch das vorerwähnte Gesetz vom 27. März 1872 und die Instruktion vom 18. Dezember 1824 geregelt. Die Prüfung ist nicht nur eine rechnerische, sondern erstreckt sich auf die Gesetzmäßigkeit, die Zweckmäßigkeit und die Etatmäßigkeit der Verwaltung (vgl. darüber Laband IV § 131 S. 515ff.). Mit den Bemerkungen des Rechnungshofs werden die Rechnungen dem Landtag vorgelegt, der nach ihrer Prüfung der Regierung Entlastung erteilt. Die Vorlegung hat nach den allgemeinen Grundsätzen des Budgetrechts zu erfolgen, trotzdem § 5 VG. eine Bestimmung darüber nicht enthält und die entsprechende Vorschrift des bisherigen Rechts (§ 3 Ges. v. 2. Mai 1877) durch § 27 VG. aufgehoben worden ist. Rechtsfolgen für den Fall der Verweigerung der Decharge sind nicht bestimmt. Im Gegensatz zum früheren Recht kann sie nicht mehr durch den Reichstag erfolgen. Sie läßt sich auch nicht durch „justifizierende Kabinettsordres" ersetzen, die nur als Gnadenakte für einzelne Fälle zulässig sind (vgl. Laband IV § 132 S. 525 ff. und Bruck II 140 f.) und namentlich einen Verzicht auf Forderungen des Fiskus, wie z. B. die Niederschlagung von Regreßansprüchen gegen Beamte enthalten können. Der Erlaß solcher Gnadenakte ist dem Statthalter als landesherrliche Befugnis übertragen.

Daß durch den Etat das Verhältnis des Staats zu seinen Gläubigern und Schuldnern nicht berührt wird, ist allgemein anerkannt (vgl. z. B. Arndt, Vorbem. unter Titel XII RV. S. 368, Laband IV 539 u. G. Meyer 761).

5) Kommt der Etat nicht oder nicht vor Beginn des neuen Etatsjahres zustande, so gilt nicht etwa der frühere Etat weiter. Vielmehr entspricht nach der herrschenden (Laband IV § 131 S. 509 ff. und G. Meyer 763 f. mit den Nachweisen daselbst) und der Vorschrift des § 5 IV S. 2 zugrunde liegende Theorie die Stellung der Regierung im allgemeinen derjenigen, die sie hinsichtlich der Abweichungen vom Etat einnimmt. Sie hat die rechtlich begründeten Einnahmen und Ausgaben zu bewirken und ist dafür dem Landtag nur insoweit verantwortlich, als die Beträge nicht festbestimmte sind. Sie wird vielfach auch andere Ausgaben leisten müssen, wenn dies das Staatsinteresse erheischt, hat aber für solche in vollem Umfange einzustehen. Der Landtag hat es hier ganz in der Hand, ob er die Genehmigung erteilen oder versagen will, im Gegensatz zu den vorerwähnten, bei denen er höchstens die Angemessenheit der Beträge in Frage stellen kann, die Genehmigung also überhaupt nicht verweigern darf, wenn die Höhe gesetzlich feststeht. Durch die angeführte Bestimmung des VG. wird nun die Regierung „bis zum Inkrafttreten des neuen Etatsgesetzes" ermächtigt, Schatzanweisungen auszugeben, soweit die Einnahmen aus den auf besonderen Gesetzen beruhenden Steuern und Abgaben nicht ausreichen, um die rechtlich begründeten Verpflichtungen der Landeskasse zu erfüllen, Bauten, die auf Grund eines dem Landtag vor-

gelegten und von ihm genehmigten Bauanschlags ausgeführt werden, fortzusetzen und die gesetzlich bestehenden Einrichtungen zu erhalten und fortzuführen. Diese außerordentliche dem bisherigen Rechte fremde Befugnis der Regierung, die eine wesentliche Einschränkung der Rechte des Landtags bedeutet, rechtfertigt sich dadurch, daß der Betriebsfonds des Landes (3 000 000 M.) zu gering ist, um seinen Haushalt während der ersten Monate des Etatsjahres, auf die es hier gerade ankommt, ohne Inanspruchnahme des Landeskredits ordnungsmäßig weiterzuführen, (KB. 22). Bisher mußte die Regierung denn auch in den Etats zur Ausgabe von Schatzanweisungen ermächtigt werden.[1]) Wäre jenes Hilfsmittel nicht gegeben, so wäre der ungestörte Lauf der Verwaltung infolge von Mangel an Barmitteln stark gefährdet, und der Landtag hätte es in der Hand, der Regierung durch die Verweigerung oder durch die Verzögerung des Budgets starke Ungelegenheiten zu bereiten. Das ist nun nicht mehr in dem Maße möglich. Die Folgen eines künftigen Budgetskonflikts können nicht besonders schlimm werden (vgl. Laband, Juristenzeitung a. a. O.).

Die Ausgabe der Schatzanweisungen ist nur im Falle des Bedürfnisses zulässig, das natürlich nicht für jeden speziellen Fall einer erforderlichen Zahlung besonders festzustellen ist, sondern auch allgemein auf Grund einer Schätzung bestimmt werden kann, bei der die Ansätze des letzten Etats und die Ergebnisse des letzten Etatsjahres jedenfalls mit zu berücksichtigen sind. Nach der Fassung der Vorschrift brauchen nur die Einnahmen aus Steuern und Abgaben in Ansatz gebracht zu werden, weil auf ihren Eingang mit Bestimmtheit zu rechnen ist und auch ihr Betrag im allgemeinen feststeht. Die Berücksichtigung anderer Einnahmen ist jedoch nicht ausgeschlossen und wird unter Umständen sogar stattfinden müssen, namentlich wenn sie schon eingegangen sind. Andererseits dürfen nicht allein rechtlich begründete Verpflichtungen in Betracht gezogen werden, sondern auch gewisse andere Ausgaben, namentlich solche, die zur Erhaltung und Fortführung der „gesetzlich bestehenden Einrichtungen“ notwendig sind. Der Begriff dieser gesetzlichen Einrichtungen läßt sich sehr weit fassen. Man kann

[1]) Ihr Betrag ist im Etat für 1911 auf höchstens 14 000 000 M. festgesetzt, die Umlaufszeit auf ein Jahr, darf jedoch den 30. September 1912 nicht übersteigen.

darunter schließlich fast alle schon bestehenden staatlichen Betriebe und Anstalten rechnen, wie z. B. die Forstverwaltung, die Tabakmanufaktur, die Anstalten der Universität (KB. 22). Die hiernach gegebene weitgehende Ermächtigung zur Leistung von Ausgaben, die nicht unmittelbar auf dem Gesetz beruhen, ändert nichts in Ansehung der Verantwortlichkeit der Regierung. Sie erstreckt sich sowohl auf den Grund, die Notwendigkeit der Ausgaben, als auf deren Höhe, die Angemessenheit. Die fraglichen Ausgaben werden also den gesetzlichen nur insoweit gleichgestellt, als zu ihrer Leistung Schatzanweisungen ausgegeben werden dürfen. Für andere als die in § 5 IV S. 2 VG. angeführten Zwecke ist die Ausgabe von Schatzanweisungen unzulässig. Würde sich die Regierung nicht daran kehren, so wäre das nicht einer gewöhnlichen Abweichung vom Etat gleich zu achten; es wäre eine Gesetzesverletzung, für welche sie beim Landtag die Indemnität nachsuchen müßte. Die Umlaufszeit der Schatzanweisungen ist nicht bestimmt, wird aber spätestens mit dem Etatsjahr aufhören müssen. Unter den Voraussetzungen des § 23 VG. kann die Ausgabe durch Notstandsverordnung angeordnet werden. Die Feststellung eines nicht zustande gekommenen Etats durch eine derartige Maßregel dürfte ausgeschlossen sein und wäre angesichts der vorhandenen Regelung im allgemeinen auch nicht besonders zweckmäßig.

Eine provisorische Erstreckung des letztjährigen Etats auf einen bestimmten Zeitraum des neuen Etatsjahres durch Gesetz entspricht nicht gerade den geltenden Grundsätzen des Budgetrechts, hat sich aber vielfach eingebürgert (vgl. Laband IV § 131 S. 508 f.).

§ 6.

Der ersten Kammer gehören als Mitglieder an:

I. die Bischöfe zu Straßburg und Metz, sowie während der Sedisvakanz eines der Bistümer sein ältester Bistumsverweser,

der Präsident des Oberkonsistoriums der Kirche Augsburgischer Konfession,

der Präsident des Synodalvorstandes der reformierten Kirche,

der Präsident des Oberlandesgerichts zu Colmar;

II. ein Vertreter der Kaiser Wilhelm-Universität Straßburg, den das Plenum der Universität unter denjenigen ordentlichen Professoren wählt, welche zum Halten von Vorlesungen und zur Übernahme von Universitätsämtern verpflichtet sind,[1])
ein Vertreter der israelitischen Konsistorien, den diese aus ihrer Mitte wählen,
je ein Vertreter der Städte Straßburg, Metz, Colmar und Mülhausen, den die Gemeinderäte dieser Städte aus ihrer Mitte wählen,
je ein von den Handelskammern zu Straßburg, Metz, Colmar und Mülhausen gewählter Vertreter,
je zwei vom Landwirtschaftsrate aus im Hauptberuf in der Landwirtschaft tätigen Personen der Bezirke Ober-Elsaß, Unter-Elsaß und Lothringen gewählte Vertreter, deren je einer aus jedem Bezirke bäuerlicher Kleinbesitzer sein muß,
zwei von der Handwerkskammer zu Straßburg gewählte Vertreter;

III. in Elsaß-Lothringen wohnhafte Reichsangehörige, welche der Kaiser auf Vorschlag des Bundesrats ernennt. Die Zahl der vom Kaiser ernannten Mitglieder darf die der übrigen Mitglieder nicht übersteigen.

Die Wahlen der unter II. genannten Mitglieder sind nach Maßgabe einer zu erlassenden Kaiserlichen Wahlordnung[2]) vorzunehmen. Wählbar sind nur Reichsangehörige, die in

[1]) Vgl. § 45 des Universitätsstatuts v. 21. Oktober 1908 — ELGBl. S. 91.
[2]) Abgedruckt im Anhang.

Elsaß-Lothringen ihren Wohnsitz haben und mindestens 30 Jahre alt sind.

Zu den unter II. genannten Mitgliedern treten drei Vertreter des Arbeiterstandes hinzu, sobald durch Reichs- oder Landesgesetz eine Arbeitervertretung geschaffen ist, der die Wahl dieser Vertreter übertragen werden kann.

Die Mitgliedschaft der gewählten und ernannten Mitglieder dauert fünf Jahre von dem Tage an, an welchem ihnen die Wahl oder Ernennung amtlich mitgeteilt worden ist. Vor dem Ablauf dieser Frist erlischt sie mit dem Wegfall der gesetzlichen Voraussetzungen für die Berufung sowie durch die Auflösung der ersten Kammer.

E. § 6. B. 12ff. KB. 24—32. SB. 4187, 4203, 7057, 7063ff., 7126.

I. Der Landtag ist eine Versammlung, die zur Mitwirkung an der staatlichen Tätigkeit in E.-L. berufen ist. Er ist den Landtagen der deutschen Bundesstaaten grundsätzlich gleichgestellt. Insbesondere bezieht sich seine Tätigkeit auf diejenigen Angelegenheiten, die nach dem Reichsrecht den Einzelstaaten verblieben sind. Eine Ausnahme besteht jedoch hinsichtlich der Bestimmungen des e.-l. Verfassungsgesetzes. Sie hängt mit der staatsrechtlichen Stellung des Landes zusammen, das kein Bundesstaat sondern ein Reichsland ist und als solches seine Organisation vom Reich erhält, das auch den Landtag jederzeit durch einfaches Reichsgesetz wieder beseitigen kann. Insofern besteht zwischen dem e.-l. Landtag und den Landtagen der Gliedstaaten ein grundlegender Unterschied. Seine Funktion dagegen ist dem Wesen nach dieselbe wie diejenige aller Landtage.

Einer altüberlieferten Vorstellung des konstitutionellen Staatsrechts zufolge gilt der Landtag als Vertretung des Volkes. Indes ist diese Anschauung eine politische und keine juristische. Das Volk handelt nicht durch den Landtag; der Wille des Landtags ist nicht der Wille des Volkes, der als solcher im Gegensatz zum Staatswillen rechtlich gar nicht besteht, ebensowenig wie das Volk als solches eine besondere rechtliche Organisation im Staate darstellt. Der Landtag ist vielmehr ein Organ neben dem Kaiser, das diesen in der Ausübung der Staatsgewalt beschränkt. Das Volk hat nur einen maßgebenden Einfluß auf die Bildung des Landtags; er kommt aber nicht einmal allein durch das Volk zustande. Als Organ ist der Landtag in seiner Funktion unabhängig vom Kaiser sowohl als vom Volk. Dem Kaiser steht es lediglich zu, den Landtag zu berufen und ihn aufzulösen, die Tätigkeit desselben einzuleiten, zu unterbrechen und zu beendigen.

Der Landtag ist keine Korporation, keine juristische Person, sondern nur ein Organ, das keine Vermögensrechte haben kann, aber mit weitreichenden Zuständigkeiten ausgerüstet ist. Diese bestehen aber nicht etwa in einem Anteil an der Staatsgewalt, sodaß der Landtag nicht gleich dem Kaiser oder einer Landesbehörde Hoheitsakte vornehmen kann; er kann auch nicht den Behörden oder Beamten Anweisungen erteilen, vielmehr höchstens solche anregen. Seine Kompetenz besteht namentlich in der Beteiligung an gewissen Staatsakten von besonderer Wichtigkeit und in einer umfassenden Kontrolle der Staatsverwaltung. Dadurch greift er in hervorragender Weise in die gesamte staatliche Tätigkeit ein. Die Formen, in denen er tätig wird, (vgl. darüber insbes. Laband I § 33 S. 274 ff.) sind folgende:

1. Die Mitwirkung beim Erlaß von Gesetzen im formellen Sinne, einerlei, ob ihr Inhalt ein Rechtssatz oder ein Verwaltungsakt ist. Wo nach dem Landesrecht eine staatliche Willensäußerung nur in der Form des Gesetzes ergehen kann, ist zu ihrer rechtlichen Existenz und Wirksamkeit die Mitwirkung des Landtags unbedingt erforderlich.

2. Die Genehmigung. Sie ist nicht Voraussetzung für das rechtliche Zustandekommen der Staatsakte, zu denen sie erforderlich ist. Ihre Bedeutung kann verschiedenartig sein und äußert sich insbesondere hinsichtlich der Wirksamkeit der betr. Akte. Das VG. selbst kennt gewisse Fälle der Genehmigung (§§ 12, 23).

3. Die Kenntnisnahme von Mitteilungen, Berichten der Regierung über ihre Tätigkeit, namentlich die Entgegennahme der Rechnungslegung.

4) Kundgebungen an die Regierung mit Rücksicht auf ein bestimmtes vergangenes oder künftiges Verhalten derselben. Hierher gehört insbesondere die Erteilung der Entlastung (Decharge), die auf die Rechnungslegung erfolgen muß, wenn

keine Umstände vorhanden sind. Auf andere Berichte kann der Landtag Resolutionen beschließen, ebensowohl aber auch aus eigener Initiative. Endlich kann er der Regierung Petitionen überweisen.

5) Die Interpellation der Regierung, eine förmliche, in ihrem Gegenstand selbständige Anfrage, die von der Regierung beantwortet werden muß.

Neben diesen staatsrechtlichen Befugnissen hat der Landtag gewisse kollegiale Rechte, nämlich das Recht, seinen Geschäftsgang und seine Disziplin durch Geschäftsordnungen zu regeln, die Präsidenten, Vizepräsidenten und Schriftführer zu wählen, schließlich gewisse Befugnisse mit Bezug auf Maßnahmen, die von Behörden in Ansehung seiner Mitglieder getroffen wurden (§§ 21 VG.; 382, 402, 904 Z. 1, 905 Z. 1 ZPO.; 49, 72 StPO.).

Die Befugnis zur Prüfung der Legitimation seiner Mitglieder steht dem Landtag dagegen nicht zu; er kann nur gewissermaßen eine Vorprüfung derselben vornehmen (§ 9 VG.).

Als ein die Ausübung der Staatsgewalt beschränkendes Organ hat der Landtag grundsätzlich nur solche Kompetenzen, die ihm durch Gesetz beigelegt sind. Es fehlt ihm daher namentlich das Recht, behufs seiner Information Kommissionen zur Untersuchung von Tatsachen einzusetzen, ebenso das Recht, Adressen an den Kaiser zu richten. Tatsächlich wird er allerdings in der Lage sein, Eingaben unmittelbar an den Kaiser zu machen; doch ist dieser nicht verpflichtet, Adressen anzunehmen oder gar zu beantworten. Infolge dieses Umstandes kann aber von einem Recht der Adresse nicht die Rede sein.

Das VG. gibt in den §§ 10--22 eine Reihe von Vorschriften über den Landtag und seine Mitglieder, die sich grundsätzlich an die für den Reichstag geltenden Vorschriften anlehnen und zum Teil fast wörtlich mit diesen übereinstimmen (vgl. Begr. 16 ff.).

Zum Schutze der Tätigkeit des Landtags sind im RStGB. besondere Strafbestimmungen gegeben: §§ 105 (Unternehmen der Parlamentssprengung) und 106 (Stimmverhinderung).

II. Der Landtag besteht wie in den größeren und mittleren Bundesstaaten (vgl. G. Meyer 302 N. 1) aus zwei Kammern. Die erste Kammer hat den Charakter eines Oberhauses und soll einen Ersatz für den ausgeschalteten Bundesrat bilden. Ihr politischer Zweck liegt in der Garantie für eine mit den Reichsinteressen vereinbarte Weiterentwickelung Elsaß-Lothringens (KB. 27). Hinsichtlich ihrer Zusammensetzung erscheint sie als weitere Ausgestaltung des Staatsrats (Begr. 12), der, durch das Gesetz vom 4. Juli 1879 (§§ 9, 10) ins Leben gerufen, die Entwürfe zu Gesetzen und allgemeinen Ausführungsverordnungen, sowie andere ihm vom Statthalter überwiesene Angelegenheiten zu begutachten hatte und durch das VG. nunmehr beseitigt worden ist. Die zweite Kammer tritt als Unterhaus an Stelle des Landesausschusses, was in § 28 VG. noch besonders zum Ausdruck gebracht ist. Das Verhältnis beider Kammern zueinander ist aber ein anderes als dasjenige zwischen Bundesrat und Landesausschuß. Diese letzteren bildeten jeder ein selbständiges Organ für sich, während die Kammern zusammen nur ein einheitliches Organ darstellen. Auch ließ und läßt sich der Bundesrat auch nur ganz entfernt und oberflächlich mit einem Oberhaus vergleichen; er spielte bloß „gewissermaßen die Rolle eines Oberhauses bei der e.-l. Landesgesetzgebung".

Beide Kammern haben gleiche Rechte; eine Ausnahme besteht bloß hinsichtlich des Budgetsrechts (vgl. Bem. V 3 c zu § 5) und der Befugnisse, die in besonderen Gesetzen und Verordnungen dem Landesausschuß beigelegt waren. Sie sollen jetzt der zweiten Kammer zustehen (§ 28 VG.). Es handelt sich namentlich um die Wahl von Mitgliedern in verschiedene Kommissionen der Landesverwaltung (Steuer-, Staatsdepositen- und Landesschuldenverwaltung; vgl. die Zusammenstellung bei Bruck I 97 Note 3 sowie S. 148 daselbst).

Die Befugnis zur Abfassung von Resolutionen, zur Überweisung von Petitionen, das Interpellationsrecht sowie die Initiative zu Gesetzen steht jeder Kammer für sich zu, ebenso wie die Befugnis zur Regelung ihrer inneren Angelegenheiten (Geschäftsordnung, Disziplin usw.). Abgesehen davon setzt ein Beschluß des Landtags, einem Prinzip des Zweikammersystems entsprechend, die Übereinstimmung beider Kammern voraus, ob nun die Zustimmung zu einem Gesetzentwurf in Frage steht, oder die Genehmigung von Maßregeln der Regierung, oder die Erteilung der Entlastung. Besondere Mittel zur Beseitigung von Meinungsverschiedenheiten sind nicht vorgesehen, wie dies in gewissen Bundesstaaten der Fall ist.

In allen Fällen beraten die beiden Kammern getrennt. Vereinigte Sitzungen derselben kennt das VG. nicht. Jedoch ist es nicht ausgeschlossen, daß beide Kammern zur Eröffnung oder Schließung des Landtags oder aus ähnlichen Anlässen ohne Beschlußfassung zusammentreten.

III. Die erste Kammer des Landtags wird nach § 6 VG. gebildet, die zweite nach § 7. Dem in § 19 II ausgesprochenen Grundsatz der Inkompatibilität zufolge kann niemand Mitglied beider Kammern sein. Im übrigen bestehen wie für die Voraussetzungen, so auch für die Fortdauer der Mitgliedschaft gewisse Unterschiede (vgl. Bem. III 2 zu § 6 und III zu § 8). Die Mitgliedschaft kann nur persönlich ausgeübt werden. Eine Stellvertretung ist bloß in § 6 I Z. I für den Fall der Sedisvakanz eines der Bistümer Straßburg und Metz zugelassen; jedoch wird dadurch eine wirkliche Ausnahme von jenem Grundsatz nicht begründet.

Die rechtliche Stellung der Mitglieder ist grundsätzlich die gleiche (§§ 19—22 VG.).

IV. Zusammensetzungen und Mitgliedschaft der ersten Kammer bestimmen sich nach folgenden Grundsätzen:

1. Es bestehen 3 Klassen von Mitgliedern. In die erste gehören diejenigen, die als Inhaber eines bestimmten Amtes kraft Gesetzes berufen sind (5 — § 6 Z. I VG.). Die zweite wird von Mitgliedern gebildet, die von gewissen Körperschaften gewählt werden (§ 6 Z. II und Abs. III), die dritte aus solchen, die vom Kaiser auf Vorschlag des Bundesrats ernannt werden (§ 6 Z. III). Unter den gewählten Mitgliedern sind zu unterscheiden die Vertreter einiger juristischer Personen des öffentlichen Rechts, nämlich die Vertreter der Universität (1), der israelitischen Konsistorien (1) und der vier großen Städte des Landes (4), andererseits die Vertreter von Erwerbsständen, nämlich die Vertreter des Handels (4), der Landwirtschaft (6) und des Handwerks (2); der Arbeiterstand soll Vertreter (3) erhalten, sobald eine Organisation desselben geschaffen ist, der die Wahl derselben übertragen werden kann. Die Unterscheidung ist von praktischer Bedeutung. Als Vertreter der oben bezeichneten juristischen Personen können nur solche Personen gewählt werden, die den Wahlkollegien angehören[1]), während

[1]) Ist der Bürgermeister einer der wahlberechtigten Städte nicht Mitglied des Gemeinderats, so kann er von diesem also nicht gewählt werden.

dies für die übrigen Mitglieder nicht notwendig ist. Die Vertreter des Handels-, Handwerker- und Arbeiterstandes brauchen nicht einmal dem betr. Stande anzugehören, im Gegensatz zu den Vertretern der Landwirtschaft. Allgemeine Voraussetzung der Wählbarkeit ist Reichsangehörigkeit, Wohnsitz in E.-L. — der keine bestimmte Dauer haben muß — und ein Lebensalter von wenigstens 30 Jahren. Die vom Kaiser ernannten Mitglieder müssen gleichfalls Reichsangehörige sein und in E.-L. wohnen. Dagegen ist ein Mindestalter nicht vorgeschrieben; ebensowenig sind besondere persönliche Eigenschaften erfordert. Der Reichsangehörigkeit kann die Angehörigkeit zu irgend einem Bundesstaate zugrunde liegen; die gewählten oder ernannten Mitglieder brauchen nicht die e.-l. Landesangehörigkeit zu besitzen, ein Grundsatz, der in Ansehung der politischen Rechte in E.-L. allgemeine Geltung hat (vgl. Bruck I 67).

Während die Zahl der Mitglieder der beiden ersten Klassen fest bestimmt ist, ist für die vom Kaiser ernannten in § 6 nur eine Höchstzahl festgesetzt. Es dürfen nicht mehr ernannt werden, als die übrigen Mitglieder betragen, also vorderhand höchstens 23, nach Zulassung der Arbeitervertreter 26. Der Kaiser kann somit bis zu dieser Grenze soviele Mitglieder ernennen als ihm beliebt. Da für die Gültigkeit der Beschlußfassung der ersten Kammer die Anwesenheit von nur 23 Mitgliedern erforderlich ist, wäre theoretisch sogar ein beschlußfähiger Landtag ohne ernannte Mitglieder denkbar. Immerhin wird sich die Ernennung einer beschränkten Anzahl von Mitgliedern nicht umgehen lassen. In welchem Umfange der Kaiser zweckmäßiger Weise von seinem Ernennungsrecht Gebrauch machen wird, ist eine Frage der Politik.

2. Die Mitgliedschaft der gesetzlichen Mitglieder ist mit dem Amte verbunden, das sie bekleiden. Daher ist eine Zeitgrenze für sie nicht festgesetzt, anders als bei den zwei andern Klassen. Die Mitgliedschaft der gewählten und ernannten Mitglieder dauert 5 Jahre von dem Tage an, an dem ihnen die Wahl oder Ernennung amtlich mitgeteilt worden ist. Es besteht also für die erste Kammer eine 5jährige Legislaturperiode. Nach Ablauf derselben ist sie durch Wahl und Ernennung zu erneuern. Dem neuen Landtag gehören von Rechts wegen die gesetzlichen Mitglieder an, sodaß die Erneuerung immer nur eine partielle ist. Unzweckmäßig ist die vorgenommene Be-

stimmung des Anfangspunktes der Wahlperiode. Abgesehen davon, daß es zweifelhaft ist, ob der Tag der Absendung oder der des Zugangs der Mitteilung entscheidet, besteht die Möglichkeit, daß die Mitgliedschaft der einzelnen Mitglieder an verschiedenen Tagen aufhört. Das kann zu Unzuträglichkeiten führen, wenn die Kammer im 5. Jahre zu der kritischen Zeit noch versammelt ist.

Als genereller Endigungsgrund der Mitgliedschaft kommt neben dem Ablauf der Legislaturperiode (a) die Auflösung der Kammer (b) in Betracht. Sie hat gleichfalls Bedeutung nur für die erwählten und ernannten Mitglieder. Der Wegfall der gesetzlichen Voraussetzungen für die Berufung (c) dagegen beendigt die Mitgliedschaft für alle Mitglieder, ebenso die Aberkennung der bürgerlichen Ehrenrechte (d) (§ 33 StGB.). Beides sind wie auch der Verzicht (e) persönliche Endigungsgründe im Gegensatz zu den früheren.

Die Voraussetzungen der Mitgliedschaft sind für die gesetzlichen Mitglieder mit dem Verlust ihres Amtes weggefallen, für die gewählten und ernannten Mitglieder allgemein mit dem Verlust der Reichsangehörigkeit oder der Aufgabe ihres Wohnsitzes in E.-L., für die Vertreter der juristischen Personen außerdem mit der Zugehörigkeit zum Wahlkollegium, für die Vertreter der Landwirtschaft speziell mit der Aufgabe ihres landwirtschaftlichen Berufs. Der Wiedereintritt der gesetzlichen Voraussetzungen nach einer Unterbrechung läßt die Mitgliedschaft nicht wieder aufleben, sodaß z. B. der in den neuen Gemeinderat wiedergewählte städtische Vertreter sich einer Neuwahl zu unterziehen hat. Indes wird die Unterbrechung unter besonderen Umständen vielleicht ausnahmsweise als unerheblich betrachtet werden können. Zweifel erheben sich bezüglich der Beantwortung der Frage, ob die Tatbestände, die das aktive und passive Wahlrecht für die zweite Kammer ausschließen (§§ 2 III. 4 II WG.), namentlich Entmündigung und Konkurs, auch für die gewählten Mitglieder der ersten Kammer Bedeutung haben. Erkennt man an, daß diese Tatbestände das Ausscheiden aus der zweiten Kammer zur Folge haben, wenn sie nach der Wahl eintreten (vgl. Bem. III zu § 8 VG.), so kann man wohl auch das Entsprechende hinsichtlich der ersten Kammer annehmen. Ein stichhaltiger Grund dagegen ist nicht erfindlich. Andererseits erscheint die Gleichstellung beider Kammern in dieser Hinsicht nur natürlich, wenn sie auch im Gesetz nicht besonders zum Ausdruck gebracht ist. Selbstverständlich würde sie sich auch auf die ursprüngliche Bedeutung jener Tatbestände als negativer Voraussetzungen der Wählbarkeit erstrecken, wenn man ihnen einmal die Eigenschaft von Endigungsgründen beilegt.

Neben dem die bürgerlichen Ehrenrechte absprechenden Urteil (§ 32/3 StGB.) kommen je nach den einzelnen Mitgliederklassen noch in Betracht die strafgerichtlichen Entscheidungen, welche die Unfähigkeit zur Bekleidung öffentlicher Ämter von Rechts wegen zur Folge haben (§ 31), oder auf sie erkennen (§§ 35, 128/9, 358), oder lediglich den Verlust der bekleideten öffentlichen Ämter (§ 95 StGB.; Ges. v. 17. Februar 1908), oder in Verbindung mit ihm den Verlust der aus öffentlichen Wahlen hervorgegangenen Rechte (§§ 81/3/4, 87—91, 94 StGB.) aussprechen.

Der Verzicht auf die Mitgliedschaft ist für die gewählten Mitglieder zweifellos zulässig und beendigt dieselbe, vorausgesetzt, daß er ausdrücklich erklärt ist; zulässig ist er der richtigen Ansicht zufolge auch für die ernannten Mitglieder, ohne daß die Zustimmung des Kaisers erforderlich wäre (vgl. darüber insbesondere G. Meyer 309 u. Note 4 daselbst). Dagegen können die gesetzlichen Mitglieder nicht verzichten, da die Mitgliedschaft ein Annex ihres Amtes ist.

Eine Entziehung des Mitgliedsrechts durch die Kammer aus disziplinären Gründen kennt das Gesetz nicht. Eine solche kann auch in der Geschäftsordnung nicht statuiert werden.

Wird ein Mitglied der ersten Kammer in die zweite gewählt, so scheidet es damit nicht ohne weiteres aus der ersten aus, ebensowenig wie die Wahl an sich ungültig ist. Es hat aber auszuscheiden, wenn es in die zweite Kammer eintreten will (§ 19 II VG.; vgl. Laband I § 34 S. 291).

Ergeben sich Zweifel, ob die Voraussetzungen der Mitgliedschaft vorhanden sind, ob sie von Anfang an gegeben waren und noch fortdauern, so entscheidet darüber die in § 9 VG. bestimmte Stelle.

§ 7.

Die Zweite Kammer geht aus allgemeinen und direkten Wahlen mit geheimer Abstimmung nach Maßgabe eines Wahlgesetzes hervor.

E. § 7. B. 14. 15. KB. 32, 33. SB. 4230, 7044, 7089 ff.

I. Die Vorschrift lehnt sich an den Art. 70 RV. an, der die Hauptgrundsätze des Reichstagswahlrechts normiert. Sie überträgt diese Grundsätze auf die Bildung der zweiten Kammer. Zur Ergänzung wird auf ein Wahlgesetz verwiesen, das gleichzeitig mit dem VG. publiziert worden ist, aber trotz seines Zusammenhangs mit diesem letztern auch formell ein Landesgesetz ist. Es ist daher der Abänderung und Aufhebung durch Reichsgesetz entzogen, kann aber jederzeit im Wege der Landesgesetzgebung aufgehoben oder abgeändert werden. Das Wahlgesetz wird seinerseits durch eine Wahlordnung[1]) ergänzt (§ 13 WG.).

II. Der Grundsatz der Allgemeinheit des Wahlrechts bedeutet seine Freiheit von allen Beschränkungen nach Maßgabe der Zugehörigkeit der Bevölkerung zu gewissen Klassen oder Ständen. Es steht begriffsmäßig jedem Wahlberechtigten als persönliches Recht ohne Rücksicht auf derartige Differenzierungen zu. Eine Ausnahme ist lediglich für die zum aktiven Heer gehörigen Militärpersonen gegeben, die nicht Militärbeamte sind; für sie ruht das aktive Wahlrecht (§ 2 II WG.). Als Ausnahme erscheint dagegen nicht die Festsetzung der allgemeinen positiven und negativen Voraussetzungen der Wahlberechtigung (§ 2 I. III. WG.). Sie verträgt sich ihrem Inhalte nach durchaus mit dem Begriff des allgemeinen Wahlrechts, der nicht eine schrankenlose jedem Bürger schlechterdings zustehende Wahlberechtigung verlangt.

Die direkte Wahl bedeutet, daß die Abgeordneten unmittelbar von den Wählern benannt werden, nicht durch besondere von den Urwählern zu bezeichnenden Wahlmänner, wie bei der indirekten Wahl. Durch Wahlmänner wurden die 20 auf die Landkreise entfallenden Mitglieder des Landesausschusses gewählt, während 34 durch die Bezirkstage und 4 von den Gemeinderäten der Städte Straßburg, Mülhausen, Metz und Colmar gewählt wurden (§§ 12—17 Ges. v. 4. Juli 1879).

Nach dem Grundsatz der geheimen Abstimmung erfolgt die Wahl durch Stimmzettel, die nicht erkennen lassen dürfen, von wem sie abgegeben worden sind. Dabei sind die zur Sicherung des Wahlgeheimnisses erlassenen Vorschriften zu beobachten. Hierin erschöpft sich jedoch nicht die Bedeutung des Grund-

[1]) Abgedruckt im Anhang.

satzes. Er untersagt alle Ermittelungen nach dem Inhalte der von einem bestimmten Wähler vollzogenen Abstimmung. Dieser kann insbesondere niemals gezwungen werden, das Wahlgeheimnis preiszugeben; er ist niemand gegenüber Rechenschaft schuldig, wie er von seinem Wahlrecht Gebrauch gemacht hat. Andererseits ist es ihm nicht verwehrt, darüber aus freien Stücken Mitteilungen zu machen (vgl. darüber Seydel Bem. II u. Arndt Bem. 3 zu Art. 20 RV. nebst den Nachweisen daselbst).

Nicht ausgesprochen ist in § 7 VG. der Grundsatz der Gleichheit des Wahlrechts, der mit dem der Allgemeinheit vielfach verbunden wird, tatsächlich auch in gewisser Richtung nichts anderes als eine Folgerung desselben zum Ausdruck bringt und in Ermangelung einer besonderen Anordnung schließlich ohne weiteres Geltung hat, wo das allgemeine Wahlrecht eingeführt ist. Dieses letztere steht jedoch einem ungleichen Wahlrecht in Form des Proportional- oder des Pluralwahlrechts keineswegs entgegen. So war denn auch in § 3 des Entwurfs zum Wahlgesetz ein Pluralwahlrecht vorgesehen, das indessen infolge der Streichung des Satzes 2 der Vorschrift durch die Reichstagskommission nicht Gesetz geworden ist. Der stehen gebliebene Satz 1 aber spricht nun mehr das Prinzip der Gleichheit aus. Dadurch ist dem Landesrecht eine Änderung dieses Prinzips vorbehalten, während es an die Grundsätze des § 7 VG. gebunden ist.

§ 8.

Die Abgeordneten der zweiten Kammer werden in Zeiträumen von fünf Jahren neu gewählt.

Die allgemeinen Wahlen finden gleichzeitig für sämtliche Abgeordnete an einem Tage statt, der durch Verordnung des Statthalters festgesetzt und im Gesetzblatt für Elsaß-Lothringen bekannt gemacht wird.

Die Eigenschaft als Abgeordneter erlischt, wenn seit dem Tage der allgemeinen Wahlen 5 Jahre verflossen sind.

E. § 8. B. 15. KB. 33.

I. Die 5jährige Legislaturperiode der zweiten Kammer weicht von der des Landesausschusses, die 3 Jahre betrug, ab, entspricht aber derjenigen der ersten Kammer (§ 6 IV) und des Reichstags (Art. 24 S. 1 RV.). Sie gilt auch dann, wenn die Kammer nach einer vorhergehenden Auflösung gewählt wurde. Die regelmäßige Periode wird durch die Auflösung der Kammer abgekürzt. Durch die vorliegende, von Art. 24 S. 1 RV.[1]) abweichende Fassung des Abs. I wollte man die Möglichkeit offen halten, die Neuwahlen schon vor Ablauf der Frist vornehmen zu lassen, um dadurch die Einberufung des Landtags unmittelbar nach Ablauf desselben zu ermöglichen (Begr. 15). Allein es wäre jene Möglichkeit durch den jetzigen Wortlaut des Abs. I nicht begründet worden, wenn sie an sich nicht schon bestehen würde. Andererseits hätte die andere Fassung sie an sich ebensowenig ausgeschlossen. Der einzige Grund, den man gegen die Zulässigkeit von Neuwahlen vor Ablauf der Legislaturperiode geltend machen kann, ist der, daß die Abgeordneteneigenschaft erst mit Ablauf derselben erlischt, was in § 8 III sogar ausdrücklich festgesetzt ist. Es kann eben nicht gleichzeitig zwei verschiedene Landtage oder zweite Kammern geben. Aus diesem Dilemma hilft nur die Erwägung, daß die Neuwahlen antizipierte sind, und daß demgemäß die neue Kammer erst dann zur rechtlichen Existenz gelangt, wenn die alte aufhört. Erkennt man das nicht an, so hat man die Möglichkeit antizipierter Neuwahlen konsequenter Weise zu leugnen, und zwar trotz der in der Begründung niedergelegten Meinung der Verfasser des Entwurfs, die höchstens als Auslegungsmaterial Bedeutung hat. Die Auffassung, daß Landtag und Kammer erst von der Einberufung an da seien und aus diesem Grunde im Falle von antizipierten Neuwahlen zwei verschiedene zweite Kammern nicht existierten (so Arndt, Bem. 2 zu Art. 24 RV. für den Reichstag), widerspricht dem positiven Recht. Für die Praxis dürfte es sich empfehlen, entweder die Kammer vor Anberaumung der Neuwahlen aufzulösen, oder den allgemeinen Wahltag so zu bestimmen, daß er nicht mehr in die Legislaturperiode der alten Kammer fällt, während die Anordnung der Wahl noch vor Ablauf derselben erfolgen kann. Dadurch wäre der erstrebte Erfolg gesichert und gleichzeitig jeder Streit-

[1]) „Die Legislaturperiode .... dauert fünf Jahre."

frage die Spitze gebrochen. Daß die aus einer antizipierten Neuwahl hervorgegangene Kammer nicht vor Schluß der vorausgegangenen Legislaturperiode zusammentreten kann, ist selbstverständlich.

Nach dem VG. beginnt die Legislaturperiode, wie die herrschende Ansicht auch für den Reichstag annimmt (vgl z. B. Seydel, Bem. II zu Art. 24 RV u. Laband I § 34 S. 315 Note 1; A. M. Arndt a. a. O.), mit den allgemeinen Wahlen und nicht erst mit dem Tag des ersten Zusammentretens. Dies ergibt sich unzweifelhaft aus Abs. III, der als maßgebenden Zeitpunkt für das Erlöschen des Mandats den Tag der allgemeinen Wahlen bestimmt[1]). Eine Ausnahme hat für die aus antizipierten Neuwahlen hervorgegangene Kammer zu gelten, für die der Anfang der Periode mit dem Schluß der vorhergehenden zusammenfällt; das Ende dagegen wird sich nach der klaren Vorschrift des Abs. III bestimmen. In dieser Beziehung erweist sich die Fassung des Abs. I als zweckmäßig, weil sich aus ihr herleiten läßt, daß die Periode ausnahmsweise nicht genau 5 Jahre betragen muß, auch wenn eine Auflösung nicht stattfindet. Besser wäre es gewesen, wenn der Beginn der Legislaturperiode auf den Tag des ersten Zusammentretens der Kammer festgesetzt worden wäre. Dieser Termin hätte sich anstandslos auch auf die erste Kammer übertragen lassen, was gegenüber der Regelung des § 6 IV VG. entschieden den Vorzug verdient hätte. Es wären dadurch nicht allein mögliche Unzuträglichkeiten vermieden, sondern auch eine wünschenswerte Einheitlichkeit erzielt worden. Besonders empfehlenswert wäre jene Festsetzung in Ansehung der Frage nach der Zulässigkeit antizipierter Neuwahlen gewesen, die einem Zweifel nicht hätte unterworfen werden können, ebenso bezüglich der Frage nach der Zulässigkeit einer Auflösung des Landtags, bevor derselbe noch versammelt war (vgl. Bem. II zu § 11 VG.).

Über das Ende der Legislaturperiode hinaus darf die zweite Kammer ebensowenig wie die erste versammelt bleiben, auch nicht mit Zustimmung der Regierung. Eine Verlängerung derselben wird auch im einzelnen Falle zulässig sein, vorausgesetzt, daß sie vor Schluß derselben eintritt (vgl. Seydel a. a. O.), kann aber immer nur durch Reichsgesetz erfolgen.

[1]) Abweichend von der Legislaturperiode beginnt die Mitgliedschaft der Abgeordneten erst mit der Annahme der Wahl (§ 26 WO.).

II. Die Bestimmung des Abs. II deckt sich mit dem bisherigen Recht (Verordn. v. 1. Okt. 1879 § 1). Sie betrifft nicht die Ersatzwahlen (§ 11 WG. § 27 WO.).

III. Die Endigungsgründe der Mitgliedschaft sind für die zweite Kammer dieselben wie für die gewählten Mitglieder der ersten Kammer. Es kommen also in Betracht der Ablauf der Legislaturperiode, die Auflösung der Kammer, der Verzicht (Mandatsniederlegung), die Aberkennung der bürgerlichen Ehrenrechte oder der aus öffentlichen Wahlen hervorgegangenen Rechte, der Wegfall der Voraussetzungen der Wählbarkeit. Dieser letztere Grund ist zwar als solcher im Gesetz nicht angeführt, jedoch zweifellos anzuerkennen, soweit es sich um gewisse positive Voraussetzungen des passiven Wahlrechts handelt, nämlich um die Reichsangehörigkeit und den Wohnsitz in E.-L. Beide Tatbestände sind zugleich Voraussetzungen für die Berufung in die erste Kammer; ihr Wegfall hat nach ausdrücklicher Vorschrift das Aufhören der Mitgliedschaft derselben zur Folge. Einen Gegensatz zwischen der ersten und der zweiten Kammer in dieser Beziehung zu konstruieren, hätte keinen Sinn und wäre sicher verfehlt. Übrigens ließe es sich kaum denken, daß ein Reichsausländer Mitglied einer deutschen gesetzgebenden Körperschaft wäre. Hinsichtlich der weiteren positiven und negativen Voraussetzungen der Wählbarkeit (§ 4 WG.) wird man im Zweifel das Gleiche wie für die beiden vorerwähnten anzunehmen haben. Für eine Unterscheidung gebricht es an jedem Maßstab. Es sind Tatbestände, denen allen die gleiche Bedeutung in Ansehung der Wählbarkeit beigelegt ist; darum werden sie auch denselben Einfluß auf die Mitgliedschaft haben (ebenso für den Reichstag Laband I § 35 S. 316). Nicht zu verkennen ist bei der ganzen Frage, daß die Bedingungen, um Mitglied der Kammer zu werden, nicht notwendig dieselben zu sein brauchen, wie die Bedingungen, um Mitglied zu bleiben, wie Laband treffend hervorhebt.

Ein Endigungsgrund, der auf die zweite Kammer beschränkt ist, ergibt sich aus § 10 II VG. Es ist der Eintritt in ein besoldetes Reichs- oder Staatsamt oder die Beförderung in einem solchen.

Der Eintritt in die erste Kammer ist nach § 19 II VG. durch das Ausscheiden aus der zweiten bedingt.

§ 9.

Über Einsprüche gegen die Gültigkeit der Wahlen der Landtagsmitglieder entscheidet der oberste Verwaltungsgerichtshof, bis zu seiner Errichtung ein Senat des Oberlandesgerichts.

Zur Erhebung des Einspruchs ist jeder Wahlberechtigte befugt, der an der betreffenden Wahl teilnehmen durfte, bei Wahlen zur zweiten Kammer auch jeder Wählbare, der bei der Wahl Stimmen auf sich vereinigt hat. Der Einspruch ist binnen vierzehn Tagen nach der amtlichen Feststellung des Wahlergebnisses bei dem in Abs. 1 bezeichneten Gericht einzulegen und zu rechtfertigen.

Jeder Kammer sind die abgeschlossenen Akten über die Wahl ihrer Mitglieder vorzulegen.

Entstehen Zweifel darüber, ob die gesetzlichen Voraussetzungen der Mitgliedschaft vorhanden sind, so entscheidet das in Abs. 1 bezeichnete Gericht auf Verlangen der Kammer, der das Mitglied angehört.

E. § 9 B. 16. KB. 34.

I. Während in den deutschen Verfassungen die Wahlprüfung grundsätzlich den Landtagen zusteht, und zwar im Falle des Zweikammersystems den einzelnen Kammern, überträgt sie die e.-l. Verfassung in Anlehnung an den bisherigen Rechtszustand einem Gerichtshof. Zuständig war für die von den Bezirkstagen vorgenommenen Wahlen der Kaiserliche Rat (§ 8 Ges. v. 30. Dez. 1871; § 11 Ges. v. 4. Juli 1879) in erster und letzter Instanz (§§ 2 I, 7 Verordn. v. 22. April 1902), im übrigen der Bezirksrat (§ 19 Verordn. v. 1. Oktober 1879), gegen dessen Entscheidung Rekurs an den Kaiserlichen Rat zulässig war. Nach dem Entwurfe sollte diese letztere allein und endgültig entscheiden. An seine Stelle wurde jedoch in der Reichstagskommission der für E.-L. geplante oberste Verwaltungsgerichtshof gesetzt und einstweilig bis zu dessen Errichtung ein

Senat des Oberlandesgerichts zu Colmar. Der Kaiserliche Rat ist zwar jetzt noch das oberste Verwaltungsgericht des Landes; (abgesehen natürlich von der Zuständigkeit des Bundesrats — § 9 Ges. v. 30. Dez. 1871). Doch ist seine Zuständigkeit keine generelle, wie sie der künftige oberste Verwaltungsgerichtshof haben soll; er ersetzt nur in einzelnen Beziehungen den französischen Staatsrat (conseil d'état).

Das in § 9 bezeichnete Gericht entscheidet zunächst über Einsprüche von Privatpersonen gegen die Gültigkeit der Landtagswahlen (I), sodann aber auch auf Verlangen der einzelnen Kammern über das Vorhandensein oder die Fortdauer der gesetzlichen Voraussetzungen der Mitgliedschaft (IV). Unter diesen sind nicht allein die Voraussetzungen der Berufung oder der Wählbarkeit zu verstehen; es gehören hierher alle Umstände, von denen die Gültigkeit der Wahl abhängt. Die Kammern haben also gleichsam ein formloses Einspruchsrecht, daneben noch das Recht, eine Entscheidung über die Fortdauer der Mitgliedschaft herbeizuführen. Auf ihr Begehren muß schlechterdings die Legitimation der Mitglieder geprüft werden.

Die Entscheidung des Gerichts ist in demselben Maße endgültig wie die Urteile der Verwaltungsgerichte. Sie lehnt die Prüfung zur Sache ab, wenn der Einspruch der Vorschrift des § 9 II S. 2 nicht entspricht, oder wenn er von einem dazu nicht Berechtigten ausgegangen ist. Die sachliche Entscheidung bezieht sich nur auf die Legitimation desjenigen, dessen Wahl amtlich verkündet worden war. Das Gericht kann nicht den Gegenkandidaten als gewählt in den Landtag einberufen. Höchstens für den Fall kann vielleicht von dieser Regel abgewichen werden, daß es sich um rein formale Versehen bei der Feststellung des Wahlergebnisses handelt (so die Rechtsprechung des Kais. Rats; vgl. Bruck I 107). Die Wahl kann ferner bloß im ganzen für gültig oder ungültig erklärt werden, mögen auch die vorhandenen Gesetzwidrigkeiten nur einen Teil des Verfahrens betreffen. Letzterenfalls kommt es auf die Bedeutung an, die den festgestellten Mängeln hinsichtlich des Wahlergebnisses beizumessen ist, wie dies überhaupt für die Verletzung von Förmlichkeiten der Wahl gilt. Nicht jede Übertretung einer Formvorschrift ist wesentlich. Durch die Anfechtung der Wahl wird der Gewählte von der Ausübung der Mitgliedsrechte nicht ausgeschlossen, abgesehen von Beschränkungen, welche die Geschäftsordnung festsetzen kann. Sitz und Stimme im Landtag verliert er erst durch die Ungültigkeitserklärung. Um ihm zur Wahrnehmung seiner Rechte Gelegenheit zu geben, ist er von den Verhandlungen des Gerichts rechtzeitig zu benachrichtigen.

II. Legitimiert zur Erhebung des Einspruchs ist jeder Wahlberechtigte, der an der betreffenden Wahl teilnehmen durfte, also bei den Wahlen zur ersten Kammer jedes Mitglied der betr. Wahlkörperschaft, bei denjenigen zur zweiten Kammer jeder in der Wählerliste (§ 5 WG.) eingetragene Wahlberechtigte (§ 2 WG.; vgl. aber die Ausnahme in § 11 I S. 2 WO.) des betr. Wahlkreises, sowie jeder Wählbare (§ 4 WG.), der bei der Wahl Stimmen auf sich vereinigt hat. Die Legitimation ist von Amts wegen zu prüfen.

Für die Einlegung des Einspruchs ist eine Frist von 14 Tagen seit der amtlichen Feststellung des Wahlergebnisses vorgesehen. Er ist gleichzeitig auch zu rechtfertigen. Die Begründung kann im einzelnen einen sehr verschiedenen Inhalt haben und alle Tatbestände anführen, welche die Wahl als ungesetzlich erscheinen lassen. Neben den Voraussetzungen der Wählbarkeit kommen hier diejenigen der aktiven Wahlberechtigung und die das Wahlverfahren regelnden Vorschriften in Betracht. Insbesondere kann der Einspruch auch auf die Unrichtigkeit der Wählerliste gestützt werden, selbst wenn Einwendungen nach § 5 WG. versäumt worden sind; nur kann der mit solchen Einwendungen präkludierte Wahlberechtigte natürlich nicht mehr eigenen Namens Einspruch einlegen. Zu erwähnen sind noch die strafrechtlichen Bestimmungen, welche die gesetzliche Vornahme der Wahl sichern sollen (§§ 107--339 III) — Wahlverhinderung —, 108 — Wahlfälschung —, 109 — Wahlbestechung, Stimmkauf). Wahlbeeinflussungen sind grundsätzlich nicht unstatthaft, soweit ihnen nicht die Strafgesetze entgegenstehen, können nach dieser Maßgabe also auch im allgemeinen nicht als Grundlage für einen Einspruch dienen. Die Praxis läßt jedoch Ausnahmen von diesem Satze zu (vgl. die Nachweise bei Laband I § 34 S. 311 Note 1). Daß sämtliche Rechtfertigungsgründe im Einspruch angeführt werden müssen, ist nicht vorgeschrieben. Infolgedessen ist auch das Nachbringen neuer Gründe zulässig. Das Gericht ist an die in der Rechtfertigung enthaltenen nicht schlechterdings gebunden, sondern hat unter Umständen auch andere zu berücksichtigen.

III. Jede Kammer ist daran interessiert, daß ihr nur solche Mitglieder angehören, die den gesetzlichen Bestimmungen gemäß gewählt worden sind. Durch die Vorschrift des Absatz III ist dafür Sorge getragen, daß sie sich eine selbständige Überzeugung davon bilden kann. Stellen sich Zweifel heraus, so hat sie die gerichtliche Entscheidung anzurufen.

§ 10.

Beamte bedürfen keines Urlaubs zum Eintritt in den Landtag.

Wenn ein Mitglied der zweiten Kammer ein besoldetes Reichs- oder Staatsamt annimmt oder im Reichs- oder Staatsdienst in ein Amt eintritt, mit dem ein höherer Rang oder ein höheres Gehalt verbunden ist, so verliert es Sitz und Stimme und kann beides nur durch neue Wahl wieder erlangen.

E. § 10. B. 16 RV. 35.

I. Die Beamtenqualität steht der Wahl in den Landtag nicht entgegen. Der gewählte Beamte kann auch die Wahl ohne Zustimmung der Regierung annehmen. Über diese Grundsätze hinaus bestimmt Abs. I (wie Art. 21 I RV. und Art. 78 II PV.), daß er ebensowenig eines Urlaubes zum Eintritt in den Landtag bedarf. Er kann also seinen Dienst ohne weiteres unterbrechen und der Einberufung zum Landtag folgen; er hat jedoch der vorgesetzten Behörde Anzeige davon zu erstatten.

Die Kosten der Stellvertretung fallen nach § 14 II des Beamten-Gesetzes der Landeskasse zur Last; ein Abzug vom Gehalt findet nicht statt. Beamte, die diesem Gesetz nicht unterstehen (vgl. Bruck I 167 f.), haben in Ermangelung einer besonderen Bestimmung grundsätzlich selbst für die Kosten der Stellvertretung aufzukommen (vgl. über die Frage weiter die bei Arndt, Bem. 2 zu Art. 21 RV. angeführte Literatur).

Beamte im Sinne des Abs. I sind nicht allein die unmittelbaren Landesbeamten — die ihr Einkommen aus der Landeskasse beziehen —, sondern auch — was freilich mit Rücksicht auf den Inhalt des Abs. II nicht über jeden Zweifel erhaben ist — die mittelbaren, wie die an den Anstalten der Bezirke angestellten Bezirksbeamten, die Gemeindebeamten, die Lehrer an den öffentlichen Elementarschulen und Kleinkinderschulen. Beamte sind insbesondere noch die Notare, Gerichtsvollzieher, die Kreis- und Kantonalärzte, die Kreistierärzte, dagegen nicht die Geistlichen. Voraussetzung der Beamteneigenschaft ist stets ein öffentlich-rechtliches Dienstverhältnis, sodaß Personen, die nur in einem privatrechtlichen Verhältnis zu einem Dienstherrn des öffentlichen Rechts stehen, nicht hierher gehören, ebensowenig wie die sogenannten Privatbeamten. Dagegen dürfte sich die Vorschrift des Abs. I nicht auf Landesbeamte in dem dargelegten Umfange beschränken, sondern sich auch auf Reichsbeamte erstrecken, im Gegensatz zu der Bestimmung des Art. 78 II PV. Der Grundsatz, daß Landesgesetze über die dienstlichen Verhältnisse der Reichsbeamten nichts bestimmen können, trifft auf das vorliegende VG. nicht zu, weil es vom Reich erlassen worden ist; und daß eine Unterscheidung zwischen Reichs- und Landesbeamten gemacht werden sollte, ist umsoweniger anzunehmen, als die RV. eine dem Abs. I entsprechende Vorschrift in Bezug auf den Reichstag enthält. Im übrigen herrscht über den Begriff des Beamten im Sinne dieser letzteren Bestimmung Streit (vgl. Laband I § 34 S. 312 Note 1 und G. Meyer 444 Note 7). Auch im e.-l. Landesrecht ist er nicht immer ganz unzweifelhaft (vgl. Molitor, Gesetz betr. die Ausführung des BGB. in E.-L. — Z. A. — Bem. 5 zu § 39, 7 u. 8 zu § 40).

II. Der Abs. II entspricht dem Art. 21 II RV., der seinerseits dem Art. 78 III PV. nachgebildet ist. Er stellt es in die Entscheidung der Wähler, ob ein zu einem besoldeten Staatsamt berufenes oder im Staatsdienst befördertes Mitglied der zweiten Kammer das nötige Vertrauen besitzt, um sie noch fernerhin zu vertreten. Hinsichtlich der Mitglieder der ersten Kammer wurde das Bedürfnis nach einer solchen Vorschrift verneint (Begr. 17). Die Verleihung eines höheren Rangs oder Titels und die Erhöhung des Gehalts zieht für sich allein den Verlust der Mitgliedschaft nicht nach sich. Sie muß vielmehr mit einer Änderung im Amt verbunden sein. Wo die etatsmäßige Stellung dieselbe bleibt, ist für die Anwendung der Vorschrift kein Raum, so z. B. bei der Verleihung des Titels eines Geheimen Justiz- oder Regierungsrats oder bei der gesetzmäßigen Einrückung in eine höhere Gehaltsklasse. Wohl aber stellt schon die Übertragung eines besoldeten Nebenamts einen Anwendungsfall für die Bestimmung dar (vgl. die Nachweise bei Arndt, Bem. 4 ff. zu Art. 21 RV.).

Unter einem Staatsamt wird man der ratio legis nach ein unmittelbares, unter dem Staatsdienst den unmittelbaren Landesdienst zu verstehen haben. Kirchen- und besonders Gemeindeämter zählen nicht hierher (Arndt a. a. O., Schwartz, Bem. D c zu Art. 78 PV.).

§ 11.

Dem Kaiser steht es zu, die Kammern zu berufen, zu eröffnen, zu vertagen, zu schließen und aufzulösen.

Beide Kammern werden gleichzeitig berufen, eröffnet, vertagt und geschlossen.

Die Berufung des Landtags findet alljährlich statt.

Die Auflösung nur einer Kammer hat für die andere den Schluß der Sitzungsperiode zur Folge.

E. § 11. B. 17. KB. 35.

§ 12.

Ohne Zustimmung des Landtags darf dessen Vertagung die Frist von 30 Tagen nicht übersteigen und während derselben Sitzungsperiode nicht wiederholt werden.

Im Falle der Auflösung muß der Landtag binnen 90 Tagen wieder versammelt werden.

E. § 12. B. 17. KB. 35.

I. Beginn und Dauer der Tätigkeit des Landtags und der einzelnen Kammern bestimmt der Kaiser im Einklang mit dem bisherigen und dem für den Reichstag geltenden Recht (Art.

12 RV.). Ohne seinen Willen kann er sich nicht versammeln und nicht versammelt bleiben. Andererseits kann er seine Tätigkeit auch nicht selbständig einstellen; er muß solange tagen, als nicht der Kaiser ein Anderes angeordnet hat. Jede eigenmächtige Versammlung des Landtags oder der einzelnen Kammern ist verfassungswidrig und fällt unter das gemeine Vereins- und Versammlungsrecht. Beschlüsse, die in einer solchen Versammlung gefaßt, entbehren staatsrechtlich jeder Bedeutung. Die Mitglieder aber genießen in einem derartige Falle nicht ihre verfassungsmäßigen Privilegien.

Da beide Kammern nur zusammen das einheitliche Organ des Landtags bilden, müssen sie stets gleichzeitig berufen, eröffnet, vertagt und geschlossen werden (§ 11 II). Bloß die Auflösung kann sich auf eine Kammer allein beschränken; sie hat aber, wenn sie erfolgt, für die andere Kammer, kraft Rechtens, den Schluß der Sitzungsperiode zur Folge (§ 11 IV).

II. Die Berufung der Kammern erfolgt durch Kaiserliche Verordnung, die im Gesetzblatt bekannt gemacht wird. Die Eröffnung kann und wird regelmäßig im Namen des Kaisers durch den Statthalter oder im Falle der Verhinderung durch dessen Stellvertreter erfolgen. Zu berufen sind die Kammern jedes Jahr zu einer ordentlichen Sitzungsperiode oder Session. Der Termin wird jeweils in der Kaiserl. Verordnung festgesetzt. Sie können in demselben Jahre auch mehrmals berufen werden; außerordentliche Sessionen lassen sich vielfach garnicht umgehen. Mit Rücksicht auf die Bestimmung des § 12 II kann eine mehrmalige Berufung sogar gesetzlich notwendig sein.

Die Vertagung und die Schließung der Kammern setzen ebenso eine Anordnung des Kaisers voraus. Die Schließung beendet die Sitzungsperiode und damit die gesamte Tätigkeit der Kammern. Sollen diese wieder in Tätigkeit treten, so müssen sie neu einberufen werden und sich von neuem konstituieren. Unerledigte Geschäfte der vergangenen Session dürfen sie nicht einfach wieder aufnehmen und fortsetzen; solche Geschäfte sind vielmehr in jeder Beziehung wie neue zu behandeln; nicht verabschiedete Vorlagen sind also von neuem einzubringen. Es gilt das Prinzip der Diskontinuität. Die Vertagung dagegen unterliegt dem Prinzip der Kontinuität. Sie erscheint als bloße Aussetzung der Sitzungen, sodaß die unerledigten Geschäfte in dem Zustande fortgeführt werden, in dem sie sich befinden, und daß auch eine neue Konstituierung der Kammern nicht erforderlich ist. Eine Vertagung ist nicht bloß auf eine im voraus bestimmte Zeit zulässig, hat sich jedoch innerhalb der Schranken des § 12 I — entsprechend dem Art. 26 RV. — zu halten, falls nicht die Kammer einer Abweichung zustimmt. Ist sie auf bestimmte Zeit erfolgt, so bedarf es keiner neuen Einberufung. Keine Vertagung im Sinne der obenstehenden Bestimmungen ist die „Vertagung", die durch die Kammern beschlossen wird; sie stellt eine bloße „Hinausschiebung" der nächsten Sitzung dar (vgl. darüber und zu dem Vorstehenden Laband I § 35 S. 316ff. und Arndt zu Art. 26 RV. mit weiteren Nachweisen).

Die Auflösung der Kammern ist gleichfalls eine ausschließliche Prärogative des Kaisers im Gegensatz zu der Auflösung des Reichstags — Art. 24 S. 2 RV.). Sie schließt nicht nur die Sitzungsperiode, sondern auch die Legislaturperiode, indem sie die Mitgliedschaft beendigt. Die aufgelöste Kammer muß neugebildet werden, und zwar so zeitig, daß der Landtag innerhalb 90 Tagen nach der Auflösung wieder zusammentreten kann. § 12 II verpflichtet die Regierung, den Landtag innerhalb dieser Frist zu versammeln (vgl. Art. 25 RV., 51 PV.), die beide noch eine besondere Frist von 60 Tagen für die Vornahme der Neuwahlen festsetzen, von deren Übernahme aber mit Recht abgesehen wurde (Begr. 17ff.). Besondere Rechtsfolgen sind für die Verletzung dieser Vorschrift nicht vorgesehen. Der Landtag hat unter allen Umständen die Einberufung abzuwarten (Arndt zu Art. 25 RV.). Zweifelhaft ist, ob die Auflösung der Kammer ausgesprochen werden kann, bevor sie zum erstenmal versammelt war. Da die Kammer schon vorher existiert, stehen der Bejahung der Frage zwar grundsätzliche Bedenken nicht entgegen. Und es läßt sich gegen sie auch nicht allgemein geltend machen, daß eine Prognose über die zu erwartende Haltung der Kammer nicht angestellt werden könne, bevor sie selbst in Tätigkeit getreten sei und Proben dafür gegeben habe. Vielfach wird sich ein Urteil schon aus der Zusammensetzung derselben, dem Programm der Parteien und der Wahlparole fällen lassen; wo aber dies nicht wohl möglich ist, wird die Auflösung aus tatsächlichen Gründen nicht vor Aufnahme der Tätigkeit der Kammer erfolgen, jedenfalls ergibt sich aus der Vorschrift des § 12 II VG. die Verneinung der Frage hinsichtlich einer nach einer vorausgegangenen Auflösung neu gewählten Kammer. Sie muß versammelt werden, bevor ihre Auflösung erfolgt (vgl. dazu — bezüglich des Reichstags — Seydel zu Art. 25 RV., Laband I § 36 S. 319 Note 1, Arndt, Bem. 2 zu Art. 24 RV. mit weiteren Nachweisen). Im übrigen unterstellt die Bestimmung, daß auch die aufgelöste Kammer schon versammelt war, im Gegensatz zu Art. 25 RV. und dessen Vorbild, Art. 51 S. 3 der preußischen Verfassung. Es läßt sich demgemäß die Meinung vertreten, daß das e.-l. Verfassungsrecht auf dem Standpunkt stehe, daß eine Auflösung der Kammer vor ihrer Einberufung ausgeschlossen sei. Die Begründung gibt allerdings keine Auskunft über die vorgenommene Änderung.

§ 13.

Jede Kammer regelt ihren Geschäftsgang und ihre Disziplin durch eine Geschäftsordnung und wählt ihren Präsidenten, ihre Vizepräsidenten und Schriftführer.

E. § 13. B. 17. KB. 35.

I. Die Vorschrift ist eine Wiedergabe des Art. 27 S. 2 RV. und entspricht dem bisherigen Recht. Die Geschäftsordnung hat den Charakter eines autonomen Statuts der Kammern, das sich innerhalb der bestehenden Gesetze zu halten hat. Vermöge ihrer rechtlichen Natur bindet sie nur die Kammer, welche sie beschlossen hat, und deren Mitglieder. Sie kann daher niemals die Legislaturperiode derselben überdauern, andererseits aber jederzeit durch bloßen Mehrheitsbeschluß der Kammer (§ 18 VG.) abgeändert werden. Die neue Kammer hat sich ihre eigene Geschäftsordnung zu geben, ist aber nicht gehindert, diejenige der früheren zu übernehmen, was auch stillschweigend geschehen kann. Dies letztere Verfahren ist allgemein üblich geworden[1]). In der Geschäftsordnung kann insbesondere der Ausschluß von Mitgliedern aus einzelnen Sitzungen im Wege der Disziplin

[1]) So hatte der Landesausschuß die in der Sitzung vom 7. März 1883 (Stenographische Berichte S. 408) beschlossene Geschäftsordnung der Hauptsache nach beibehalten.

normiert werden (vgl. Arndt Bem. 4 zu Art. 27 RV. und über einzelne die Geschäftsordnung betreffenden Rechtsfragen Laband, Deutsche Juristenzeitung, 1903, 5 ff.).

II. Der Präsident, die Vizepräsidenten und Schriftführer sind für jede Sitzungsperiode besonders zu wählen. Sie bilden zusammen des Bureau der Kammer. Nähere gesetzliche Vorschriften über die Wahl, die Funktionen des Bureaus und insbesondere die Stellung des Präsidenten bestehen nicht. Die Regelung ist in der Geschäftsordnung zu treffen. Es haben sich jedoch gewisse allgemeine Grundsätze entwickelt, die u. a. auch in der Geschäftsordnung des Reichstags sanktioniert sind. Ihnen zufolge leitet der Präsident die Verhandlungen; er handhabt die Disziplin, vertritt die Kammer nach außen, vermittelt den Verkehr mit der Regierung, ernennt die ständigen Beamten der Kammer und ist deren Dienstvorgesetzter. Er wird im Verhinderungsfalle durch die Vizepräsidenten vertreten.

§ 14.

Die Mitglieder des Landtags schwören bei ihrem Eintritt in die Kammer Gehorsam der Verfassung und Treue dem Kaiser.

Die Ausübung der Mitgliedschaft wird durch die Leistung des Eides bedingt.

E. § 14. B. 18. RV. 35.

Die Eidesleistung, die von jedem Landtagsmitglied im Gegensatz zu den Reichtagsabgeordneten aber im Anschluß an das bisherige Recht (§ 18 Ges. v. 4. Juli 1879) verlangt wird, begründet nicht erst die ihrem Inhalt entsprechende Verpflichtung und ist ebensowenig Voraussetzung der Mitgliedschaft. Die Eidesverweigerung hat also nicht den Verlust der Mitgliedschaft zur Folge. Durch die jederzeit zulässige Nachholung des Eides wird das Hindernis, das der Ausübung des Mitgliedschaftsrecht entgegenstand, wieder beseitigt. Wer den Eid bereits früher einmal geleistet hat, kann sich auf die frühere Leistung berufen, und zwar gilt dies auch von Personen, die als Beamte den Diensteid geleistet haben. Die Eidesleistung unter Vorbehalten oder Bedingungen gilt als Verweigerung des Eides.

§ 15.

Die Verhandlungen des Landtags sind öffentlich. Die Geschäftssprache ist deutsch.

Wahrheitsgetreue Berichte über Verhandlungen in den öffentlichen Sitzungen des Landtags bleiben von jeder Verantwortlichkeit frei.

E. § 15. B. 18. KV. 35.

I. Abs. I deckt sich mit § 1 des in § 27 VG. aufgehobenen Gesetzes betr. die Öffentlichkeit der Verhandlungen und die Geschäftssprache des Landesausschusses für E.-L. vom 23. Mai 1881 (RGBl. S. 98). Der erste Satz der Bestimmung entspricht dem Art. 22 I RV.; der zweite wurde aufgenommen, um der Landesgesetzgebung die Möglichkeit einer Abänderung zu verschließen (Begr. 18).

Die Öffentlichkeit der Verhandlungen „gehört zum Wesen aller parlamentarischen Tätigkeit" und findet auch in der Vorschrift des Abs. II ihren Ausdruck (Laband I § 36 S. 320). Sie gilt nicht für die Kommissionssitzungen, die nur für die Kammermitglieder öffentlich sind, verträgt aber anderseits keinerlei Beschränkung in Bezug auf die Plenarverhandlungen. Der Ausschluß der Öffentlichkeit für einzelne Sitzungen ist im Gesetz nicht zugelassen und daher unstatthaft. Es kann auch nicht durch die Geschäftsordnung für zulässig erklärt werden[1]), weil diese nicht wider die bestehenden Gesetze verstoßen darf. Eine geheime Verhandlung des Landtags ist nichts weiter als eine Besprechung ohne staatsrechtliche Bedeutung (Laband I § 36 S. 321). Die in ihr gefaßten Beschlüsse sind nicht Beschlüsse des Landtags.

Die Vorschrift über die Geschäftssprache hätte eigentlich in

---

[1]) Trotzdem war er in der Geschäftsordnung des Landesausschusses (§ 22) vorgesehen. Auf die Begründung zu dem oben bezeichneten Gesetz von 1881 — Stenogr. Ber. 4 Session, Anlagen Nr. 76 — allein konnte und kann eine solche Bestimmung nicht gestützt werden. Auch die Vorschrift des § 36 der Geschäftsordnung des Reichstags ist verfassungswidrig. Vgl. über diese letztere Laband I § 36 S.321 f und die S. 321 Note 2 angeführte Litteratur, u. a. namentlich Seydel, Bem. I zu Art. 22 RV.

die Geschäftsordnung gehört. Sie wird auch in dieser durch Aufnahme des § 2 des zitierten Gesetzes von 1881 zu ergänzen sein (Begr. 18).

II. Der Abs. II lehnt sich an Art. 22 II RV. an und erscheint mit Rücksicht auf die Bestimmung des § 12 RStGB. als ganz überflüssig. Diese letztere unterscheidet sich von der vorliegenden dadurch, daß sie alle Verhandlungen, nicht bloß die öffentlichen, im Auge hat. Da nach beiden Vorschriften unter Verhandlungen nur die Plenarverhandlungen zu verstehen sind (herrschende Ansicht; vgl. die Kommentare zu § 12 RStGB.), die Plenarverhandlungen des Landtags aber nach dem VG. ausnahmslos und nicht lediglich der Regel nach öffentlich sind, ist der Gegensatz für die e.-l. Verhältnisse bedeutungslos. Eine Neuerung gegenüber dem bisherigen Recht ist nur von dem Standpunkt der unrichtigen Ansicht aus gegeben, welche die Anwendbarkeit des § 12 in bezug auf den Landesausschuß verneinte (vgl. darüber Laband II § 68 S. 227 mit den Nachweisen in Note 6 daselbst).

Das Privileg der §§ 15 II VG. und 12 RStGB. bezieht sich auf objektive Darstellungen der Verhandlungen oder eines in sich abgeschlossenen Teiles derselben, wie z. B. auf den Bericht über einen einzelnen Gegenstand der Tagesordnung (Seydel, Bem. II zu Art. 22 RV.). Die Wiederholung einzelner Äußerungen, die aus dem Zusammenhange gerissen sind, ist kein Bericht über die Verhandlungen des Landtags und begründet eine Verantwortlichkeit nach Maßgabe der einzelnen Grundsätze. Wer also lediglich Bemerkungen eines Landtagsabgeordneten wiedergibt, die an sich den Tatbestand einer Beleidigung erfüllen, kann sich nicht auf das Privileg berufen. Ob sie ihrem Wortlaut nach wiedergegeben sind oder bloß dem Inhalt nach, macht in dieser Beziehung grundsätzlich keinen Unterschied. Im übrigen ist für die Anwendung der genannten Vorschriften nicht erfordert, daß die Berichte wortgetreu sind, sie dürfen nur nicht tendenziös entstellt sein. Sie können mündlich oder schriftlich sein, von einem Mitglied des Landtags oder einer andern Person herrühren. Beseitigt wird durch die in Rede stehenden Vorschriften neben der strafrechtlichen Verantwortlichkeit auch die disziplinarische, ebenso der richtigen Ansicht nach die zivilrechtliche (vgl. Arndt zu Art. 22 II RV. und über Einzelheiten Olshausen, Komm. z. RStGB. zu § 12).

§ 16.

Innerhalb des Bereichs der Landesgesetzgebung steht neben dem Kaiser jeder der beiden Kammern das Recht zu, Gesetze vorzuschlagen.

Gesetzesvorschläge, welche durch eine der Kammern oder den Kaiser verworfen worden sind, können in derselben Sitzungsperiode nicht wieder vorgebracht werden.

Jede Kammer hat das Recht, Interpellationen an die Regierung zu richten und an sie gerichtete Petitionen der Regierung zu überweisen.

E. § 16. B. 18. KB. 35.

I. Das Recht der Initiative entspricht dem bisherigen Landes- und dem Reichsrecht, ebenso wie die Befugnis zur Überweisung von Petitionen (§ 21 I Ges. v. 4. Juli 1879; Art. 23 RV.). Die Initiative ist auf das Gebiet der Landesangelegenheiten beschränkt (vgl. Bem. II zu § 5 VG.); Änderungen des Verfassungsgesetzes können vom Landtag nicht vorgeschlagen werden, dagegen Änderungen des Wahlgesetzes. Jene Änderungen kann der Landtag immerhin zum Gegenstand einer Resolution machen, welche die Regierung an die zuständige Reichsstelle übermitteln kann. Gesetzentwürfe, die von einer der Kammern beschlossen wurden, müssen der andern zur Beschlußfassung vorgelegt werden (vgl. Bem. IV 1 zu § 5 VG.). Mit Rücksicht auf die Bestimmung des § 5 III S. 2 VG. ist anzunehmen, daß der ersten Kammer das Recht der Initiative zum Etatsgesetz fehlt (vgl. v. Rönne, Preußisches Staatsrecht I 359; G. Schultze, Preußisches Staatsrecht II § 171; Schwartz, Preußische Verfassungsurkunde 213; G. Meyer 565 f.; Fleischmann, Der Weg der Gesetzgebung in Preußen 103 ff. A. M. insbesondere Arndt, Bem. 2 zu Art. 64 PV.). Allerdings ist es ihr nicht verwehrt, über entsprechende Anträge zu beschließen, doch haben solche Beschlüsse nicht den Charakter von Gesetzesvorschlägen, die der zweiten Kammer ohne weiteres als solche unterbreitet werden können und müssen. Die Regierung kann sie nur als eigene Initiativanträge vorlegen. Die Beschränkung des Abs. II ist der RV. fremd und nach dem Vorbild anderer Verfassungen (vgl. Art. 64 II PV.) aus Zweckmäßigkeitsgründen aufgenommen worden. Sie gilt in gleicher Weise für Landtag und Regierung und betrifft auch solche Gesetzesvorschläge, die lediglich von Mitgliedern einer Kammer ausgegangen sind, sodaß die Regierung nicht imstande ist, einen derartigen von der betreffenden Kammer abgelehnten Vorschlag selbst neu einzubringen (Arndt, Bem. 3; Schwartz a. a. O. 214).

II. Das Interpellationsrecht stand dem Landesausschuß nicht zu; auch dem Reichstag ist es in der RV. nicht beigelegt (vgl. für das Landesrecht Leoni 70 f. und bezüglich des Reichstags Laband I § 33 S. 283 f.; Seydel Bem. III zu Art. 23 RV.; G. Meyer 442). Wohl konnten im Landesausschuß Anfragen an die Regierung gerichtet werden; eine Verpflichtung zur Beantwortung bestand aber nicht, und gerade in dieser Verpflichtung ist das wesentliche Kriterium des Interpellationsrechts zu erblicken, nicht in der solennen Form der Interpellation. Bloße Anfragen braucht die Regierung rechtlich nicht zu beantworten. Ist dagegen das Interpellationsrecht gesetzlich festgelegt, so kann sie sich der Beantwortung nicht entziehen. Wenn die Begründung (18) das Interpellationsrecht als eine allgemeine parlamentarische Befugnis bezeichnet, die dem Parlament auch ohne besondere Einräumung zustehe und im VG. nur deshalb ausdrücklich erwähnt werde, um einem Wunsche des Landesausschusses entgegenzukommen, so liegt dem eine unzutreffende Gleichstellung der an sich staatsrechtlich bedeutungslosen Anfrage mit der Interpellation zugrunde. Abgesehen von dem dargelegten sachlichen Unterschied besteht ein formeller. Die Interpellation bildet einen besonderen Punkt der Tagesordnung, während die Anfrage sich auf jeden Gegenstand beziehen kann, der gerade zur Verhandlung steht (Laband a. a. O. 284). Beide dienen dem Kontrollrecht des Landtags und haben die konstitutionelle Verantwortlichkeit der Regierung zur Grundlage. Sie können alle möglichen Maßnahmen der Regierung betreffen. Auf die erteilte Antwort hin können Resolutionen beschlossen werden, durch welche die Kammern ihren Meinungen und Wünschen Ausdruck verleihen. Ausnahmsweise kann eine sachliche Auskunft auch auf eine Interpellation verweigert werden, wenn sie dem Landesinteresse nachteilig sein würde (vgl. darüber G. Meyer 300).

III. Ein besonderes Petitionsrecht der Landesangehörigen

oder der im Lande wohnhaften Reichsangehörigen kennt das VG. nicht (vgl. Art. 32 PV.). In Ermangelung eines gesetzlichen Verbots kann jeder In- und Ausländer dem Landtag oder den einzelnen Kammern Petitionen unterbreiten, die entgegen genommen und nach Maßgabe ihres Inhalts behandelt werden müssen.[1]) Diese Befugnis ist jedoch nur ein Ausfluß der allgemeinen Handlungsfähigkeit und nicht ein wirkliches subjektives Recht (Laband I § 33 S. 282 f.); Seydel, Bem. II zu Art. 23 RV.; A. M. Arndt, Bem. 2 zu Art. 23 RV. und Bem. zu Art. 32 PV.). Als solches ist das Petitionsrecht der Kammern zu betrachten. Sein wesentlicher Inhalt besteht in der Befugnis, die entgegengenommenen Petitionen der Regierung zur Berücksichtigung zu überweisen. Durch die Überweisung wird die Petition als begründet anerkannt und gegebenenfalls gleichzeitig die Mißbilligung von Maßnahmen der Regierung ausgesprochen (Laband a. a. O.).

Die Petitionen können einen ganz verschiedenartigen Inhalt haben. Sie können als Beschwerden wegen erfolgter Verletzung von Rechten oder sonstigen Interessen erscheinen aber auch allgemeiner auf die Beseitigung vorhandener und die Verhütung künftiger Mißstände überhaupt, die Verbesserung staatlicher Einrichtungen und Gesetze usw. hinzielen. In allen Fällen muß es sich um Landesangelegenheiten handeln; dazu gehören aber auch solche, die das Verhältnis des Landes zum Reich nach irgend einer Richtung hin betreffen. Aus diesem Gesichtspunkte können unter Umständen auch Maßregeln der Reichsregierung in einer Petition erörtert werden, wenn die Landesregierung das Interesse des Landes mit Rücksicht auf derartige Maßregeln in einer bestimmten Weise wahrnehmen soll. Für Beschwerden bestehen gewisse Beschränkungen. Da eine Einmischung der Verwaltung in die Rechtsprechung der Gerichte unzulässig ist, sind Beschwerden gegen richterliche Entscheidungen im Petitionswege nicht statthaft; wohl aber können solche auf eine Justizverweigerung oder auf eine Verzögerung der Rechts-

[1]) Über das „Petitionsrecht" juristischer Personen vgl. Schwartz und Arndt zu Art. 32 PV. Den Gemeindeaufsichtsbehörden dürfte jedenfalls das Recht zustehen, die Gemeindevertretungen in die Schranken ihres kommunalen Wirkungskreises zu verweisen und demgemäß die Absendung von Petitionen über allgemeine mit den besonderen kommunalen Interessen nicht unmittelbar verwachsenen Staatsangelegenheiten zu untersagen.

pflege gegründet werden. Eine weitere Beschränkung ergibt der Grundsatz, daß vor Anrufung der Kammern der ordentliche Instanzenzug erschöpft sein muß. Solange die Möglichkeit einer Überprüfung und einer Abhilfe durch Staatsbehörden gegeben ist, fehlt jeder Anlaß für einen Eingriff des Landtags (vgl. dazu Leoni 69 f.).

Der die Überweisung aussprechende Beschluß der Kammern bindet die Regierung nicht, entlastet sie aber von ihrer Verantwortlichkeit, wenn sie ihm Folge leistet. Eine Erklärung auf ihn braucht sie nicht schlechterdings abzugeben; ebensowenig ist sie verpflichtet, die Maßnahmen mitzuteilen, die sie zur Erledigung der Sache getroffen hat. Jedoch werden derartige Erklärungen unter Umständen sehr zweckmäßig sein und können jedenfalls durch Anfragen oder Interpellationen veranlaßt werden.[1])

§ 17.

Die Mitglieder des Ministeriums und die zu ihrer Vertretung abgeordneten Beamten haben das Recht, bei den Verhandlungen der Kammern sowie in deren Abteilungen und Kommissionen gegenwärtig zu sein. Sie müssen auf ihr Verlangen jederzeit gehört werden.

E. § 17. B. 18. RB. 35.

I. Die Vorschrift gibt den § 20 des Gesetzes vom 4. Juli 1879 (vgl. auch Art. 9 RV.) entsprechend wieder. Die Gegenwart der Mitglieder des Ministeriums können die Kammern nicht schlechterdings verlangen (vgl. Art. 60 II PV.); nur der verantwortliche Minister des Landes, der Statthalter, wird an den Plenarverhandlungen teilnehmen oder sich in denselben vertreten lassen müssen. Das ergibt sich ohne weiteres aus dem Verhältnis der Regierung zum Landtag. Daß der Statthalter, sein Vertreter, oder irgend ein Regierungskommissar dem Landtag unbedingt Rede und Antwort zu stehen haben, ist damit nicht gesagt. Bloß auf Interpellationen hin kann eine Auskunftserteilung in der Regel nicht verweigert werden. Wenngleich der Statthalter in § 17 nicht erwähnt ist, so findet dieser doch ohne

---

[1]) Über das Recht der Adresse und der Information vgl. Bem. I zu § 6 VG.

Zweifel auch auf ihn Anwendung. Seiner eben dargelegten Pflicht entspricht das in der Vorschrift niedergelegte Recht, an den Verhandlungen des Landtags teilzunehmen.

Die Regierungsvertreter unterstehen nicht den Vorschriften der Geschäftsordnung über die Redeordnung. Sie dürfen aber nicht nach Belieben ohne Anordnung des Präsidenten das Wort ergreifen. Dieses muß ihnen nur auf Verlangen sofort erteilt werden, ohne Rücksicht darauf, ob die Debatte bereits geschlossen ist oder nicht. (Im ersteren Falle wird sie dadurch wieder eröffnet.) Natürlich ist immerhin die Beendigung einer Rede abzuwarten, die gerade gehalten wird; eine Unterbrechung derselben kann nicht gefordert werden, ebensowenig diejenige einer Abstimmung. Zum Zwecke der Geschäftsleitung können die Regierungsvertreter durch den Präsidenten unterbrochen werden (vgl. G. Meyer 452).

II. Die Regierungsvertreter unterstehen ebensowenig der Disziplin der Kammern. Sie vertreten ein dem Landtag gleichgeordnetes Organ und können durch Beschlüsse, welche die Kammern mit Wirkung für ihre Mitglieder zu erlassen befugt sind, nicht gebunden werden (vgl. Seydel, Bem. III zu Art. 27 RV.; Arndt, Bem. 1 zu Art. 9 RV. und 5 zu Art. 60 PV.; G. Meyer 452). Infolgedessen vermögen die Kammerpräsidenten Regierungsvertreter weder zur Ordnung zu rufen, noch sie — aus disziplinarischen Gründen — zu unterbrechen oder auf den parlamentarischen Brauch hinzuweisen. Fraglich kann sein, ob eine Zurückweisung von Äußerungen derselben durch den Präsidenten „von gleich zu gleich“ zulässig ist (Seydel a. a. O.); aber auch das erscheint nicht als unzweifelhaft. Jedenfalls steht es den Mitgliedern der Kammern frei, nachträglich das Verhalten von Regierungsvertretern einer „sachlichen und persönlichen“ Kritik in den Verhandlungen zu unterwerfen. Der parlamentarischen Immunität der §§ 20 VG. und 11 RStGB. sind die Regierungsvertreter nicht teilhaftig; ihre Äußerungen sind also nach Maßgabe der allgemeinen Grundsätze zu beurteilen.

§ 18.

Die Kammern beschließen nach absoluter Stimmenmehrheit. Zur Gültigkeit der Beschlußfassung ist in der ersten Kammer die Anwesenheit von mindestens dreiundzwanzig Mitgliedern, in der zweiten Kammer die Anwesenweit der Mehrheit der gesetzlichen Anzahl ihrer Mitglieder erforderlich.

E. § 18. B. 18 f. KB. 35.

I. Die Bestimmung lehnt sich an Art. 28 RV. an. Die absolute Stimmenmehrheit ist nach der Anzahl der abstimmenden Mitglieder zu berechnen; anwesende Mitglieder, die nicht mitgestimmt haben, bleiben hierbei außer Ansatz, werden aber mitgezählt, wenn es sich um die Gültigkeit der Beschlußfassung handelt. Zu dieser ist in der ersten Kammer die Anwesenheit von mindestens 23 (Gesamtzahl der gesetzlichen und gewählten Mitglieder — vgl. Bem. IV 1 zu § 6 VG.), in der zweiten diejenige von mindestens 31 Mitgliedern (§ 1 I WG.) erforderlich. Ist diese Anzahl erreicht, so ist es für die Gültigkeit eines Beschlusses grundsätzlich gleichgültig, ob und wieviele Mitglieder sich der Abstimmung enthalten haben, wenn er überhaupt nur mit einer absoluten Mehrheit der Abstimmenden zustande gekommen ist. Stimmen also z. B. von 31 anwesenden Mitgliedern in der ersten oder in der zweiten Kammer etwa nur 11 ab, und dann 6 für und 5 gegen eine Vorlage, so ist diese rechtsgültig angenommen. Was die absolute Stimmenmehrheit des § 18 S. 1 bedeutet, ist eben lediglich aus dieser Vorschrift selbst zu bestimmen (Vgl. Seydel, Bem. I und Arndt, Bem. I zu Art. 28 RV.) Im Falle der Stimmengleichheit findet ein Stichentscheid des Präsidenten nicht statt (Laband I § 36 S. 322); der Antrag hat vielmehr als abgelehnt zu gelten. Die einfache Mehrheit genügt in allen Fällen, soweit der Landtag überhaupt zuständig ist. Von der Aufstellung besonderer Erfordernisse für die Abstimmung über Verfassungsänderungen konnte man ruhig absehen, da nach Art. III S. 2 das Verfassungsrecht, wie es im vorliegenden Gesetz geregelt ist, nur im Wege der Reichsgesetzgebung verändert werden kann (Begr. 19). Bemerkt wird noch, daß unter der „gesetzlichen Anzahl" der Mitglieder der zweiten Kammer gemäß S. 2 die zulässige Höchstzahl zu verstehen ist (Sollbestand), nicht die Anzahl der jeweils tatsächlich existierenden Mitglieder (Istbestand). Die Erledigung einzelner Mandate ist daher in dieser Beziehung bedeutungslos.

II. Beschlüsse, die von einem nach S. 2 beschlußunfähigen Hause gefaßt wurden, sind nichtig. Über die Beschlußfähigkeit entscheiden die Kammern. Ihre Feststellung in jedem einzelnen Falle ist nicht erforderlich; sie wird vermutet, solange nicht die Beschlußunfähigkeit förmlich dargetan ist, was auch durch namentliche Abstimmung geschehen kann. Nach der Verkündigung des Beschlusses durch den Kammerpräsidenten kann der Mangel der Beschlußfähigkeit nicht mehr in erheblicher Weise geltend gemacht werden. Diese Sätze entsprechen dem parlamentarischen Brauch und werden insbesondere im Reichstag gehandhabt (vgl. Laband a. a. O. 323 u. Seydel a. a. O.); auch im Landesausschuß waren sie anerkannt (Leoni 79). Die ganze Regelung ist Sache der Geschäftsordnung, die auch abweichende Vorschriften treffen kann, aber keine Bestimmungen aufnehmen darf, durch die das Erfordernis des § 18 S. 2 im praktischen Erfolg illusorisch gemacht würde. Das wäre der Fall, wenn die Geschäftsordnung eine ordnungsmäßige Abstimmung infolge einer Konnivenz der Beteiligten auch dann ermöglichen würde, wenn die Beschlußunfähigkeit der Kammer tatsächlich außer jedem Zweifel steht.[1])

III. Von der Vorschrift des S. 2 werden nicht betroffen die bloßen Beratungen im Gegensatz zur Beschlußfassung. Ihrer Fortsetzung steht mithin auch für den Fall nichts im Wege, daß die Beschlußunfähigkeit der Kammer bereits förmlich festgestellt wurde.

§ 19.

Die Mitglieder des Landtags sind Vertreter des ganzen Volkes und an Aufträge und Instruktionen nicht gebunden.

Niemand kann Mitglied beider Kammern sein.

E. § 19. B. 19. KB. 35.

I. Der Abs. I des Paragraphen ist aus der RV. (Art. 29) übernommen und spricht nur im zweiten Halbsatz eine rechtliche

---

[1]) Wenn der Reichstag mitunter trotz der unzweifelhaft gegebenen Beschlußunfähigkeit Abstimmungen vornimmt, weil eine Bemerkung darüber gemäß § 54 der Geschäftsordnung nicht gemacht wurde, so ist dieses Verfahren unzulässig und verfassungswidrig, wie Laband 323 N. 1 mit Recht hervorhebt.

Anordnung aus; der erste enthält eine politische Formel, die ohne besondere rechtliche Bedeutung ist und — in schiefer Weise — eine Begründung für jene Rechtsvorschrift zu geben sucht (vgl. Laband I § 32 S. 272 f. und Seydel, Bem. zu Art. 29 RV.). Die Mitglieder des Landtags sind im Rechtssinne Vertreter weder des ganzen Volkes, noch ihres Wahlkreises oder Wahlkörpers oder einer sonstigen Organisation; sie sind Angehörige eines zur Mitwirkung bei der Staatstätigkeit und zur Kontrolle derselben berufenen Kollegiums, durch das allerdings einer heute überwundenen Vorstellung zufolge der sog. Wille des Volkes seinen Ausdruck finden sollte. In Wahrheit hat das Volk rechtlich bloß einen gewissen Anteil an der Bildung des Landtags, in dem die größere Anzahl der Mitglieder desselben aus Wahlen hervorgeht. Sobald diese letzteren stattgefunden haben, hört alle Beteiligung des Volkes auf. Eine Folge der dargelegten Sachlage ist der Satz, daß die Landtagsmitglieder an Aufträge und Instruktionen nicht gebunden sind, vielmehr nach ihrer persönlichen Überzeugung zum Wohle des Landes zu stimmen haben. Er gilt für alle Landtagsmitglieder ohne Ausnahme, auch für die kraft Gesetzes berufenen und die vom Kaiser ernannten Mitglieder, die gleichfalls das Interesse des Landes unbekümmert um irgend welche anderen Rücksichten wahrnehmen sollen. Nicht ausgeschlossen wird durch das in der Vorschrift ausgesprochene „Verbot des imperativen Mandats" die Wahl von Abgeordneten auf Grund eines bestimmten Parteiprogramms oder gewisser Erklärungen. Sie ist an sich keineswegs ungültig, aber für den Abgeordneten mit keinerlei rechtlicher Verpflichtung verbunden, selbst wenn er das Mandat tatsächlich als imperatives übernommen hat. Den Wählern ist er niemals Rechenschaft schuldig, und er braucht das Mandat nicht niederzulegen, falls dies von ihnen verlangt werden sollte. Andererseits ist er natürlich ebensowenig der Verpflichtung enthoben, sein Stimmrecht nach Maßgabe seines eigenen Ermessens auszuüben, wenn dieses sich mit dem Inhalt der ihm erteilten Aufträge und Instruktionen nicht deckt. Dem Vorbringen von Wünschen oder Beschwerden einzelner Landstriche oder Wahlkreise durch deren Abgeordneten steht die Vorschrift des Abs. I nicht entgegen, doch hat sich derselbe auch in dieser Beziehung der Einseitigkeit zu enthalten und die höhere Rücksicht auf das Interesse des Ganzen zur Richtschnur zu nehmen.

II. Neben Abs. I. befassen sich mit der rechtlichen Stellung der Landtagsmitglieder noch die §§ 20—22 VG. Erschöpfend ist jedoch diese Regelung nicht; es kommen insbesondere noch eine Reihe reichsgesetzlicher Bestimmungen in Betracht, die auf dem Gebiete der Justiz verschiedene Vorrechte zugunsten von Mitgliedern einer deutschen gesetzgebenden Versammlung festsetzen. Die Landtagsmitglieder können die Berufung zum Schöffen- und Geschworenenamt ablehnen (§§ 35 Z. 1 85 II. des Gerichtsverfassungsgesetzes). Sollen sie während der Sitzungsperiode und ihres Aufenthalts am Orte der Versammlung an einem anderen Orte als Zeugen oder Sachverständige vernommen werden, so bedarf es hierzu der Genehmigung der betreffenden Kammer (§§ 382, 402 ZPO., 49, 72 StPO., 207/8 Reichsmilitärstrafgerichtsordnung). Eine solche Genehmigung ist weiter erforderlich zur Vollstreckung der Zivilhaft gegen Mitglieder des Landtags während der Dauer der Sitzungsperiode (§ 904 Z. 1 ZPO.); auch muß eine bereits eingeleitete Vollstreckung auf Verlangen der Kammer unterbrochen werden (§ 905 Z. 1 ZPO.). Entsprechendes gilt für die Vollziehung des persönlichen Sicherheitsarrestes (§ 933 ZPO.).

Die Landtagsabgeordneten sind verpflichtet, an den Sitzungen der Kammern teilzunehmen und überhaupt ihre Mitgliedschaftsrechte nach bestem Wissen und Können auszuüben. Ausgesprochen ist dies im Gesetz jedoch nicht; es ergibt sich jedoch aus allgemeinen Grundsätzen. Im Falle der Verhinderung haben sie den nötigen Urlaub nachzusuchen. Sie unterstehen der Disziplin der Kammer, die nach Maßgabe der Geschäftsordnung durch den Präsidenten ausgeübt wird.

Die Ausübung der Mitgliedschaftsrechte ist Dritten gegenüber durch die Strafbestimmung des § 106 StGB. geschützt. Wer ein Mitglied des Landtags durch Gewalt oder durch Bedrohung mit einer strafbaren Handlung verhindert, sich an den Ort der Versammlung zu begeben oder zu stimmen, wird mit Zuchthaus bis zu fünf Jahren oder mit Festungshaft von gleicher Dauer bestraft. Sind mildernde Umstände vorhanden, so tritt Festungshaft bis zu zwei Jahren ein.

Für Beamte gilt noch die ergänzende Vorschrift des § 339 III StGB. Ein Beamter ist auch dann strafbar, wenn er die Handlung durch Mißbrauch seiner Amtsgewalt oder Androhung eines bestimmten Mißbrauchs derselben begangen hat.

Die gewaltsame Entfernung von Mitgliedern aus den Kammern

fällt unter § 105 StGB.,[1]) der den Schutz des Landtags und der Kammern als Gesamtheit im Gegensatz zu den einzelnen Mitgliedern bezweckt.

III. Abs. II statuiert den allgemein geltenden Grundsatz der Inkompatibilität (Vgl. G. Meyer 315 N. 22). Er bedeutet nicht, daß die Wahl eines Mitglieds einer Kammer in die andere unzulässig ist; auch hat die vorgenommene Wahl nicht unmittelbar und von Rechts wegen das Ausscheiden aus der andern Kammer zur Folge. Vielmehr handelt es sich um einen Hinderungsgrund, der dem Eintritt in die betreffende Kammer entgegensteht und von dem Gewählten durch persönliche Erklärung beseitigt werden muß. Die Wahl kann immer nur dann angenommen werden, wenn der Gewählte aus der Kammer, der er bisher angehörte, ausgeschieden ist. Der Austritt aus der einen Kammer ist eine unumgängliche Voraussetzung für den Eintritt in die andere (vgl. Bem. IV 2 zu § 6 u. III zu § 8). Die der ersten Kammer kraft Gesetzes angehörenden Personen können also nicht eher Mitglieder der zweiten Kammer werden, bevor sie ihr Amt, mit dem die Mitgliedschaft der ersten verbunden ist, niedergelegt haben. Hinsichtlich der Ernennung zum Mitglied der ersten Kammer gilt Entsprechendes wie für die Wahl; ihr steht die Übertragung eines der in § 6 I Z. I bezeichneten Staats- oder Kirchenämter gleich.

§ 20.

Kein Mitglied des Landtags darf zu irgend einer Zeit wegen seiner Abstimmung oder wegen der in Ausübung seines Berufs getanen Äußerungen gerichtlich oder disziplinarisch verfolgt oder sonst außerhalb der Versammlung zur Verantwortung gezogen werden.

E. § 20. V. 19. KV. 35.

[1]) „Wer es unternimmt, den Senat oder die Bürgerschaft einer der freien Hansestädte, eine gesetzgebende Versammlung des Reichs oder eines Bundesstaats auseinander zu sprengen, zur Fassung oder Unterlassung von Beschlüssen zu nötigen oder Mitglieder aus ihnen gewaltsam zu entfernen, wird mit Zuchthaus nicht unter fünf Jahren oder mit Festungshaft von gleicher Dauer bestraft.

Sind mildernde Umstände vorhanden, so tritt Festungshaft nicht unter einem Jahre ein."

I. Die Vorschrift entspricht dem Art. 30 RV. Ihre Aufnahme in das VG. hätte mit Rücksicht auf die Bestimmung des § 11 RStGB., die materiell mit ihr vollkommen übereinstimmt[1]) und das Privileg der Reichstagsabgeordneten auch den Mitgliedern der Landtage und Kammern der Bundesstaaten sichern sollte, wohl unterbleiben können. Freilich besteht die Tatsache, daß gewisse andere Verfassungen den § 11 „im Interesse der Vollständigkeit" ebenso unnötiger und sogar unzulässiger Weise wiederholen (vgl. G. Meyer 337 N. 14 u. Bem. II zu § 5 VG. S. 48). Das Vorgehen des Gesetzgebers hat zur Folge, daß nunmehr für E.-L. zwei ihrem Inhalte nach identische Vorschriften neben einander bestehen, von denen die eine als gewöhnliches Reichsrecht mit einem das ganze Reichsgebiet umfassenden Wirkungskreis, die andere als besonderes Provinzialreichsrecht für das Landesgebiet erscheint. Ob das Privileg des § 11 den Mitgliedern des Landesausschusses zustand, war bestritten, doch auf Grund des Art. 1 II des Einführungsgesetzes zum RStGB. vom 30. August 1871 ungeachtet der Streitfrage über die rechtliche Stellung des Landes ohne weiteres anzunehmen (vgl. darüber Leoni 72, Laband II § 68 S. 227 u. bezüglich des § 12 RStGB. noch Bem. II zu § 15 VG.). Ein besonderes Recht der freien Meinungsäußerung wird durch die Bestimmungen für die Landtagsmitglieder nicht geschaffen, wie denn überhaupt durch die Vorschriften zugunsten derselben subjektive Rechte nicht begründet werden (Laband I § 37 S. 329 f.).

II. Die parlamentarische Immunität bezieht sich auf die Abstimmung und alle Äußerungen, die ein Mitglied des Landtags in Ausübung seines Berufs vorgenommen hat, und schließt für dasselbe persönlich jede straf- und zivilrechtliche sowie auch eine disziplinarische Verfolgung aus. Er untersteht rechtlich nur der Disziplin der Kammer; tatsächlich kann noch eine sog. politische Verantwortung gegenüber politischen Organisationen begründet sein, die aber jeden Rechtsinhalts entbehrt und nur faktische Folgen nach sich ziehen kann (vgl. Laband I § 37 S. 331 N. 2

[1]) § 11 RStGB. lautet: „Kein Mitglied eines Landtags oder einer Kammer eines zum Reich gehörigen Staats darf außerhalb der Versammlung, zu welcher das Mitglied gehört, wegen seiner Abstimmung oder wegen der in Ausübung seines Berufes gethanen Äußerung zur Verantwortung gezogen werden."

u. Seydel Bem. zu Art. 30 RV., andererseits auch Bem. I zu § 19 VG.).

Äußerungen im Sinne der Vorschriften sind Gedankenausdrücke aller Art, Meinungsäußerungen sowohl als Tatsachenbehauptungen, einerlei ob sie mündlich oder schriftlich oder durch schlüssige Handlungen (Sitzen bleiben beim Kaiserhoch u. a.) erfolgt sind. Tätlichkeiten fallen nicht mehr unter den Begriff der Äußerungen.

Äußerungen in Ausübung des Berufs sind solche, die zur Wahrnehmung der Mitgliedschaftsrechte gemacht sind. Hierher gehören grundsätzlich alle Ausführungen der Landtagsabgeordneten innerhalb der Versammlungen des Landtags, sei es im Plenum, oder in den Abteilungen und Kommissionen, einzelne persönliche Bemerkungen zwischen Mitgliedern jedenfalls nur dann, wenn sie als Bestandteil der Verhandlungen erscheinen und nicht bloß private Einzelgespräche darstellen. Daß die Äußerungen in den Geschäftsräumen des Landtags gefallen sind, ist nicht entscheidend. Der Immunität sind nicht teilhaftig die Äußerungen außerhalb der Verhandlungen desselben, wie Reden und insbesondere Rechenschaftsberichte vor Wählerversammlungen.

Die der Äußerung eines Landtagsmitglieds nach allgemeinen Grundsätzen etwa anhaftende Widerrechtlichkeit oder Strafbarkeit wird durch das Privileg nicht beseitigt. Der Abgeordnete kann nur für seine Person nicht zur Verantwortung gezogen werden. Zivilrechtlich wird sich der Begriff der natürlichen Verbindlichkeit verwerten lassen; strafrechtlich ist ein sog. subjektiver Strafausschließungsgrund gegeben. Beteiligte Dritte können sich auf das Privileg nicht berufen. Wohl aber kann ein Dritter, der eine durch dasselbe gedeckte beleidigende Äußerung eines Abgeordneten erwidert hat, diese behufs Anwendung des § 193 StGB. geltend machen (vgl. auch G. Meyer 338).

Auf die parlamentarische Immunität kann von seiten der Mitglieder des Landtags nicht wirksam verzichtet werden. Andererseits läßt sich das Recht der Zeugnisverweigerung nicht auf dieselbe gründen (vgl. über diese Frage die bei Laband I 331 N. 3 und bei G. Meyer 338 N. 17 angeführte Literatur und über § 11 StGB. überhaupt die Kommentare zum RStGB. von Olshausen und Frank, sowie zu Art. 30 RV. die Bemerkungen von Seydel und Arndt, außerdem Laband I 330f. und G. Meyer 335ff. mit zahlreichen weiteren Nachweisen.

Eine eingehende Darstellung über die Materie gibt Hubrich, Die parlamentarische Redefreiheit und Disziplin [1899]). Die Zulässigkeit der Versetzung eines politischen Beamten in den einstweiligen Ruhestand (Stellung zur Disposition) wird der herrschenden Ansicht nach durch die Vorschrift des § 11 StGB. nicht ausgeschlossen, weil der Beamte durch eine solche Maßregel — die der Regierung durch das Gesetz gerade zu dem Zwecke überlassen sei, um ihr „politische Organe ganz nach ihrem Gefallen zu geben", und die auch der Angabe eines Grundes nicht bedürfe — nicht zur Verantwortung gezogen werde (G. Meyer 337 N. 15; Arndt, Bem. 3 zu Art. 30 RV. und zu Art. 84 PV., ferner in der deutschen Juristenzeitung 1899, 445; Rehm, Juristenzeitung 1900, 112 f.; Geigel, Archiv für öffentliches Recht 17, 446 ff. A. M. Hubrich, Parlamentarische Immunität und Beamtendisziplin [1901]).

§ 21.

Kein Mitglied einer Kammer kann ohne deren Genehmigung während der Sitzungsperiode wegen einer mit Strafe bedrohten Handlung zur Untersuchung gezogen oder verhaftet werden, außer wenn es bei Ausübung der Tat oder im Laufe des nächstfolgenden Tages ergriffen wird.

Jedes Strafverfahren gegen ein Mitglied einer Kammer sowie jede Untersuchungshaft wird für die Dauer der Sitzungsperiode aufgehoben, wenn die Kammer es verlangt.

E. § 21. B. 19. KB. 35.

I. Im Gegensatz zu § 20 enthält § 21 rein prozessuale Vorschriften, und zwar beschränkt er sich — abweichend von Art. 31 RV., dem er nachgebildet ist — auf Bestimmungen des Strafprozeßrechts. Die zivilprozessualen Vorschriften des Art. 31 konnten ausgelassen werden, weil in den §§ 904/5 und 933 ZPO. (vgl. Bem. III zu § 19) ein ausreichender Ersatz dafür vorhanden ist.[1]) Während diese Bestimmungen der ZPO.

[1]) Eine Zivilhaft gibt es heute namentlich im Offenbarungseids- und im Arrestverfahren. Über andere Fälle vgl. §§ 380, 390, 653 II, 676 III

einer allerdings bestrittenen Meinung zufolge bereits für die Mitglieder des Landesausschusses galten, stellt § 20 eine Neuerung dar. Eine allgemeine ihm entsprechende reichsrechtliche Vorschrift für die Landtage und Kammern der Bundesstaaten fehlt. In § 6 N. 1 des Einführungsgesetzes zur StPO. sind nur die bestehenden landesrechtlichen Vorschriften (vgl. G. Meyer 340, insbesondere Note 27 daselbst) aufrecht erhalten. Mit Rücksicht auf ihren landesgesetzlichen Charakter wird von verschiedener Seite die Auffassung vertreten, daß sie nur für die Gerichte des Staates, der sie erlassen habe, verbindlich seien (vgl. G. Meyer 341 und die in Note 31 daselbst angeführte Literatur). Auf E.-L. angewendet, bedeutet diese Auffassung, daß die Gerichte der deutschen Gliedstaaten sich an den § 21 VG. nicht zu halten brauchen.

II. Die Vorschrift soll die Ausübung der Mitgliedschaft gegenüber tendenziösen Maßregeln sichern und umfaßt zwei verschiedene Fälle. In Abs. I handelt es sich um die „Genehmigung" der Kammern, die eine prozessuale Voraussetzung für gewisse gesetzliche Maßnahmen gegen deren Mitglieder ist und von der zuständigen Behörde eingeholt werden muß, jedoch auch von der betreffenden Kammer dem Ersuchen zuvorkommend aus eigenem Antrieb erteilt werden kann (Seydel a. a. O.).[1] Der Abs. II hat es mit einem selbständigen, auf eigener Initiative beruhenden „Verlangen" der Kammern zu tun, das die Behörden verpflichtet, zugunsten von Mitgliedern des Landtags bestimmte Verfügungen zu treffen, durch die in einen gesetzmäßigen Rechtszustand eingegriffen wird. Die Entscheidung über die Ausübung beider Befugnisse ist dem freien Ermessen der Kammern überlassen. Ein Recht der einzelnen Mitglieder des Landtags gegenüber den Kammern oder den mit der Untersuchung befaßten Behörden besteht nicht.

(Haft gegen Zeugen), 888 (Haft zur Erzwingung persönlicher Handlungen), 890 (Haft wegen Zuwiderhandlung gegen Unterlassungs- oder Duldungsverpflichtungen). Vgl. auch § 938 II (einstweilige Verfügungen). § 229 BGB. sieht eine Festnahme zum Zweck der Selbsthilfe vor, die nach § 230 III, IV mit der Freilassung oder dem persönlichen Sicherheitsarrest (§ 933 ZPO.) endigt.

[1]) Gleich der Genehmigung ist auch die „Ermächtigung" der Kammern, die nach § 197 StGB. im Falle einer gegen sie gerichteten Beleidigung nötig ist, eine prozessuale Voraussetzung der Verfolgung (Vgl. Laband I 331 N. 4 und Frank, Bem. II zu § 99 RStGB.).

Die Besonderheiten des § 21 greifen gleich denen der §§ 904 Z. 1, 905 Z. 1 ZPO. in allen Fällen nur für die Dauer der Sitzungsperiode Platz, nämlich für den Zeitraum zwischen der Eröffnung und der Schließung der Kammern, daher auch während einer Vertagung derselben (so die herrschende Ansicht; vgl. Laband I § 37 S. 332, Seydel Bem. I und Arndt Bem. 1 zu Art. 31 RV., G. Meyer 455, alle mit weiteren Nachweisen). Solange die Strafverfolgung auf Grund des § 21 nicht begonnen oder nicht fortgesetzt werden kann, ruht die Verjährung (§ 69 RStGB.; Ges. v. 26. März 1893; vgl. darüber im einzelnen die Bem. der Kommentare von Olshausen und Frank zu § 69).

III. Der Genehmigung der Kammer bedarf es, wenn ein Mitglied derselben während der Sitzungsperiode wegen einer mit Strafe bedrohten Handlung zur Untersuchung gezogen oder verhaftet werden soll. Der Begriff der Untersuchung ist nicht nach dem Rechte der StPO. zu bestimmen. Untersuchungshandlungen gemäß Abs. I sind Amtshandlungen der zuständigen Behörde, die darauf abzielen, nach Feststellung einer strafbaren Handlung den Täter zu ermitteln oder zu bestrafen (Entscheidungen des Reichsgerichts in Strafsachen 24, 206; Seydel, Bem. III 1), einerlei ob zu ihrer Vornahme die Anwesenheit des Abgeordneten erforderlich ist oder nicht. Unter die Vorschrift fallen beispielsweise die Voruntersuchung, die Haussuchung, die Zustellung einer Privatklage (Arndt, Bem. 2 zu Art. 31 RV.), nicht das Vorbereitungsverfahren, soweit es sich nicht auf den Abgeordneten bezieht (G. Meyer 455 N. 11; Arndt a. a. O.), ebensowenig die Verhängung einer Ordnungsstrafe — die eine besondere vorgängige Untersuchung nicht voraussetzt — und Maßnahmen des Verwaltungszwangs, die ja keine Strafe darstellen (Seydel u. Arndt a. a. O.). Dagegen gehört hierher wieder die Disziplinaruntersuchung, da die Bestimmung sich nicht bloß auf eine mit krimineller Strafe bedrohte Handlung bezieht.

Eine Genehmigung ist unter keinen Umständen erforderlich, wenn der Abgeordnete bei Ausübung der Tat oder im Laufe des nächstfolgenden Tages ergriffen wird. Die vereinzelt aufgestellte Meinung, die für diesen Fall eine nachträgliche Genehmigung verlangt, läßt sich aus dem Gesetz nicht begründen (vgl. Seydel, Bem. III 2, Arndt, Bem. 4, G. Meyer 455 und die von ihnen angeführte weitere Literatur). Auch die Fortsetzung einer vor Beginn der Sitzungsperiode eingeleiteten Untersuchung ist ohne Genehmigung zulässig. In beiden Fällen steht es jedoch der betreffenden Kammer frei, die Aufhebung des Strafverfahrens oder der Untersuchungshaft auf Grund des Abs. II zu verlangen. Auf die Verhaftung eines Landtagsmitglieds behufs Vollstreckung einer rechtskräftig erkannten Freiheitsstrafe findet die Vorschrift keine Anwendung (Laband I § 37 S. 332 f.; Seydel Bem. III 2), wie auch die Unterbrechung der Strafhaft gemäß Abs. II nicht gefordert werden kann (Laband 333; Seydel Bem. IV; Arndt Bem. 7, mit weiteren Nachweisen).

Als Voraussetzung der gesetzlichen Zulässigkeit einer Untersuchungshandlung oder Verhaftung kann die Genehmigung durch einen Verzicht des Abgeordneten auf seine prozessuale Immunität nicht ersetzt werden. Ein solcher Verzicht ist ebensowenig wirksam, wie im Falle des § 20 VG. (Arndt Bem. 3).

IV. Der Abs. II hat Bedeutung für die Fälle, in denen eine Genehmigung nicht notwendig oder bereits erteilt ist. Durch die erfolgte Genehmigung wird die Befugnis nicht ausgeschlossen, nachträglich die Aufhebung des anhängigen Strafverfahrens und der angeordneten Untersuchungshaft zu verlangen. Das Strafvollstreckungsverfahren wird, wie schon bemerkt, von der Vorschrift nicht betroffen.

Die Festhaltung eines Landtagsmitglieds in Widerspruch mit der Bestimmung des § 21 ist strafbar (§ 341 StGB.; vgl. Seydel, Bem. IV).

§ 22.

Die Mitglieder des Landtags erhalten eine Entschädigung nach Maßgabe eines Landesgesetzes.

Bis zum Erlasse dieses Gesetzes, längstens jedoch bis zum 1. Juli 1912 erhalten sie die bisher den Mitgliedern des Landesausschusses zustehende Entschädigung.

E. § 22. B. 19. KB. 35.

Die Gewährung einer Entschädigung an die Mitglieder des Landtags entspricht der in den deutschen Bundesstaaten herrschenden Übung (vgl. G. Meyer 351 N. 36) und dem Satz 2 des durch Gesetz vom 21. Mai 1906 (RGBl. 467) abgeänderten Art. 32 RV. Sie soll durch Landesgesetz geregelt werden, das innerhalb der im Abs. II bestimmten Frist zu verabschieden ist, widrigenfalls der Bezug an Diäten und Reisekosten auf Grund der vorläufig aufrecht erhaltenen Vorschriften für die Mitglieder des Landesausschusses (§ 3 Ver. v. 23. März 1875 GBl. 63[1]) bis zur Neuregelung aufhört. Das künftige Gesetz unterliegt denselben Bestimmungen wie alle „Landesgesetze", kann also jederzeit im Wege der Landesgesetzgebung abgeändert werden. Nur das Prinzip der Entschädigung ist reichsrechtlich festgelegt. Tatsächlich kann es durch den Landtag außer Wirksamkeit gesetzt werden.

§ 23.

Der Kaiser kann, während der Landtag nicht versammelt ist, Verordnungen mit Gesetzeskraft erlassen, wenn die Aufrechterhaltung der öffentlichen Sicherheit oder die Beseitigung eines ungewöhnlichen Notstandes es dringend erfordert.

Diese Verordnungen sind dem Landtag bei seinem nächsten Zusammentreten zur Genehmigung vorzulegen. Sie treten außer Kraft, sobald der Landtag die Genehmigung versagt.

E. § 23. B. 19 f. KB. 35.

I. Die Bestimmung regelt das Notstandsverordnungsrecht (vgl. Bem. III zu § 5) des Kaisers für E.-L. in Anlehnung an Art. 63 PV. Sie bietet einen Ersatz für den durch § 27 VG. aufgehobenen § 8 des Gesetzes vom 25. Juni 1873. Diese Vorschrift ermächtigte den Kaiser bis zu anderweitiger

[1]) „Die Tagegelder der Mitglieder des Landesausschusses betragen zwanzig Mark, die Reisekosten werden ihnen nach den Sätzen vergütet, welche ihnen das Gesetz, betr. die Gewährung von Tagegeldern und Reisekosten bei Dienstreisen der Zivilbeamten in Elsaß-Lothringen, vom 3. Februar 1872 (Gesetzbl. S. 124) für die Beamten der I. Klasse festsetzt." Nach § 51 III der Geschäftsordnung für den Landesausschuß vom 7. März 1883 hört im Falle unentschuldigter Abwesenheit sowie eines 3 Tage überschreitenden Urlaubs die Zahlung der Tagegelder auf.

gesetzlicher Regelung, unter Zustimmung des Bundesrats Verordnungen mit gesetzlicher Kraft zu erlassen. Sie waren jedoch verschiedenen Beschränkungen unterworfen. Sie durften nur ergehen, während der Reichstag nicht versammelt war, und waren ihm bei dessen nächstem Zusammentritt zur Genehmigung vorzulegen; für den Fall ihrer Versagung sollten sie außer Kraft treten. Sie durften ferner keine Bestimmungen entgegen der Reichsverfassung oder den in E.-L. geltenden Reichsgesetzen treffen und sich nicht auf solche Angelegenheiten beziehen, in denen nach § 3 II des Gesetzes vom 9. Juni 1871 die Zustimmung des Reichstags erforderlich war („Aufnahme von Anleihen oder Übernahme von Garantien für E.-L., durch welche irgend eine Belastung des Reichs herbeigeführt wird"). Sie waren also bloß für den Bereich der Landesgesetzgebung statthaft und selbst innerhalb desselben noch an die im Wege der Reichsgesetzgebung erlassenen landesrechtlichen Vorschriften gebunden (so Laband II § 69 S. 256 N. 1 gegen Leoni 164, der unter Reichsgesetzen im Sinne des § 8 nur wirkliche reichsrechtliche Bestimmungen versteht). Mit Rücksicht auf die grundsätzliche Ausschaltung des Bundesrats und des Reichstags aus der Landesgesetzgebung (§ 5 VG.) war eine Änderung dieses Verordnungsrechts nicht zu umgehen. Der Landtag rückte dabei in die Stellung des Reichstags ein; die Mitwirkung des Bundesrats kam in Wegfall. Ferner erschien es angebracht, das Verordnungsrecht des Kaisers in der Art eines eigentlichen Notstandsverordnungsrechts entsprechend einem in den deutschen Bundesstaaten bestehenden Rechtszustande (vgl. G. Meyer 577 ff. u. Begr. 20) einzuschränken. In dieser Beziehung folgte man dem Beispiel des preußischen Rechts. Andererseits konnten die den materiellen Inhalt der Verordnungen betreffenden Bestimmungen größtenteils als entbehrlich weggelassen werden. Daß Verordnungen nach § 23 VG. nur das Landesrecht zum Gegenstand haben können und vor allen reichsrechtlichen Vorschriften haltzumachen haben, brauchte nicht besonders ausgedrückt zu werden, ebensowenig, daß sie eine finanzielle Belastung des Reichs nicht herbeizuführen vermögen. Dagegen können in Ermangelung einer entsprechenden Vorschrift nunmehr grundsätzlich alle Bestimmungen des Landesrechts, auch die im Wege der Reichsgesetzgebung erlassenen, auf Grund des § 23 abgeändert oder aufgehoben werden. Die Kompetenzgrenze für die

Notstandsverordnungen deckt sich vollkommen mit der für die formellen Landesgesetze festgesetzten (vgl. darüber Bem. II zu § 5 VG.). Was also durch Landesgesetz angeordnet werden kann, kann auch durch Notstandsverordnung statuiert werden, auch wenn das Verfassungsgesetz von einem „Gesetz" spricht (vgl. §§ 5 III, 22). Wie aber den Landesgesetzen ein Eingriff in die Vorschriften des Verfassungsgesetzes untersagt ist, so dürfen auch die Verordnungen nichts bestimmen, was denselben zuwider läuft (vgl. darüber noch Arndt, Bem. 3 zu Art. 63 PV. und die daselbst angeführte Literatur).

II. Für die Notstandsverordnungen gelten gemäß § 23 VG. folgende Grundsätze:

1. Voraussetzung für den Erlaß von Notstandsverordnungen ist zunächst, daß der Landtag nicht versammelt ist. Sie können also nur während einer Vertagung desselben oder nach Schluß der Sitzungsperiode erlassen werden. Ob diese Voraussetzung zutrifft, läßt sich der bisherigen Übung nach aus dem Gesetzblatt nicht feststellen. Dem Mangel wird zweckmäßigerweise durch eine Bezugnahme auf den § 23 VG. in der Ausfertigung der Verordnung abgeholfen (Laband II 256; Leoni 164). Dadurch kennzeichnet sich die Verordnung als Notstandsverordnung und gibt damit ohne weiteres kund, daß die Voraussetzungen einer solchen vor ihrem Erlaß geprüft und festgestellt worden sind.

2. Eine weitere Voraussetzung ist, daß die Notstandsverordnung zur Aufrechterhaltung der öffentlichen Sicherheit oder zur Beseitigung eines ungewöhnlichen Notstandes dringend erforderlich ist. Die Verordnung muß also ausschließlich imstande sein, diesen Zweck zu erfüllen. Läßt er sich mittels anderer Maßregeln erreichen, oder ist sie überhaupt nicht dazu geeignet, so ist sie unstatthaft. Auf einen Notstand kann eine Verordnung nach § 23 nur dann gegründet werden, wenn infolge besonderer Verhältnisse dem Lande ein schwerer Nachteil droht, der bei pflichtmäßiger Aufmerksamkeit seiner Existenz oder seinem Umfange nach nicht vorausgesehen werden konnte (vgl. Schwartz, Preußische Verfassungsurkunde 207); ein Notstand, der nicht als ungewöhnlicher bezeichnet werden kann, weil er sich vielleicht schon mehrfach ereignet hat, reicht nicht aus. Bloße Zweckmäßigkeitsrücksichten vermögen den Erlaß einer Notstandsverordnung nicht zu rechtfertigen, selbst wenn dem Lande da-

durch erhebliche Vorteile erwachsen würden. Daß der Notstand sich auf das ganze Land bezieht, ist nicht erforderlich; die Notlage einzelner Gegenden, die etwa durch Naturereignisse, wie Unwetter, Überschwemmungen u. dgl. heimgesucht wurden, kann eine Notstandsverordnung erheischen. Unter allen Umständen ist das Erfordernis der Dringlichkeit zu beachten. Kann der Sachlage nach das Wiederzusammentreten des Landtags abgewartet werden, so ist von einer Notstandsverordnung abzusehen. In Fällen von größerer Wichtigkeit ist zu erwägen, ob nicht die Einberufung des Landtags zu einer außerordentlichen Sitzungsperiode einen Erfolg verheißt. Für die Einhaltung der Voraussetzungen des Notstandverordnungsrechts ist die Regierung in der Person des Statthalters, oder, wenn der Staatssekretär vertretungsweise die Verordnung gegengezeichnet hat, in der Person des letzteren verantwortlich. Die Wirksamkeit einer erlassenen Notstandsverordnung wird durch den Mangel ihrer sachlichen Voraussetzungen nicht in Frage gestellt, wenn eine solche Verordnung auch als Verfassungsbruch erscheint.

3. Die Notstandsverordnungen sind im Gesetzblatt für E.-L. zu verkündigen und mit formeller Gesetzeskraft ausgestattet. Diese ist jedoch vorderhand keine endgültige wie diejenige formeller Gesetze: sie ist vielmehr von einer Resolutivbedingung abhängig, die in der Versagung der Genehmigung durch den Landtag besteht (sog. provisorische oder interimistische Gesetzeskraft). Mit Eintritt der Bedingung tritt die Verordnung für die Zukunft außer Kraft; durch ihren Ausfall wird die Wirksamkeit derselben der formellen Gesetzeskraft gleichgestellt.

Zur Herbeiführung ihrer Genehmigung sind die Notstandsverordnungen dem Landtag bei seinem nächsten Zusammentreten vorzulegen. Er hat zu prüfen, ob die Voraussetzungen für den Erlaß der Verordnung gegeben waren, und ob diese vom legislatorischen Standpunkte aus beizubehalten ist. Erteilt er die Genehmigung, so wird dieselbe nicht, wie man sich oft ungenau ausdrückt (vgl. z. B. Leoni a. a. O. und dagegen Laband II 257 N. 1) zum Gesetz; sie bleibt formell eine Verordnung. Ihre provisorische Gesetzeskraft ist aber nunmehr eine endgültige, und gleichzeitig ist die Regierung von ihrer Verantwortlichkeit entlastet. Die Aufhebung der Verordnung ist nur durch formelles Gesetz zulässig; an dessen Stelle kann aber unter den Voraussetzungen des § 23 wieder eine Verordnung treten. Wird die Genehmigung auch nur von einer der beiden Kammern versagt, so ist damit die Verordnung von Rechts wegen beseitigt, ohne daß es einer förmlichen Aufhebung derselben bedarf; eine Rückwirkung auf den Zeitpunkt ihres Erlasses findet nicht statt, so daß die auf sie gegründeten Rechtsverhältnisse bei Bestand bleiben. Der Versagungsbeschluß ist im Gesetzblatt zu verkündigen; für die Genehmigung ist dies zwar nicht rechtlich geboten (Laband II 257) — da die Wirksamkeit der Verordnung fortdauert —, im Hinblick auf die bisherige Übung hinsichtlich der nach § 8 des Gesetzes vom 25. Juni 1873 erlassenen Verordnungen (vgl. Leoni 164 N. 4) aber empfehlenswert.

§ 24.

In Elsaß-Lothringen dürfen Eisenbahnen, die dem öffentlichen Verkehre dienen, nur vom Reiche oder mit dessen Zustimmung gebaut werden.

Soweit das Reich selbst Eisenbahnen baut oder betreibt, steht die Ausübung der auf den Bau und Betrieb der Eisenbahnen sich beziehenden Rechte der Reichsverwaltung zu. Entstehen über den Umfang dieser Rechte Meinungsverschiedenheiten zwischen der Reichs- und der Landesverwaltung, so entscheidet hierüber der Bundesrat.

Werden durch den Bau neuer oder die Veränderung bestehender Eisenbahnen die Verkehrsinteressen des Landes berührt oder wird durch die Herstellung neuer oder die Veränderung bestehender Eisenbahnanlagen in den Geschäftsbereich der Landespolizei eingegriffen, so dürfen die Entscheidungen der Reichsverwaltung nur nach Anhörung der Landesbehörden ergehen. Das Gleiche gilt für die Entscheidungen über die Zulässigkeit der Enteignung. In den Entscheidungen ist festzustellen, daß die Landesbehörden gehört sind.

E. § 21. B. 20ff. KB. 35ff. SB. 4226.

I. Zur Zeit der Abtretung Elsaß-Lothringens an das Deutsche Reich wurden die e.-l. Eisenbahnen auf Grund einer vom französischen Staat erteilten Konzession, die am 27. November 1954 erlöschen sollte, von der französischen Ostbahngesellschaft (Compagnie des chemins de fer de l'Est) betrieben. Im Zusatzartikel I zum Friedensvertrag vom 10. Mai 1871 verpflichtete sich die französische Regierung, von dem ihr zustehenden Rückkaufsrechte der Konzession Gebrauch zu machen; die Rechte aus dem Rückkauf sollten gegen Zahlung einer Summe von 325 Millionen Franken auf das Deutsche Reich übergehen. Durch die Ausführung dieser Vereinbarung erwarb das letztere die Vermögensrechte, die der Ostbahngesellschaft gehört hatten und kraft des Rückkaufs an den französischen Staat gefallen waren.[1]) Die in der Konzession enthaltenen öffentlich-rechtlichen Befugnisse kamen als selbständige aus der Staatsgewalt abgezweigte Rechte mit jenem Erwerbe formell zum Erlöschen. Dagegen vereinigte das Reich in seiner Hand nunmehr unbeschränkt und ausnahmslos alle Befugnisse, die dem Staate nach dem französischen Verwaltungsrecht in Ansehung der Eisenbahnen überhaupt zustehen konnten, und deren Inbegriff man als die Eisenbahnhoheit bezeichnet. Die Konzessionsrechte der Ostbahngesellschaft besaß es auf Grund der Abtretung gemäß den Bestimmungen des Zusatzartikels seit dem Tage der Ratifikation des Frankfurter Friedensvertrags (20. Mai 1871), alle übrigen Hoheitsrechte bereits seit der Ratifikation des Präliminarfriedens von Versailles (2. März 1871) und auf Grund desselben. An diesen Rechten hat das Reich bis heute festgehalten; es hat niemals die Stellung eines bloßen Konzessionärs des Landes eingenommen.[2]) Die Gesetze vom 9. Juni und vom 30. Dezember 1871 sowie das Gesetz vom 4. Juli 1879 ließen den dargelegten Rechtszustand unberührt und ein Gleiches gilt von der Einführung der Reichsverfassung (1. Januar 1874) und der schon vorher erfolgten Einführung des das Eisenbahnwesen

---

[1]) Dazu gehörte nicht das Eigentum am Bahnkörper, der domaine public war (Art. 538 code civil) und nunmehr im Eigentum des Reichs steht.

[2]) Konzessionär ist das Reich bloß gegenüber dem Staate Luxemburg, seitdem es die Verwaltung und den Betrieb der Wilhelm-Luxemburg-Bahn an Stelle der Ostbahngesellschaft übernommen hat (Übereinkunft v. 11. Juni 1872. Ges. v. 15. Juli 1872 — RGBl. S. 329).

im Reich betreffenden Abschnitts VII derselben (vgl. Gesetz v. 11. Dezember 1871 und dazu Otto Mayer, Archiv für öffentliches Recht 15, 541 sowie Rosenberg, Annalen des Deutschen Reichs 1902, 11. Neue Rechte konnte das Reich in bezug auf die e.-l. Eisenbahnen nicht erwerben). Hatte E.-L. auch eine besondere Landesverwaltung erhalten und die Scheidung zwischen der Zuständigkeit des Reichs auf Grund der RV. und derjenigen der Einzelstaaten praktische Bedeutung für das Land gewonnen, so blieb doch dem Reich die Wahrnehmung der staatlichen Hoheitsrechte in Ansehung seiner Eisenbahnen vorbehalten. Die Reichseisenbahnen in E.-L., deren Netz seit 1871 bedeutend erweitert wurde, waren nach wie vor und verbleiben auch unter der Herrschaft des § 24 VG. Staatsbahnen in der unmittelbaren Verwaltung des Reichs, und zwar ist diese Verwaltung von jeher nicht bloß eine technische und wirtschaftliche, sondern eine mit allen aus der Eisenbahnhoheit fließenden Befugnissen ausgerüstete obrigkeitliche Verwaltung. Sie ist dem Reichskanzler unterstellt, der an die Stelle des französischen Ministers der öffentlichen Arbeiten getreten ist. Durch Erlaß vom 27. Mai 1878 (RGBl. 1879 S. 193) wurde zur Wahrnehmung der dem Reichskanzler obliegenden Geschäfte das Reichsamt für die Verwaltung der Reichseisenbahnen[1]) errichtet, eine dem Reichskanzler untergeordnete oberste Reichsbehörde, deren Vorstand nach Maßgabe des Stellvertretungsgesetzes vom 17. März 1878 (vgl. die Bem. zu § 4) zum Stellvertreter desselben bestellt werden kann. Von ihr ressortiert die Kais. Generaldirektion der Reichseisenbahnen in E.-L. zu Straßburg, die seit dem 9. Dezember 1871 besteht (RGBl. 480); ihr obliegt der vollständige Ausbau, die Verwaltung und der Betrieb der Reichseisenbahnen[2]). Die e.-l. Landesbehörden waren niemals

[1]) Das von ihm verschiedene Reichseisenbahnamt (Ges. v. 27. Juni 1873 — RGBl. S. 164) hat im Rahmen der durch die RV. bestimmten Kompetenz des Reichs das diesem zustehende Aufsichtsrecht wahrzunehmen, für die Ausführung der bestehenden reichsrechtlichen Vorschriften zu sorgen und auf die Abstellung der auf dem Gebiete des Eisenbahnwesens hervorgetretenen Mängel und Mißstände hinzuwirken.

[2]) Zur Beratung über besonders wichtige Verkehrsfragen ist der Generaldirektion der Reichseisenbahnen ein Eisenbahnausschuß beigegeben, der jährlich zu zwei ordentlichen und nach Bedürfnis zu außerordentlichen Sitzungen zusammentritt und aus Vertretern des Handels, der Landwirtschaft und der Industrie besteht.

an der Verwaltung der Reichseisenbahnen beteiligt; ebensowenig üben sie in Ansehung derselben die in der Eisenbahnhoheit liegenden Befugnisse aus. Insbesondere ist die Meinung abzulehnen, daß der Statthalter gemäß § 2 des Gesetzes vom 4. Juli 1879 auch in dieser letzteren Beziehung Rechtsnachfolger des Reichskanzlers geworden sei (Rosenberg a. a. O. 9); es handelt sich eben nicht um eine e.-l. Landesangelegenheit, sondern um eine Angelegenheit des Reichs. Nur soweit dieses auf die Ausübung seiner Eisenbahnhoheit verzichtete (vgl. dazu das in den Verhandlungen des Landesausschusses, 30. Session — 1903 — Bd. II S. 182 mitgeteilte Programm für künftige Eisenbahnlinien in E.-L., das im Einvernehmen zwischen Reichs- und Landesverwaltung im Mai 1902 festgestellt wurde, sowie KB. 37), standen dem Statthalter die Befugnisse des Ministers der öffentlichen Arbeiten in Eisenbahnangelegenheiten zu. Nur insoweit konnte man auch von einer e.-l. Eisenbahnhoheit reden (vgl. über die ganze, nicht unbestrittene Frage außer den angeführten Abhandlungen von Otto Mayer, Archiv 15, 511 ff. und von Rosenberg, Annalen 1902, 1 ff. noch Wißmann, Enteignungshoheit und Reichseisenbahnen in Elsaß-Lothringen (Straßb. Diss. 1906) 28 ff., Bruck III 159 ff., namentlich aber Verhandlungen des Landesausschusses, 31. Session — 1904 — Bd. III S. 681, 691, 1096 f. und 1204 ff. [Rede des Unterstaatssekretärs Petri, dessen Ausführungen sich mit den vorstehenden Darlegungen decken, aber von den Abgeordneten Preiß und Blumenthal bekämpft wurden]. Hervorgerufen wurden diese Verhandlungen durch § 86 des dem Landesausschuß vorgelegten Entwurfs eines — nicht zur Verabschiedung gekommenen — Enteignungsgesetzes, der die besondere Rechtsstellung des Reichs in Eisenbahnangelegenheiten anerkannte [vgl. die Verhandlungen der 31. Session Bd. I Vorlage Nr. 2 S. 23 und S. 79 ff.]).

Die Vorschrift des § 24 VG. enthält im wesentlichen eine Kodifikation des bisherigen Rechts, die man für zweckmäßig hielt, um Ansprüchen vorzubeugen, die etwa aus dem Verfassungsgesetz hergeleitet werden möchten und mit dem staatsrechtlichen Charakter der Reichseisenbahnen nicht vereinbar wären. In bezug auf ihren Inhalt wurde von seiten der verbündeten Regierungen in der Reichstagskommission geltend gemacht, daß die Eisenbahnhoheit dem Reiche verbleiben müsse teils im

Interesse Elsaß-Lothringens selbst, weil die Eisenbahnen kleinerer Länder erfahrungsgemäß stets mit Schwierigkeiten zu kämpfen hätten teils aus politischen und militärischen Gründen (KB. 36). Würden die Eisenbahnen dem Lande überlassen, so würden die wirtschaftlichen Interessen fraglos in den Vordergrund gerückt, und das könnte mit Rücksicht auf die Reichsverteidigung zu mancherlei Unzuträglichkeiten führen. Andererseits habe das Voranstellen militärischer Gesichtspunkte dem Lande und seinem Verkehr keineswegs geschadet. Auch biete die Bestimmung des Abs. III eine genügende Garantie gegen die Unterdrückung der Verkehrsinteressen. Indem der Reichsverwaltung die Verpflichtung auferlegt werde, in einem über die bisherige Übung hinausgehenden Umfange vor ihren Entscheidungen die Landesbehörde zu hören, sei die Rechtsstellung des Landes erheblich verbessert. Eine weitere Verbesserung stelle die durch Abs. II S. 2 erfolgte Berufung des Bundesrats zum Schiedsrichter bei Meinungsverschiedenheiten zwischen der Reichs- und der Landesverwaltung dar (KB. 36 ff.).

II. Nach § 24 ist zu unterscheiden zwischen den Eisenbahnen, die das Reich selbst baut oder betreibt, und allen übrigen. Hinsichtlich der ersteren liegt die Wahrnehmung der die Eisenbahnhoheit bildenden Befugnisse gemäß Abs. II S. 1 den Reichsbehörden ob. Dies hat namentlich zur Folge, daß eine Genehmigung zum Bau und Betrieb dieser Eisenbahnen von seiten der Landesverwaltung nicht erforderlich ist. Das Reich hat hier grundsätzlich dieselbe Stellung wie ein Bundesstaat, der innerhalb seines Gebiets Staatsbahnen betreibt. Hinsichtlich der nicht vom Reiche gebauten oder betriebenen Eisenbahnen sind die Landesbehörden für die Ausübung der staatlichen Hoheitsrechte zuständig, wie aus der zuletzt angeführten Bestimmung geschlossen werden muß. Das bedeutet jedoch nicht, daß Elsaß-Lothringen in diesem Falle der wahre und eigentliche Träger der Eisenbahnhoheit ist. Es ist kein selbständiger Staat und kann somit auch keine besondere ihm eigene Eisenbahnhoheit haben. Sie ruht in Wirklichkeit beim Reich, gleich allen anderen Hoheitsrechten, die von den e.-l. Behörden ausgeübt werden; sie ist dem Lande bloß der Ausübung nach übertragen. Es gibt in E.-L. nicht zwei verschiedene Eisenbahnhoheiten nebeneinander, sondern nur eine und dieselbe, deren Handhabung aber bald der Reichsverwaltung, bald der

Landesverwaltung überlassen ist. Wo diese letztere zuständig ist, hört die Kompetenz der ersteren auf, soweit sie sich nicht auf die RV. und andere reichsrechtliche Vorschriften gründet.

Die Eisenbahnen, die dem Vorstehenden zufolge der Landesverwaltung unterstellt sind, dürfen nur mit Zustimmung des Reichs gebaut werden. Dieser in Abs. I zum Ausdruck gebrachte Satz ergibt sich aus dem in E.-L. eingeführten Staatsbahnsystem und soll die organische Weiterentwickelung des Eisenbahnnetzes des Landes sichern sowie der Erhaltung der wirtschaftlichen Leistungsfähigkeit der bestehenden Reichsbahnlinien dienen (KB. 36, Begr. 21). Er gilt für alle öffentlichen Eisenbahnen, für welche die Landesverwaltung zuständig ist, ohne Rücksicht darauf, ob sie vom Lande selbst oder einem konzessionierten Unternehmer gebaut werden, ob sie Lokalbahnen sind oder dem Fernverkehr dienen, ob es sich um Hauptbahnen oder Nebenbahnen handelt. Soll eine für den Privatverkehr gebaute Eisenbahn dem öffentlichen Verkehr übergeben werden, so ist dem Sinne des Gesetzes nach die gleiche Genehmigung erforderlich (Begr. 21).

Die Zustimmung des Reichs hat nicht den Charakter einer Konzession. Einer solchen bedarf es nach einem allgemeinen das Recht der Eisenbahnen beherrschenden Grundsatz zum Bau und Betrieb von öffentlichen Eisenbahnen durch Privatunternehmer oder fremde Staaten. Die Eisenbahnunternehmungen sind nicht Gewerbe, die dem Prinzip der Gewerbefreiheit unterstehen (vgl. § 6 der Gewerbeordnung). Mit Rücksicht auf die Bedeutung der Eisenbahnen für den Staat und die Volkswirtschaft, auf die aus ihrem Betrieb entspringenden Gefahren und die verschiedenartigen Eingriffe in fremde Interessen, die ihr Bau und ihr Betrieb notwendig mit sich bringt, wird das Unternehmungsrecht stets vom Staate besonders verliehen. Elsaß-Lothringen braucht eine Konzession ebensowenig wie das Reich. Andererseits kann die Reichsverwaltung niemals selbst das Eisenbahnunternehmungsrecht verleihen, sondern nur die e.-l. Landesverwaltung. Denn die Ausübung der Eisenbahnhoheit steht dem Reiche nur insoweit zu, als es selbst Eisenbahnen baut oder betreibt. Hält es also den Bau einer Eisenbahn für zweckmäßig, so ist es auf die positive Mitwirkung des Landes angewiesen, wenn es den Bau nicht selbst vornehmen will. Die Zustimmung des Reichs ist nur Voraussetzung dafür, daß die

Landesverwaltung die Konzession erteilen oder zum Bau einer eigenen Bahn schreiten darf. Wird die Zustimmung unter Bedingungen erteilt, so hat sich die Landesverwaltung bei der Verleihung des Unternehmungsrechts an dieselben zu halten. Die Landesverwaltung ist aber nicht nur in der angegebenen Weise gebunden; ihre Zuständigkeit steht ganz im Ermessen der Reichsverwaltung und tritt erst in Wirksamkeit, wenn diese letztere den Bau einer Eisenbahn freigegeben hat. Als besondere Delegation der Kompetenz für den Einzelfall ist diese Erklärung nicht aufzufassen; die Zuständigkeit der Landesverwaltung ist ein und für allemal durch das Gesetz festgelegt und lediglich durch die Freigabe des Baues von seiten des Reichs bedingt. Übernimmt das Reich den Betrieb einer konzessionierten Bahn, so kommt die Zuständigkeit der Landesverwaltung in Wegfall, und an ihre Stelle tritt die Reichsverwaltung.

III. Den wesentlichen Inhalt der Eisenbahnhoheit bilden folgende Befugnisse:

1. Das Recht des Staates, öffentliche Eisenbahnen selbst zu bauen und zu betreiben oder dieses Unternehmen durch Konzession — oder, wenn es sich um fremde Staaten handelt, durch Staatsvertrag — an Dritte zu übertragen (vgl. über Eisenbahnkonzessionen Fritsch [Gleim] in v. Stengels Wörterbuch des deutschen Staats- und Verwaltungsrechts — 2. A. — I 661 ff.). Nach Art. 1 des Gesetzes vom 27. Juli 1870, das jedoch infolge der Besetzung Elsaß-Lothringens durch die deutschen Truppen für die von ihr am 8. bezw. 9. August 1870 betroffenen Teile des Landes keine Geltung mehr erlangen konnte (vgl. Möllers Gesetzsammlung II 1006 N. 1), ist zur Ausführung aller großen öffentlichen Arbeiten und insbesondere der Eisenbahnen (mit Ausnahme der Zweigeisenbahnen von weniger als 20 km Länge) eine Ermächtigung durch Gesetz erforderlich, gleichgültig, ob der Unternehmer der Staat oder ein Dritter ist. Wo das Gesetz nicht gilt oder nicht Anwendung findet (vgl. Art. 2: öffentliche Arbeiten der Bezirke und Gemeinden), hat es bei der Bestimmung des Art. 4 des Senatuskonsults vom 25. Dezember 1852, der statt eines Gesetzes nur eine landesherrliche Verordnung verlangt, sein Bewenden. Einer von der ständigen Praxis befolgten Entscheidung des Reichsoberhandelsgerichts vom 25. Februar 1876 (Puchelts Zeitschrift für französisches Zivilrecht 7, 680) gemäß genügt eine

Kais. Verordnung auch für alle Unternehmungen des Reichs (vgl. auch Möller II S. 542 N. 2 zu dem Gesetz, betr. die Zwangsenteignung vom 3. Mai 1841, sowie Molitor, Gesetz für E.-L., betr. die Änderung verschiedener Justizgesetze vom 13. Februar 1905 (Justiznovelle) S. 22 — Vorbem. 1c zu § 40a des Ausführungsgesetzes zum BGB.).[1] Die Gegenzeichnung der Verordnung liegt in diesem letzteren Falle dem Reichskanzler ob. Im übrigen ist die Vollziehung derselben dem Statthalter als landesherrliche Befugnis übertragen (Ver. v. 23. November 1907; vgl. die Bem. zu § 3 VG.); er hat auch die nach dem oben erwähnten Gesetz von 1870 ergehenden Gesetze gegenzuzeichnen. Die Gesetze und Verordnungen werden auf Grund eines Vorverfahrens erlassen, in dem die Gemeinnützigkeit der vorzunehmenden Arbeiten festgestellt wird (Molitor a. a. O. mit weiteren Nachweisen). Sie bilden auch die Grundlage, für die zur Ausführung des Unternehmens notwendigen Enteignungen. Das Enteignungsrecht ist ein Hilfsrecht des öffentlichen Unternehmens, gleich den übrigen mit diesem verbundenen Zwangsrechten (Recht zum Betreten von Grundstücken zwecks Vorbereitung eines öffentlichen Unternehmens und zur vorübergehenden Besitznahme von solchen, Recht zur Entnahme von Baumaterialien; vgl. Art. 3 des Ges. über die Bahnpolizei v. 15. Juli 1845, Molitor a. a. O. S. 20 — Bem. 1b 2 zu § 40a — und insbesondere noch Otto Mayer a. a. O. 514 ff., namentlich 520 ff. — Wegeveränderungsrecht —), wenn es auch nicht schlechterdings dem Unternehmer als solchem, sondern ausschließlich dem Staate zusteht. Seine „akzessorische" Natur bringt es mit sich, daß die Verfügung über die Enteignung bei Reichsbahnen in der Hand der Reichsverwaltung und nicht der Landesverwaltung liegt, die bloß für konzessionierte oder Landesbahnen zuständig ist (O. Mayer a. a. O. 544; Verhandlungen des Landesausschusses, 31. Session I Vorlage N. 2 S. 80 u. II 1205; Wißmann a. a. O. 49 ff.; Bruck I 161; Begr. 21. A. M. Leoni 89 N. 2 und Rosenberg a. a. O. 9. Vgl. dazu die Kritik von Wißmann 54 ff.) Die Reichsverwaltung stellt also hinsichtlich der Reichseisenbahnen in allen Fällen den Enteignungsfall fest, d. h. sie erklärt in der Form einer Kais. Ver-

[1]) Die Sätze des Budgetrechts werden durch die angeführten Bestimmungen nicht berührt.

ordnung, deren Gegenzeichnung dem Reichskanzler obliegt, die Enteignung für zulässig. Sie bestimmt auch endgültig über den Umfang und den Gegenstand der Enteignung. Dadurch wird jedoch die Mitwirkung der Landesbehörden im Enteignungsverfahren nicht ausgeschlossen. Sie haben die vom Reich verfügte Enteignung den von ihr betroffenen Privaten gegenüber durchzuführen. Hierher gehört der Erlaß des Abtretbarkeitsbeschlusses durch den Bezirkspräsidenten, der Erlaß des Enteignungsurteils durch das zuständige Gericht, die Festsetzung der zu gewährenden Entschädigung durch die dazu berufene Geschworenenbank (vgl. dazu das Gesetz betr. die Zwangsenteignung v. 3. Mai 1841 nebst den Bemerkungen bei Möller II 542 ff., desgleichen Wißmann 7—27, insbesondere 15 ff. und die Begr. 22, über die Enteignung überhaupt O. Mayer, Deutsches Verwaltungsrecht II 3 ff.). In Ansehung der übrigen Zwangsrechte ist die Zuständigkeit zwischen Reichs- und Landesverwaltung entsprechend abzugrenzen.

2. Das Recht der Feststellung oder Genehmigung des Eisenbahnbauplans. Es handelt sich dabei nicht allein um die Ausgestaltung der Bahnanlage im einzelnen, sondern auch um die Frage, „ob und welche Ersatz- und Sicherungsanlagen aus Anlaß des Bahnbaues im öffentlichen Interesse an anderen öffentlichen Anlagen oder an Privatgrundstücken vorzunehmen sind" (Begr. 21). Nach dem Bauplan bestimmen sich insbesondere Umfang und Gegenstand der notwendigen Enteignungen sowie die vorzunehmenden Wegeveränderungen. Das dem Reiche nach § 24 I zustehende Recht der Zustimmung begreift in sich die Befugnis zur Genehmigung des Bauplans für alle ihm nicht gehörigen Linien. Daneben ist für die Konzessionäre des Landes noch die Genehmigung der Landesverwaltung erforderlich. Die Baupläne für Reichseisenbahnen werden einseitig vom Reiche aufgestellt. Das Erfordernis der Genehmigung bezieht sich natürlich auch auf die Veränderungen bestehender Bahnanlagen.

3. Das Recht, die Eisenbahntarife aufzustellen oder zu genehmigen (vgl. darüber Fleck, Eisenbahntarife, in v. Stengels Wörterbuch des deutschen Staats- und Verwaltungsrechts — 2. A. — I 686 ff.). Eine Genehmigung kommt für die konzessionierten Privateisenbahnen in Betracht; sie wird von der Landesverwaltung erteilt. Dem Reiche steht, abgesehen von

den Reichseisenbahnen, nur die Kontrolle über das Tarifwesen zu. In § 6 der Eisenbahnverkehrsordnung vom 23. Dezember 1908 (RGBl. 1909 S. 93) sind gewisse allgemeine Vorschriften über die Tarife aufgestellt.

4. Die Befugnisse der Bahnpolizei (vgl. darüber Fritsch [Gleim], Eisenbahnpolizei, in v. Stengels Wörterbuch I 664 f.). Für E.-L. insbesondere greifen die Bestimmungen des Gesetzes über die Eisenbahnpolizei vom 15. Juli 1845 (vgl. dazu die Bemerkungen bei Möller II 627 ff.) Platz, soweit sie nicht durch reichsrechtliche Vorschriften beseitigt sind. Dem Reiche ist innerhalb der Grenzen seiner Zuständigkeit der Erlaß von Eisenbahnpolizeiverordnungen vorbehalten, und es hat dementsprechend an Stelle früherer Bestimmungen die Eisenbahnbau- und Betriebsordnung vom 4. November 1904 (RGBl. 387) erlassen. Neben ihr sind noch landesrechtliche Verordnungen zulässig, sofern nicht das Reichsrecht dem entgegensteht. Hinsichtlich der Reichseisenbahnen stehen die bahnpolizeilichen Befugnisse, namentlich auch die im Eisenbahnpolizeigesetz begründeten, den Reichsbehörden zu. Sie vereidigen die Eisenbahnpolizeibeamten (§ 74 der Bau- und Betriebsordnung) und übertragen ihnen hierdurch die Polizeigewalt[1]); sie üben auch die Aufsicht über die Ausführung der bestehenden polizeilichen Vorschriften aus. Die Kompetenz der Landesverwaltung beschränkt sich auf die vom Reiche freigegebenen Bahnen, deren Polizeibeamte auch von den Landesbehörden zu vereidigen sind.

Die aus der französischen Zeit überkommene landesrechtliche Regelung der staatlichen Hoheitsrechte an den Eisenbahnen ist nicht vollkommen und erschöpfend, bedarf vielmehr in nicht geringem Maße der Ergänzung durch Rechtssätze, die für andere Einrichtungen festgesetzt sind.[2]) Da bei dieser Sachlage Meinungsverschiedenheiten über den Umfang der dem Reich an seinen Eisenbahnen zustehenden Hoheitsrechte möglich sind, trifft Abs. II S. 2 für deren Beilegung Vorsorge, indem er die Entscheidung

---

[1]) Die Polizeibeamten der Wilhelm-Luxemburg-Bahn werden von den Luxemburgischen Staatsbehörden vereidigt.

[2]) Vgl. Art. 1 des Ges. v. 15. Juli 1845, der die vom Staate erbauten oder konzessionierten Eisenbahnen dem großen Straßenwesen zuweist. In den folgenden Art. werden die für dieses erlassenen Gesetze und Verordnungen vielfach für die Eisenbahnen anwendbar erklärt. Die Wegehoheit gab die Form für die Eisenbahnhoheit; diese hat sich aus jener entwickelt.

zweckmäßiger Weise dem Bundesrat überträgt, dessen Kompetenz als Verwaltungsgerichtshof dadurch erweitert wird (vgl. über dieselbe Laband I 244 ff., insbes. aber noch Art. 76 I RV., der dem Bundesrat die Erledigung von Streitigkeiten zwischen verschiedenen Bundesstaaten zuweist. Ob der Bundesrat selbst eine Entscheidung fällen oder den Streit nur auf eine andere Weise (Vergleich, Schiedsgericht) erledigen kann, ist streitig — Arndt, Bem. 6 zu Art. 76 mit Nachweisen. Die vor ihn gebrachten Fälle, darunter auch Eisenbahnstreitigkeiten, wurden nicht von ihm selbst entschieden. — Seydel, Bem. I. Die bisherige verwaltungsgerichtliche Zuständigkeit des Bundesrats in Landesangelegenheiten ergibt sich aus § 9 I des Verwaltungsgesetzes v. 30. Dezember 1871 — recours comme d'abus —).

IV. Zur Wahrung der Interessen des Landes legt Abs. III der Reichsverwaltung die Verpflichtung auf, vor ihren Entscheidungen die Landesbehörden mit ihren gutachtlichen Äußerungen zu hören, wenn durch den Bau neuer oder die Veränderung bestehender Eisenbahnen die Verkehrsinteressen des Landes berührt werden, oder durch die Herstellung neuer oder die Veränderung bestehenden Eisenbahnanlagen in den Geschäftsbereich der Landespolizei eingegriffen wird, und allgemein, wenn die Zulässigkeit der Enteignung ausgesprochen werden soll. Aus der Begründung (23) sind hierzu folgende bemerkenswerte Ausführungen zu entnehmen: Als Entscheidungen von allgemeinem Verkehrsinteresse kommen insbesondere in Betracht die Entschließungen darüber, ob eine Bahn gebaut werden soll oder nicht, ob die Bahn vom Reiche zu bauen ist oder einem Unternehmer konzessioniert werden kann, ob die Linie eingleisig oder zweigleisig, für den Personen-, den Güterverkehr oder für beides herzustellen ist, wo und in welchem Umfange Stationen eingerichtet werden sollen und dergleichen. Nicht als Fragen des allgemeinen Verkehrsinteresses sind dagegen anzusehen Maßnahmen, die lediglich zur Verbesserung des inneren Eisenbahnbetriebs dienen, wie beispielsweise der Bau einer Verbindungskurve oder die Verbesserung der Krümmungs- und Steigungsverhältnisse auf einer bestehenden Bahnlinie, ferner Anlagen, die nur lokale Bedeutung haben und auch nach keiner Richtung in das Gebiet der Landespolizei übergreifen, wie z. B. Bahnsteigunterführungen, Bahnsteighallen, Rampen- und Kranenanlagen, die Grundrißgestaltung für Empfangsgebäude und Abfertigungsgebäude und ähnliches. Wo aber eine Eisenbahnanlage gleichzeitig auch den von den Landesbehörden wahrzunehmenden Aufgaben dient, wie dies insbesondere bei Wege-Über- und Unterführungen oder bei der Kreuzung mit öffentlichen Wasserläufen der Fall ist, sind vor der Planfeststellung wieder die mitbeteiligten Landesbehörden zu hören. Welche Behörden in Frage kommen, ergibt sich aus der Organisation der Landesverwaltung.

§ 25.

Das Gesetz, betreffend die Gleichberechtigung der Konfessionen in bürgerlicher und staatsbürgerlicher Beziehung, vom 3. Juli 1869 (Bundes-Gesetzbl. S. 292) wird in Elsaß-Lothringen eingeführt.

Eingestellt in der Reichstagskommission. KB. 43 ff.

I. Das Gesetz lautet:

„Alle noch bestehenden, aus der Verschiedenheit des religiösen Bekenntnisses hergeleiteten Beschränkungen der bürgerlichen und staatsbürgerlichen Rechte werden hierdurch aufgehoben. Insbesondere soll die Befähigung zur Teilnahme an der Gemeinde- und Landesvertretung und zur Bekleidung öffentlicher Ämter vom religiösen Bekenntnis unabhängig sein."

Die Vorschrift fehlte im Entwurfe und wurde in der Reichstagskommission hergestellt. Sie enthält keine Neuerung und entbehrt jeder materiellen Bedeutung. Der Rechtszustand, den sie sanktioniert, herrscht in E.-L. seit mehr als einem Jahrhundert. Beschränkungen der bürgerlichen und staatsbürgerlichen Rechte mit Rücksicht auf die Verschiedenheit des religiösen Bekenntnisses bestehen im Landesrechte längst nicht mehr (vgl. z. B. Art. 10 der Erklärung der Menschenrechte v. 26. August 1789 und das Dekret v. 24. Dezember 1789). Die Bedeutung der Vorschrift ist somit lediglich eine formelle. Das Landesrecht erhält eine reichsrechtliche Grundlage, ohne daß allerdings das geringste Bedürfnis hierzu bestand; die entsprechenden landesgesetzlichen Bestimmungen sind beseitigt und neue können nicht erlassen werden.

II. Der im Gesetz vom 3. Juli 1869 ausgesprochene Satz ist gleich der Vorschrift, daß keinem Bundesangehörigen um des

Glaubensbekenntnisses willen der Aufenthalt, die Niederlassung, der Gewerbebetrieb oder der Grunderwerb verweigert werden darf (§ 1 III des — durch Gesetz vom 8. Januar 1873 in E.-L. eingeführten — Bundesgesetzes über die Freizügigkeit v. 1. November 1867 — Bundesgesetzbl. 55 —), eine Folgerung aus dem Prinzip der Bekenntnisfreiheit und der Gleichheit aller Untertanen vor dem Gesetz. Der moderne Staat sieht davon ab, sich in die religiösen Überzeugungen seiner Angehörigen einzumischen (Gewissensfreiheit). Er übt in dieser Beziehung keinerlei Zwang aus, auch keinen mittelbaren; er erkennt auch die von der kirchlichen Gewalt ausgehende Einwirkung zur religiösen Betätigung nur insoweit an, als die den Bürgern nach dem von ihm gesetzten Rechte zukommende Rechtstellung dadurch nicht berührt wird.[1]) Andererseits verlangt er, daß die äußerlichen Offenbarungen der Religion sich innerhalb der Gesetze halten; diese dürfen mit Rücksicht auf die religiöse Überzeugung des Staatsangehörigen nicht durchbrochen werden. Aus dem persönlichen Glaubensbekenntnis kann also niemals die Befreiung von den staatsbürgerlichen Pflichten hergeleitet werden. Auch ist dasselbe für die rechtliche Bewertung der Handlungen oder Unterlassungen des Einzelnen nach Maßgabe der allgemeinen Staatsgesetze grundsätzlich ohne Bedeutung (vgl. § 48 des Militärstrafgesetzbuchs).

III. Die öffentliche Ausübung der verschiedenen Glaubensbekenntnisse in E.-L. ist durch besondere Gesetze geregelt, die durch den § 25 VG. nicht berührt werden. Dabei wird unterschieden zwischen den vom Staate anerkannten Religionsgesellschaften und den nicht anerkannten Bekenntnissen. Zu den ersteren gehören die katholische Kirche (Konkordat v. 26. Messidor IX, ratifiziert am 23. Fruktidor IX nebst den dazu erlassenen organischen Bestimmungen, beide durch das Gesetz v. 18. Germinal X als Staatsgesetze verkündigt. Vgl. dazu Dursy, Das Staatskirchenrecht in E.-L. Bd. I (1876); Geigel, Reichs- und reichsländisches Kirchen- und Stiftungsrecht Bd. I (1898), insbes. S. 289 ff.; Leoni-Mandel 286 ff., Bruck, III, 255 ff.), die protestantische Kirche in ihren beiden

[1]) Über den Austritt aus einer Religionsgesellschaft bestehen keine gesetzlichen Bestimmungen. Die Regelung der §§ 119—122 des Ausführungsgesetzes zum BGB. hat nur die Bestimmung über die religiöse Erziehung der Kinder zum Gegenstande.

Verzweigungen, der Kirche Augsburgischer Konfession und der reformierten Kirche (Organische Bestimmungen der protestantischen Religionsbekenntnisse im Gesetz v. 18. Germinal X, Dekret v. 26. März 1852 nebst den dazu ergangenen Ausführungsverordnungen usw., Ges. v. 21. Juni 1905. Vgl. Dursy, Staatskirchenrecht Bd. II (1879); Stübel, Sammlung der Bestimmungen des protestantischen Kirchenrechts in E.-L. (1898); Geigel, II, 1 ff.; Leoni-Mandel, 293 ff.; Bruck, III, 248 ff.) und der jüdische Kultus (Dekret v. 17. März 1808, Ges. v. 8. Februar 1831, Ver. v. 25. Mai 1844, Dekret v. 15. Juni 1850 und v. 29. August 1862. Vgl. dazu Geigel II, 101 ff.; Leoni-Mandel, 295 ff.; Bruck, III, 262 ff.). Die anerkannten Religionsgesellschaften können ihren Glauben innerhalb der öffentlichen, dem Gottesdienste geweihten Kirchen öffentlich und gemeinschaftlich bekennen (vgl. darüber noch Leoni-Mandel 285). Die öffentliche Ausübung nicht anerkannter Bekenntnisse (Sekten) ist dagegen nur auf Grund einer in der Form einer landesherrlichen Verordnung ergehenden Ermächtigung zulässig, die nach freiem Ermessen erteilt, verweigert und wieder zurückgezogen werden kann (Dekret vom 19. März 1859 Art. 3 u. 4). Dieser Rechtszustand wäre von Grund aus verändert worden, wenn der in der Reichstagskommission gestellte Antrag auf Einführung des Art. 12 PV Gesetz geworden wäre (vgl. KB. 43 f.). Tatsächlich ist bloß der dem Gesetz vom 3. Juli 1867 entsprechende und durch dieses formell aufgehobene S. 2 des Art. 12 seinem materiellen Inhalte nach zur Einführung gelangt.

IV. Abgesehen von der öffentlichen Ausübung ihrer Bekenntnisse genießen die anerkannten Religionsgesellschaften besondere Vorrechte und einen erhöhten strafrechtlichen Schutz (§ 166 RStGB. bestraft neben der Gotteslästerung und dem beschimpfenden Unfug in einer Kirche oder in einem andern zu religiösen Versammlungen bestimmten Orte insbesondere die Beschimpfung einer der christlichen Kirchen oder einer anderen mit Korporationsrechten innerhalb des Bundesgebiets bestehenden Religionsgesellschaft, desgleichen die Beschimpfung ihrer Einrichtungen oder Gebräuche. § 167 schützt dagegen die Ausübung des Gottesdienstes einer im Staate bestehenden Religionsgesellschaft — durch die einzelnen oder die Gemeinde — schlechthin, auch wenn sie nicht mit Korporationsrechten ausgestattet ist). Gewisse Einzelorganisationen derselben haben die Rechte einer juristischen Person (so bei der katholischen Kirche die bischöfliche Tafel, das Domkapitel, die Seminare, die Pfarrsprengel, die Kapellen und das Pfarrgut, nicht die Bistümer — Diözesen — als solche, die bloß kirchliche Verwaltungsbezirke sind, bei den beiden protestantischen Landeskirchen die Pfarreien und die Konsistorien, nicht die weiteren Organe der Kirchen und diese selbst, beim jüdischen Kultus die Bezirkskonsistorien, sowie — was freilich nicht unbestritten ist — die staatlich anerkannten Kultusgemeinden. Vgl. hinsichtlich dieser letzteren die juristische Zeitung für E.-L. 13, 404; 27, 135 sowie Kisch, Elsaß-lothringisches Privatrecht 157 und Bruck III 262 gegen Leoni-Mandel 296, über die korporativen Kultuseinrichtungen überhaupt Kisch a. a. O. 154 ff.). Die Geistlichen beziehen vom Staate Gehalt und Pension (Ges. vom 15. November 1910 — GBl. 126). Den anerkannten Religionsgesellschaften sind die — den politischen Gemeinden gehörigen — Pfarrkirchen und Pfarrhäuser zur Benutzung überlassen; das Land stellt die dem Gottesdienst gewidmeten Gebäude für die Diözesanverwaltung, die bischöflichen Paläste und die Seminargebäude zur Verfügung. Die Gemeinden haben die großen Ausbesserungen der dem Kultus dienenden Gebäude zu tragen, außerdem bei Unzulänglichkeit der Einkünfte der Kirchenfabriken die diesen in erster Linie obliegenden Kultusausgaben; sie haben ferner den Pfarrern und Rabbinern in Ermangelung eines Pfarrhauses oder einer Wohnung eine Wohnungsentschädigung zu gewähren (Art. 92 des Dekrets vom 30. Dezember 1809). In konfessionell gemischten Gemeinden (où l'on professe plusieurs cultes) können die anerkannten Religionsgesellschaften schließlich die Herstellung besonderer Friedhöfe oder mindestens gesonderter Friedhofsabteilungen beanspruchen (Dekret vom 23. Prairial XII Art. 15; vgl. dazu Leoni-Mandel 191 f. mit weiteren Nachweisen und Bruck II 230).

Der bevorrechtigten Stellung der anerkannten Religionsgesellschaften entspricht auf der andern Seite ein weit reichendes Aufsichtsrecht des Staates[1]), dessen Inhalt sich nach der Art

[1]) Von ihm werden auch die zur öffentlichen Ausübung des Bekenntnisses ermächtigten Sekten gemäß Art. 3 des Dekrets vom 19. März

der einzelnen Angelegenheiten bestimmt. Die inneren Kirchenangelegenheiten (Bekenntnis, Abhaltung des Gottesdienstes, Ordination der Geistlichen, Kirchenzucht usw. Vgl. Geigel I 21ff.) unterstehen grundsätzlich der Regelung durch die Religionsgesellschaften (pouvoir spirituel). Der Staat nimmt jedoch hier das Recht des Plazet in Anspruch. Päpstliche Erlasse dürfen ohne Ermächtigung der Regierung nicht angenommen, veröffentlicht, gedruckt oder in anderer Weise in Vollzug gesetzt werden, ausgenommen die das forum internum betreffenden Breven der Poenitentiaria. Beschlüsse einer auswärtigen Synode und allgemeiner Konzilien dürfen erst nach vorgängiger Prüfung durch die Regierung verkündigt werden (Art. 1 u. 3 der organischen Bestimmungen; Art. 1 des Dekrets v. 28. Februar 1810). Für die protestantischen Kirchen ist bestimmt, daß keine Entscheidung in Sachen der Lehre oder des Glaubens, keine Formel veröffentlicht oder Gegenstand des Unterrichts werden darf, bevor die Regierung dies gestattet hat. Auch zu einer Veränderung in der Kirchenzucht bedarf es der staatlichen Ermächtigung. Den Kirchen und ihren Geistlichen ist es untersagt, in Verbindung mit einer auswärtigen Macht oder Gewalt zu treten (Organische Bestimmungen der protestantischen Bekenntnisse Art. 2, 4, 5). Eine entsprechende Kontrolle über die Bekenntnislehre übt der Staat auch in Ansehung des jüdischen Kultus aus (Art. 56 der Ver. v. 25. Mai 1844).

Die gemischten Angelegenheiten — affaires mixtes — (äußere Einrichtung der Kirche, insbesondere Bildung der Pfarrsprengel, Besetzung der geistlichen Ämter, ferner die Eröffnung der dem Gottesdienst gewidmeten Gebäude, die Abhaltung kirchlicher Versammlungen, die Einführung von Feiertagen, die Ausübung religiöser Feierlichkeiten außerhalb der katholischen Kultusgebäude in Städten mit Konsistorialkirchen, das Läuten der Glocken, die Verkündigungen bei der Predigt, die sich nicht auf den Gottesdienst beziehen. Vgl. dazu Leoni-Mandel 288f. und Bruck III 245f. nebst den Nachweisen daselbst) berühren neben den Interessen der Religionsgesellschaften auch diejenigen des Staates, der sich aus diesem Grunde das Recht der Mitwirkung oder der Genehmigung vorbehalten hat.

1859 betroffen. Im übrigen erlangen dieselben durch die Ermächtigung des Art. 3 keine Rechtsfähigkeit; dazu bedarf es eines Gesetzes. Vgl. darüber Leoni-Mandel 285; Kisch a. a. O. 159; Bruck III 241.

In Ansehung der **Vermögensverwaltung** endlich unterliegen die mit Korporationsrechten ausgerüsteten kirchlichen Organisationen den Beschränkungen, wie sie für die établissements publics gelten. Der Staat nimmt ihnen gegenüber eine vormundschaftliche Stellung ein, was dadurch zum Ausdruck kommt, daß zu einer größeren Reihe von Rechtsgeschäften (Erwerb und Veräußerung von Grundstücken, Aufnahme von Darlehen, langfristige Pachtverträge u. a. m.) sowie zur Prozeßführung die staatliche Genehmigung erforderlich ist. Auch Schenkungen und Verfügungen von Todes wegen zu ihren Gunsten erhalten über den nach Art. 86 des Einführungsgesetzes zum BGB. freigegebenen Betrag (5000 Mk.) hinaus nur durch eine solche Genehmigung Wirksamkeit (vgl. § 6 des Ausführungsgesetzes zum BGB. und dazu **Molitor**, Gesetz betr. die Ausführung des BGB. in E.-L. — 2. A. — Bem. 4, 5 u. 11, sowie **Kisch** a. a. O. 167 ff.).

Wegen **Mißbrauchs der geistlichen Gewalt** seitens der geistlichen Vorgesetzten oder anderer geistlicher Personen ist der **Rekurs** (appel oder recours comme d'abus) an den Bundesrat zulässig, der darüber nach Vernehmung seines Ausschusses für Justizwesen entscheidet. Der Rekurs ist außerdem statthaft, wenn die öffentliche Ausübung des Kultus und die durch die Gesetze und Verordnungen den Geistlichen gewährte Freiheit angetastet wird (Art. 6 und 7 der organischen Bestimmungen zum Konkordat, Art. 6 der organischen Bestimmungen für die protestantischen Bekenntnisse, Art. 55 der Ver. v. 25. Mai 1844, § 9 des Ges. v. 30. Dezember 1871). Berechtigt zur Einlegung desselben ist jeder durch die begangene Rechtswidrigkeit unmittelbar Verletzte, ferner in allen Fällen von Amts wegen der Bezirkspräsident (vgl. des weiteren **Leoni-Mandel** 279 f. und **Bruck** III 246 ff.).

§ 26.

Die amtliche Geschäftssprache der Behörden und öffentlichen Körperschaften sowie die Unterrichtssprache in den Schulen des Landes ist die deutsche.

In Landesteilen mit überwiegend französisch sprechender Bevölkerung können auch fernerhin Ausnahmen zugunsten der französischen Geschäftssprache nach Maßgabe des Gesetzes, betreffend die amtliche Geschäftssprache, vom 31. März 1872 (Gesetzbl. für Elsaß-Lothringen S. 159) zugelassen werden. Desgleichen kann der Statthalter den Gebrauch des Französischen als Unterrichtssprache entsprechend der bisherigen Uebung auf Grund des § 4 des Gesetzes, betreffend das Unterrichtswesen, vom 12. Februar 1873 (Gesetzbl. für Elsaß-Lothringen S. 37), auch fernerhin zulassen.

Eingestellt in der Reichstagskommission KB. 38 ff. SB. 7067 ff.

I. Die Bestimmung (Sprachenparagraph) wurde nach längeren Erörterungen von der Reichstagskommission in der 5. Lesung eingestellt. Sie bezweckt, den vorhandenen Rechtszustand reichsrechtlich festzulegen und dadurch landesgesetzliche Eingriffe in denselben, die zuungunsten der deutschen Sprache befürchtet wurden, zu verhindern. Diese letztere ist und bleibt grundsätzlich die amtliche Geschäftssprache der Behörden und öffentlichen Körperschaften sowie die Unterrichtssprache in den Schulen des Landes. Jedoch können nach Maßgabe des Abs. II auch fernerhin Ausnahmen zugunsten der französischen Geschäfts- und Unterrichtssprache zugelassen werden. Soweit solche Ausnahmen bisher zugelassen waren, bleiben sie bei Bestand. Der Sinn der Vorschrift ist nicht der, daß zunächst ausnahmslos das Prinzip des Abs. I Platz greift und Ausnahmen davon erst zugelassen werden müssen. Zu einer derartigen formalistischen Auslegung bieten weder der Wortlaut noch die Materialien des Gesetzes eine Handhabe. Wohl aber ist die Regierung jederzeit in der Lage, eine Nachprüfung dahin anzustellen, ob die bestehenden Ausnahmen den Erfordernissen des Abs. II entsprechen. Ist dies nicht der Fall, so sind die gestatteten Ausnahmen zu beseitigen oder einzuschränken.

II. Die Vorschriften des § 26 über die Geschäftssprache beziehen sich nicht allein auf die staatlichen Behörden des Landes, sondern auch auf die Behörden der Selbstverwaltungskörper und der öffentlichen Anstalten (vgl. darüber Leoni-Mandel 99 ff.), insbesondere auch auf die kirchlichen Behörden. Öffentliche Körperschaften sind neben dem Landtag, für den § 15 I S. 2 eine besondere Regelung gibt, die Bezirks- und Kreistage, die

Gemeinderäte, die Handelskammern, der Landwirtschaftsrat, die Handwerkskammer usw. Hierher gehören auch die verschiedenen Körperschaften der Kirchen und ihrer Einrichtungen, wie u. a. die katholischen Domkapitel und Kirchenfabriken, die protestantischen Konsistorien und Kirchenräte.

Aus den bisherigen landesrechtlichen Bestimmungen, die ziemlich verzettelt sind, ist namentlich das Gesetz vom 31. März 1872 zu erwähnen. Es ist auch unter der neuen Regelung noch von Bedeutung, in dem die Ausnahmen, die Abs. II zuläßt, nach Maßgabe desselben zu treffen sind. Das Gesetz lautet:

§ 1. Die schriftlichen Erlasse, Verfügungen und Entscheidungen aller Art, welche von kaiserlichen Verwaltungsbehörden oder Verwaltungsbeamten ausgehen, sowie die Protokolle, welche bei oder von denselben aufgenommen werden, sind in deutscher Sprache abzufassen.

§ 2. Privaturkunden in französischer Sprache, welche zur Einregistrierung präsentiert werden, ist, sofern sie ein späteres Datum als das des 1. Juli 1872 oder kein Datum tragen, eine deutsche, von einem vereideten Übersetzer beglaubigte Übersetzung auf Kosten der Partei beizufügen.

Von dieser Übersetzung werden Stempel- und Einregistrierungsgebühren nicht erhoben.

§ 3. Mündliche Verhandlungen vor den Bezirksräten und dem kaiserlichen Rat werden in deutscher Sprache geführt.

Wird unter Mitwirkung oder Beteiligung von Personen verhandelt, welche der deutschen Sprache nicht mächtig sind, so kann der Vorsitzende die Verhandlung in französischer Sprache zulassen, wenn sämtliche Mitwirkende derselben mächtig sind. Andernfalls ist die Zuziehung eines Dolmetschers anzuordnen. Letzteres hat auch zu geschehen, wenn ein Schriftstück in fremder Sprache zu übersetzen ist.

Die den zur Zeit angestellten Anwälten und Advokaten mit voller Praxis durch § 14 des Gesetzes vom 14. Juli 1871, betreffend Abänderungen der Gerichtsverfassung, eingeräumte Befugnis zum Gebrauch der französischen Sprache gilt während der dort bestimmten Zeitdauer auch für die vorbezeichneten Verhandlungen[1]).

§ 4. Die in § 1 getroffene Bestimmung findet auch auf die

[1]) Die Bestimmung des Abs. III hat keine Bedeutung mehr.

Berichte, Erlasse, Verfügungen, Entscheidungen und Protokolle der Behörden und Beamten der Gemeinde-, Kirchen- und Stiftungsverwaltung Anwendung.

§ 5. Vorstehende Bestimmungen treten mit dem 1. Juli 1872 in Kraft. In den Landesteilen mit überwiegend französisch redender Bevölkerung kann jedoch auch über diesen Zeitpunkt hinaus den öffentlichen Bekanntmachungen und zur Publikation bestimmten allgemeinen Erlassen der kaiserlichen Verwaltungsbehörden eine französische Übersetzung beigefügt werden.

Ebenso kann die Ausführung der Bestimmungen der §§ 2 und 4 für Ortschaften mit überwiegend französisch redender Bevölkerung und des § 1 für bestimmte Klassen von Unterbeamten über den 1. Juli 1872 hinaus verlegt werden.

Der Umfang und die Dauer dieser Ausnahmen werden durch den Ober-Präsidenten [1]) festgestellt.

§ 6. Das Arrêté vom 24. Prairial des Jahres IX ist aufgehoben.

III. Bezüglich der Unterrichtssprache ist das u. a. insbesondere in den Regulativen des Reichskanzlers vom 14. Januar 1874 niedergelegte Prinzip zum Gesetz erhoben. Ausnahmen kann der Statthalter auf Grund des § 4 des Gesetzes vom 12. Februar 1873 zulassen. Er bestimmt:

Der Reichskanzler ist ermächtigt, über die Prüfung und Qualifikation der Lehrer, über die Organisation und den Lehrplan der Schulen, insbesondere die Unterrichtssprache und die obligatorischen Lehrgegenstände bei einer jeden derselben, endlich über die Prüfungen der Schüler Regulative zu erlassen und deren Befolgung durch Inspektionen zu sichern. Er ist ferner ermächtigt, über das bei Schließung von Schulen zu beobachtende Verfahren Anordnung zu treffen. Er kann diese Befugnisse auf den Oberpräsidenten von Elsaß-Lothringen übertragen.[2])

Die Ausnahmen haben der bisherigen Übung zu entsprechen. Über ihren Umfang hinaus können also solche nicht gestattet

---

[1]) Nunmehr durch das Ministerium (Ges. v. 4. Juli 1879 § 3).

[2]) An Stelle des Reichskanzlers ist der Statthalter, an Stelle des Oberpräsidenten zunächst das Ministerium (§§ 2, 3 des Gesetzes vom 4. Juli 1879) und späterhin gemäß der Verordnung vom 21. April 1882 (GBl. 67) der Oberschulrat getreten. Nunmehr ist, soweit es sich um die Unterrichtssprache handelt, nach § 26 II S. 2 ausschließlich der Statthalter zuständig. Vgl. im übrigen die Bemerkungen bei Möller III 316 N. 5.

werden. Umgekehrt ist aber nicht ausgeschlossen, daß in Zukunft die Ausnahmen weiter eingeschränkt werden, soweit sich die bisherigen Sprachverhältnisse in E.-L. zugunsten der deutschen Sprache verändern. Solange jedoch ein Bedürfnis dafür vorhanden ist, d. h. soweit der in den bestehenden Regulativen angenommene Prozentsatz der das Französische als Muttersprache sprechenden Kinder gegeben ist, wird, wie der Staatssekretär Delbrück in der Reichstagssitzung vom 23. Mai 1911 erklärt hat, der Statthalter auch verpflichtet sein, die Ausnahmen in dem bisherigen Umfange zuzulassen.

Als Maßstab für diesen letztern kommt hauptsächlich der § 6 [1]) des Regulativs für die Elementarschulen vom 14. Januar 1874 sowie der am 26. März 1910 vom Staatssekretär an den Bezirkspräsidenten von Lothringen gerichtete Erlaß in Betracht, nach dem unter entsprechenden Verhältnissen auch im Elsaß zu verfahren ist. Die Bestimmungen werden durch § 26 in ihrer Geltung nicht berührt (I) [2]).

---

[1]) Die Unterrichtssprache ist in der Regel die deutsche. Innerhalb des französischen und gemischten Sprachgebiets, dessen Abgrenzung für diesen Zweck dem Oberpräsidenten zusteht, darf nach des letzteren näherer Bestimmung der Unterricht in solchen Klassen, deren Schüler sämtlich französisch als Muttersprache reden, in französischer Sprache erteilt werden.

In solchen Klassen im französischen und gemischten Sprachgebiet (Absatz 1), deren Schüler zum Teil deutsch, zum Teil französisch als Muttersprache reden, regelt der Oberpräsident die Unterrichtssprache nach Maßgabe der Verhältnisse. Derselbe ist ermächtigt, für Schulen mit zweispaltiger Unterrichtssprache die normalen Lehrziele zu ermäßigen.

§ 9 V überweist dem Oberpräsidenten die Regelung der Ziele und der Methode des Sprachunterrichts in Schulen mit gemischter Unterrichtssprache. § 10 regelt den deutschen Sprachunterricht als Gegenstand des Lehrplans. Nach § 10 II kann in Berücksichtigung besonderer Verhältnisse für Schulen mit deutscher Unterrichtssprache die Erteilung französischen Sprachunterrichts gestattet oder vorgeschrieben werden.

[2]) Nach dem angeführten Erlaß werden die Schulen des Bezirks Lothringen in zwei Gruppen eingeteilt:

A. Rein deutsche Schulen (darunter auch die mit weniger als 20% französisch redender Kinder).

B. Gemischt sprachige Schulen mit 20% oder mehr französisch redender Kinder.

a) Unterstufe:
 α) bei weniger als 50% französisch redender Kinder Beginn mit Deutschlesen; Französisch 5 Stunden,
 β) bei mehr als 50% französisch redender Kinder Beginn mit Französischlesen; Französisch 7 Stunden.

b) Mittelstufe: Französisch 3 Stunden.

c) Oberstufe: Französisch 2 Stunden.

§ 27.

Aufgehoben werden:

§§ 3 und 4 des Gesetzes, betreffend die Vereinigung von Elsaß und Lothringen mit dem Deutschen Reiche, vom 9. Juni 1871 (Reichs-Gesetzbl. S. 212; Gesetzbl. für Elsaß-Lothringen S. 1),

§ 2 Abs. 1 des Gesetzes, betreffend die Verkündung der Gesetze und Verordnungen, vom 3. Juli 1871 (Gesetzbl. für Elsaß-Lothringen S. 2),

§ 10 Abs. 2 des Gesetzes, betreffend die Einrichtung der Verwaltung, vom 30. Dezember 1871 (Gesetzbl. für Elsaß-Lothringen 1872 S. 49),

§ 8 des Gesetzes, betreffend die Einführung der Verfassung des Deutschen Reichs in Elsaß-Lothringen, vom 25. Juni 1873 (Reichs-Gesetzbl. S. 161; Gesetzbl. für Elsaß-Lothringen S. 131),

das Gesetz, betreffend die Landesgesetzgebung von Elsaß-Lothringen, vom 2. Mai 1877 (Reichs-Gesetzbl. S. 491),

§§ 1, 2, 4, 7, 9, 10, 12 bis 21 und 22 Satz 2 des Gesetzes, betreffend die Verfassung und die Verwaltung Elsaß-Lothringens, vom 4. Juli 1879 (Reichs-Gesetzbl. S. 165),

das Gesetz, betreffend die Öffentlichkeit der Verhandlungen und die Geschäftssprache des Landesausschusses für Elsaß-Lothringen, vom 23. Mai 1881 (Reichs-Gesetzbl. S. 98) und

das Gesetz, betreffend die Anwendung abgeänderter Reichsgesetze auf landesgesetzliche Angelegenheiten Elsaß-Lothringens, vom 7. Juli 1887 (Reichs-Gesetzbl. S. 377),

sowie ferner:

der Allerhöchste Erlaß, betreffend die Einrichtung eines beratenden Landesausschusses für Elsaß-Lothringen, vom 29. Oktober 1874 (Gesetzbl. für Elsaß-Lothringen S. 37),

§§ 1 und 2 der Verordnung zur Ausführung des Allerhöchsten Erlasses vom 29. Oktober 1874, betreffend die Einrichtung eines beratenden Landesausschusses für Elsaß-Lothringen, vom 23. März 1875 (Gesetzbl. für Elsaß-Lothringen S. 63),

der Allerhöchste Erlaß, betreffend die Wahl eines zweiten Stellvertreters des Vorsitzenden des Landesausschusses für Elsaß-Lothringen, vom 13. Februar 1877 (Gesetzbl. für Elsaß-Lothringen S. 9),

die Verordnung, betreffend die Wahlen zum Landesausschusse, vom 1. Oktober 1879 (Gesetzbl. für Elsaß-Lothringen S. 89) und

§ 2 Ziffer I, § 7 der Verordnung, betreffend Erweiterung der Zuständigkeit des Kaiserlichen Rats, vom 22. April 1902 (Gesetzbl. für Elsaß-Lothringen S. 32).

E. § 26. B. 23 f. KB. 44.

Durch § 27 werden die Vorschriften des bisherigen e.-l. Verfassungsrechts aufgehoben, die teils in das VG. übernommen sind, teils durch neue Bestimmungen des Verfassungsgesetzes oder der zur Ergänzung desselben dienenden Regelungen (Wahlgesetz, Wahlordnungen, Geschäftsordnungen) überholt werden. Zu diesen letzteren durch die vorliegende Neuordnung veralteten Vorschriften gehören hauptsächlich diejenigen, die sich auf den Landesausschuß (vgl. aber die Bemerkungen zu § 28) sowie auf den Bundesrat und den Reichstag beide in ihrer Eigenschaft als Organe der Landesgesetzgebung beziehen. Das dem Kaiser kraft des gleichfalls aufgehobenen Gesetzes vom 7. Juli 1887 (RGBl. 377) zustehende Recht, unter Zustimmung des Bundesrats Abänderungen von reichsgesetzlichen Vorschriften mit landesrechtlicher Geltung, die durch Reichsgesetz erfolgt waren, durch Verordnung auch in E.-L. einzuführen, wurde durch die Regelung des § 5 VG. formell nicht berührt. Materiell war es mit derselben nicht wohl verträglich; seine Ausübung wäre als ein nicht gerechtfertigter Eingriff in die Landesgesetzgebung erschienen und als solcher auch empfunden worden. Wie die Begründung (23 f.) feststellt, konnte auch ein Bedürfnis für den Fortbestand dieses Verordnungsrechts nicht anerkannt werden. Die Absicht des Gesetzes, von dem nur auf dem Gebiete des Beamtenrechts Gebrauch gemacht wurde, war nicht erreicht worden, da die Landesgesetzgebung mehrfach ihre besonderen Wege ging (Begr. a. a. O.).

§ 28.

Wo in Gesetzen oder Verordnungen vom Landesausschusse die Rede ist, ist die zweite Kammer zu verstehen.

E. § 27. B. 24. KB. 44.

Die Vorschrift räumt der zweiten Kammer gewisse Befugnisse außerhalb des Gebiets der Gesetzgebung ein, die bisher dem Landesausschuß zustanden und in verschiedenen Gesetzen enthalten sind, die durch den § 27 in ihrer weiteren Geltung nicht berührt werden. Es handelt sich namentlich um die Wahl von Mitgliedern für eine Reihe von Kommissionen in der Finanzverwaltung (vgl. namentlich Ges. v. 6. April 1892 — GBl. 33 — §§ 28, 45 u. Ges. v. 14. Juli 1903 — GBl. 47 — § 4 [Komm. der Landesschätzer für die Neueinschätzung und für die Feststellung der Reinerträge der Grundstücke]; Ges. v. 6. Mai 1893 — GBl. 55 — §§ 6, 23 u. Ges. v. 8. Juni 1896 — GBl. 31 — § 29 [Komm. für die Einschätzung zur Gewerbesteuer]; Ges. v. 13. Juli 1901 — GBl. 55 — § 17 u. Ges. v. gleichen Tage — GBl. 69 § 13 [Komm. für Veranlagung der Kapital-, Lohn- und Besoldungssteuer]; Ges. v. 4. April 1893 — GBl. 37 — Art. III § 7 u. Ges. v. 19. Juni 1901 — GBl. 44 — § 7 [Komm. zur Kontrolle der Staatsdepositenverwaltung und Landesschuldenkommission]). Vgl. auch den Nachtrag zu S. 86.

Artikel III.

Dieses Gesetz tritt hinsichtlich der Bestimmungen über die Bildung des Landtages (Artikel II § 6 Abs. 1, 2, § 7,

§ 8 Abs. 2, § 9) mit dem Tage seiner Verkündung, im übrigen an einem durch Kaiserliche Verordnung festzusetzenden Tage, spätestens am 1. Januar 1912 in Kraft. Es kann nur durch Reichsgesetz aufgehoben oder abgeändert werden.

E. § 28. B. 24. KB. 44. SB. 4200, 4209.

I. Die Bestimmungen über die Bildung des Landtags sind am 6. Juni 1911 in Kraft getreten. Die Kais. Verordnung ist am 21. August 1911 [1]) (RGBl. 885) ergangen und bestimmt:

„Das Gesetz über die Verfassung Elsaß-Lothringens vom 31. Mai 1911 (Reichs-Gesetzbl. S. 215) tritt in seinem ganzen Umfang mit dem 1. September 1911 in Kraft".

Die Regelung des Art. III S. 1 wurde deshalb gewählt, um die Überleitung in die neuen Verhältnisse möglichst ungestört zu bewerkstelligen (Begr. 24). Die bisherigen Organe der Landesgesetzgebung sollten bis zur Bildung des erst zu schaffenden Landtags weiter bestehen bleiben. Daraus ergab sich, daß die Vorschriften über die Bildung des Landtags einschließlich der Bestimmungen des Wahlgesetzes für die zweite Kammer und der ergänzenden Verordnungen vor den andern in Geltung gesetzt werden mußten. Als äußerster Termin für das Inkrafttreten der übrigen Vorschriften wurde der 1. Januar 1912 bestimmt, weil man die dadurch gewährte Frist als voll ausreichend für die Vornahme der organisitorischen Vorarbeiten durch die Landesregierung erachtete. Jedoch wurde die Möglichkeit vorbehalten, einen näheren Termin festzusetzen, falls dies angängig erscheinen sollte. Da infolge der Verordnung vom 21. August 1911 die ganze Verfassung schon längere Zeit vor den Wahlen zum Landtag Wirksamkeit erhalten hat, ergab sich vorderhand ein Zustand, der die Erlassung von Landesgesetzen im Wege der ordentlichen Gesetzgebung unmöglich machte. Nur für Notstandsverordnungen war unter den Voraussetzungen des § 23 VG. Raum.

II. S. 2 der Vorschrift überweist die Aufhebung oder Abänderung der im VG. enthaltenen Bestimmungen der Zuständigkeit des Reichs. Diese Bestimmungen haben infolgedessen sämtlich

[1]) Nach Ausgabe der ersten Lieferung dieses Kommentars, was mit Rücksicht auf die Einleitung S. 9f. bemerkt wird.

den Charakter reichsrechtlicher Vorschriften. Das sucht auch die Eingangsformel des Gesetzes schon zum Ausdruck zu bringen, indem in ihr[1]) der Zusatz „für Elsaß-Lothringen“ weggelassen ist, im Gegensatz zum Wahlgesetz[2]), das denn auch zweifellos zu den durch § 5 VG. der Landesgesetzgebung überlassenen Materien gehört (vgl. Bem. I zu § 7 VG). Der verschiedene rechtliche Charakter, der den beiden Gesetzen beigelegt ist und zur Folge hat, daß die Vorschriften über den Landtag und namentlich über die Bildung der zweiten Kammer zum Teil reichsrechtliche, zum Teil landesrechtliche sind, ist nach den Ausführungen des Staatssekretärs des Innern in der Reichstagskommission darauf zurückzuführen, daß man einerseits dem Lande auch auf verfassungsrechtlichem Gebiete „ein möglichst weitgehendes Selbststimmungsrecht“ einräumen, andererseits die Bestimmungen, die für den Charakter des Reichslandes und seine staatsrechtlichen Beziehungen zum Reiche von grundlegender Bedeutung seien“, der Reichsgesetzgebung vorbehalten wollte. Von diesem Gesichtspunkte aus wurde der zu regelnde Stoff in die beiden Gesetze verteilt und das eine als Reichsgesetz, das andere als Landesgesetz ausgestaltet. Während die verbündeten Regierungen den vorbezeichneten Ausführungen zufolge der Meinung waren, daß man dem Reichslande hinsichtlich der Regelung des Wahlrechts für die zweite Kammer in Einzelheiten freie Hand lassen könne, hielten sie es nicht für angebracht, die Gestaltung der ersten Kammer der Landesgesetzgebung freizugeben, „da die erste Kammer tatsächlich und rechtlich Funktionen auszuüben haben werde, die der Bundesrat bisher ausübe, und dieser bei ihrer Bildung mitzuwirken habe“. Die gemeinschaftlichen Bestimmungen für beide Kammern wurden in das VG. eingefügt, weil es nicht „angängig“ erschien, sie in beide Gesetze aufzunehmen (KB. 4).

Im übrigen hat die Vorschrift des S. 2 nicht durchweg die gleiche Bedeutung. Das zeigt sich, wenn man auf die allgemeinen Grundsätze über die Kompetenzverteilung zwischen Reich und Bundesstaaten zurückgreift. So regelt die Bestimmung des § 25 VG. eine Angelegenheit, die nach diesen Grundsätzen zu

[1]) Gleichwie in den Gesetzen vom 9. Juni 1871, 25. Juni 1873, 2. Mai 1877, 4. Juli 1879 und 23. Mai 1881.

[2]) Ebenso die Gesetze vom 3. Juli 1871, 30. Dezember 1871, 7. Juli 1887.

der Zuständigkeit des Reichs gehört. In dieser Beziehung ist die Bedeutung des S. 2 eine rein deklaratorische, nachdem durch § 25 das Bundesgesetz vom 3. Juli 1869 eingeführt worden ist (vgl. Bem. II zu § 5 S. 47). Über jene allgemeine Kompetenz hinaus hat sich das Reich im Verhältnis zu E.-L. von jeher verschiedene Befugnisse vorbehalten, wie z. B. die Eisenbahnhoheit an den Reichseisenbahnen und deren Verwaltung (§ 24). Hierher gehört auch die Regelung der staatsrechtlichen Beziehungen des Landes zum Reich und die Bestimmung der Grundlagen seiner Organisation. Diese Rechte hat das Reich auch bei der vorliegenden Neuordnung der e.-l. Verfassungsverhältnisse der Hauptsache nach nicht preisgegeben, wie in S. 2 zum Ausdruck gelangt. Eine Ausnahme besteht insbesondere bezüglich des Wahlgesetzes für die zweite Kammer und allgemein in bezug auf die innere Organisation des Landes (Ministerium usw.), soweit sie nicht im VG. geregelt ist. Dadurch sind diese Angelegenheiten wirkliche Landesangelegenheiten gemäß § 5 VG. geworden; die bisherige außerordentliche Zuständigkeit des Reichs hat sich verringert. Seine Stellung hat sich dem normalen Verhältnisse zwischen dem Reich und den Einzelstaaten weiter genähert. Andererseits hat das Reich die allgemeinen Kompetenzgrenzen wieder zu seinen Gunsten verschoben, indem es sich durch S. 2 die Befugnis zur Regelung der amtlichen Geschäfts- und Unterrichtssprache (§ 26) beigelegt hat.

Wenn auch alle Bestimmungen des Verfassungsgesetzes einander insofern gleichgestellt sind, als sie nur im Wege der Reichsgesetzgebung aufgehoben oder abgeändert werden können, so sind doch gerade in bezug auf die Frage nach der Aufhebung oder Abänderung wieder zweierlei Arten zu unterscheiden. Wie bereits früher dargelegt wurde (Bem. II zu Art. I S. 20 f.), werden die e.-l. Stimmen bei der Abstimmung im Plenum des Bundesrats nicht gezählt, wenn die Vorschriften des Art. I oder der §§ 1, 2 I und 3 des Art. II VG. abgeändert oder aufgehoben werden sollen, während diese Ausnahme bezüglich der übrigen Bestimmungen des Art. II nicht Platz greift. Dies hängt damit zusammen, daß eine Änderung jener Vorschriften des Art. II gleich wie die Änderung des Art. I eine Verfassungsänderung nach Art. 78 I RV. darstellt, weil die Stimmberechtigung Elsaß-Lothringens im Bundesrate von der fortdauernden Geltung derselben abhängig ist (Art. 6a I RV.). Bei Verfassungsänderungen im Sinne des Art. 78 I kommen aber die e.-l. Stimmen nicht in Betracht (Art. 6a II S. 2). Andererseits ist für solche Änderungen die qualifizierte Mehrheit des Art. 78 I erforderlich, was daher neben Art. I auch für die oben erwähnten §§ 1, 2 I und 3 im Gegensatz zu den weiteren Bestimmungen des Art. II gilt.

Urkundlich unter Unserer Höchsteigenhändigen Unterschrift und beigedrucktem Kaiserlichen Insiegel.

Gegeben Neues Palais, den 31. Mai 1911.

(L. S.) Wilhelm,

von Bethmann-Hollweg.

Gesetz

über die Wahlen zur zweiten Kammer des Landtags für Elsaß-Lothringen. Vom 31. Mai 1911.

Reichsgesetzblatt 1911 S. 234.

Wir Wilhelm, von Gottes Gnaden Deutscher Kaiser, König von Preußen ꝛc.

verordnen im Namen des Reichs für Elsaß-Lothringen, nach erfolgter Zustimmung des Bundesrats und des Reichstags, was folgt:

§ 1.

Die zweite Kammer wird aus 60 Abgeordneten gebildet. Hiervon entfallen auf die Kreise:

Altkirch	2	Abgeordnete
Colmar	3	"
Gebweiler	2	"
Mülhausen	6	"
Rappoltsweiler . . .	2	"
Thann	2	"
Straßburg-Stadt . . .	6	"
Straßburg-Land . . .	3	"
Erstein	2	"
Hagenau	3	"

Molsheim	2	Abgeordnete
Schlettstadt	2	"
Weißenburg	2	"
Zabern	3	"
Metz-Stadt	2	"
Metz-Land	3	"
Bolchen	2	"
Château-Salins	2	"
Diedenhofen-Ost	2	"
Diedenhofen-West . . .	2	"
Forbach	3	"
Saarburg	2	"
Saargemünd	2	"
	60	Abgeordnete

Jeder Abgeordnete wird in einem besonderen Wahlkreis gewählt.

Innerhalb der einzelnen Verwaltungskreise werden die Wahlkreise durch Kaiserliche Verordnung mit Zustimmung des Bundesrats unter tunlichster Anlehnung an die bestehende Kantonaleinteilung in der Weise abgegrenzt, daß die Bevölkerung des Verwaltungskreises möglichst gleichmäßig auf die einzelnen Wahlkreise verteilt wird. Die Wahlkreise müssen örtlich zusammenhängen.

E. § 1. B. 32 f. KB. 46 f., 52 f. SB. 4166. 7091. 7095 ff. 7126. 7132.

I. Der Landesausschuß hatte seit dem Gesetz vom 4. Juli 1879 (§ 12 I) 58 Mitglieder. An dieser Anzahl, die sich der Begründung (32) zufolge für die parlamentarischen Geschäfte des Landes als praktisch erwiesen hatte, sollte im wesentlichen festgehalten werden; sie wurde daher lediglich auf 60 abgerundet. Geht man von der Volkszählung vom 1. Dezember 1910 aus, die für E.-L. eine ortsanwesende Bevölkerung von 1874014 Köpfen ergab, so entfällt ein Abgeordneter auf rund 31234 Einwohner. Nach der Anzahl der für die Reichstagswahlen von 1907 eingetragenen Wähler, die sich auf 397255 belief, würde ein Abgeordneter auf rund 6621 Reichstagswähler kommen. In den deutschen Bundesstaaten entfallen teils mehr (Preußen, Sachsen, Bayern), teils weniger (Württemberg, Baden, Hessen, Sachsen-Weimar, Oldenburg, Braunschweig) Einwohner auf einen Abgeordneten.

Entsprechend dem Wahlrecht für den Reichstag und die e.-l. Bezirkstage wird jeder Abgeordnete in einem besonderen Wahlkreise gewählt (Abs. III). Die Wahlkreise sind durch eine Kais. Verordnung vom 3. Juli 1911 (RGbl. 267) [1]) mit Zustimmung des Bundesrats gebildet. Ihre Einteilung im Wege der Gesetzgebung — nach dem Vorgang einer großen Reihe von Bundesstaaten (Bayern, Sachsen, Württemberg, Baden, Hessen u. a.) — hielten die verbündeten Regierungen nicht für angängig, weil der Reichstag den örtlichen Verhältnissen zu ferne stehe und die Mitwirkung des Landesausschusses nicht ratsam sei (Begr. 32). Immerhin sind die Grundzüge der Wahlkreiseinteilung gesetzlich festgelegt, und sie kann ferner nur durch Gesetz abgeändert werden (vgl. Bem. III). Dadurch sind die Bedenken, die sich gegen die Wahlkreisverordnungen überhaupt geltend machen lassen, der Hauptsache nach beseitigt.

II. Die Grundlage der Wahlkreiseinteilung bilden nach dem Gesetz, wie es in der Reichstagskommission beschlossen worden ist, die bestehenden Verwaltungskreise des Landes (vgl. §§ 2. 3 des Verwaltungsgesetzes v. 30. Dezember 1871; Verordnungen v. 8. November 1872 — GBl. 775 —, 1. März 1873 — GBl. 49 —, 6. Oktober 1880 — GBl. 134 —, 17. Januar 1882 — GBl. 1 —, 14. Mai 1884 — GBl. 98 —, 27. Juni 1890 — GBl. 53 —, 2. März 1891 — GBl. 27 —, 19. März 1901 — GBl. 27 —, 8. April 1901 — GBl. 31 —). Auf sie sind die einzelnen Wahlkreise nach Maßgabe der Bevölkerungszahl durch Abs. II verteilt. So kommen auf die Kreise Mülhausen und Straßburg-Stadt je 6 Wahlkreise, auf die Kreise Colmar, Straßburg-Land, Hagenau, Zabern, Metz-Land und Forbach je 3, auf die übrigen je 2 Wahlkreise. Wahlkreise,

[1]) Abgedruckt im Anhang.

die sich über die Grenzen eines Verwaltungskreises hinaus erstrecken, sind ausgeschlossen; sie müssen alle innerhalb der betreffenden Verwaltungskreise liegen. Gesetzliches Erfordernis ist ferner, daß die Wahlkreise örtlich zusammenhängen (Abs. III S. 2). Neben diesen absoluten Voraussetzungen gibt das Gesetz noch die allgemeinen Richtlinien an, nach denen bei der Abgrenzung der Wahlkreise innerhalb der Verwaltungskreise verfahren werden sollte. Sie sollte sich einerseits tunlichst an die bestehende Einteilung des Landes in Kantone — welche die Wahlbezirke für die Bezirkstags- und die Kreistagswahlen bilden — anlehnen. Andererseits sollte die Bevölkerung des Verwaltungskreises möglichst gleichmäßig auf die einzelnen Wahlkreise verteilt werden. Der große Unterschied in der Bevölkerungsziffer der Kantone brachte es mit sich, daß die Wahlkreiseinteilung den beiden Anforderungen nicht gleichmäßig Rechnung tragen konnte. Die Grundsätze, nach denen verfahren wurde, sind in der Straßburger Korrespondenz (1911 Nr. 92) mitgeteilt. In der Mehrzahl der Fälle fand eine Teilung von Kantonen statt. Dabei wurde regelmäßig ein Kanton unter verschiedene Wahlkreise aufgeteilt, während die übrigen Kantone des Verwaltungskreises ganz einem Wahlkreise zugeteilt wurden. Nur in den Fällen wurden die Kantone ungeteilt zu Wahlkreisen bestimmt oder zusammengelegt, wo dadurch der Grundsatz der gleichmäßigen Verteilung der Bevölkerung nicht erheblich verletzt wurde. Mit Rücksicht auf das Erfordernis des räumlichen Zusammenhangs wurden ausnahmsweise einzelne Gemeinden von dem übrigen Teile eines Kantons losgelöst und einem anderen Wahlkreise zugeschlagen.

Im übrigen weisen die einzelnen Wahlkreise ganz erhebliche Bevölkerungsunterschiede auf. So hat der größte Wahlkreis, der 52. (1. Diedenhofen-West, Fentsch-Algringen) 44 247 Einwohner, während der kleinste, der 47. (2. Bolchen, Busendorf-Teterchen) bloß 20 515 besitzt. Das ist zum großen Teil auf die durch § 1 II erfolgte Verteilung der Wahlkreise auf die einzelnen Verwaltungskreise mit ihren außerordentlich verschiedenen Bevölkerungsziffern zurückzuführen (von 41 825 — Kreis Bolchen — bis 188 988 — Kreis Mülhausen). Der Entwurf hatte eine von der Organisation der Verwaltungskreise unabhängige Einteilung der Wahlkreise vorgesehen. Diese sollten örtlich zusammenhängen und eine bestimmte Bevölkerungszahl — 25000 bis 35000 Einwohner — haben. Die Abgrenzung sollte sich möglichst an die Kantonaleinteilung halten, wie in der Begründung versichert wurde.

III. Die Verordnung über die Wahlkreiseinteilung ist mit formeller Gesetzeskraft ausgerüstet (§ 13 II WG.). Eine einseitige Abänderung derselben durch den Kaiser und den Bundesrat ist daher ausgeschlossen. Sie kann nur durch den Kaiser unter Zustimmung des Landtags erfolgen. Da auch das Wahlgesetz auf demselben Wege aufgehoben oder abgeändert werden kann, haben die Schranken des § 1 für eine künftige Änderung keine Bedeutung mehr. Selbstverständlich ist die Landesregierung jederzeit in der Lage, ohne Rücksicht auf den § 1 die Einteilung der Verwaltungskreise und der Kantone gemäß § 3 des Gesetzes vom 30. Dezember 1871 zu ändern. Die Wahlkreiseinteilung wurde jedoch durch eine derartige Maßnahme nicht berührt.

§ 2.

Wahlberechtigt sind die männlichen Einwohner Elsaß-Lothringens, sofern sie im Zeitpunkt der Wahl

1. im Besitze der Reichsangehörigkeit sind,
2. das 25. Lebensjahr zurückgelegt und
3. seit mindestens drei Jahren ihren Wohnsitz in Elsaß-Lothringen haben. Es genügt jedoch der Wohnsitz von einjähriger Dauer für die Einwohner, die in Elsaß-Lothringen ein öffentliches Amt ausüben, Religionsdiener oder Lehrer an öffentlichen Schulen sind.

Die Berechtigung zum Wählen ruht für die zum aktiven Heere gehörigen Militärpersonen mit Ausnahme der Militärbeamten.

Von der Berechtigung zum Wählen sind ausgeschlossen:

1. Personen, welche entmündigt oder unter vorläufige Vormundschaft gestellt sind, für die Dauer der Entmündigung oder Vormundschaft,

2. Personen, über deren Vermögen der Konkurs eröffnet worden ist, während der Dauer des Konkursverfahrens,
3. Personen, welche bei Abschluß der Wählerliste mit den für die letzten beiden Rechnungsjahre fälligen direkten Staatssteuern oder Gemeindeabgaben trotz rechtzeitiger Mahnung und, ohne Stundung erhalten zu haben, ganz oder zum Teil im Rückstand sind,
4. Personen, welche wegen eines Verbrechens oder wegen eines Vergehens, das die Aberkennung der bürgerlichen Ehrenrechte zur Folge haben kann, zu einer Zuchthaus- oder Gefängnisstrafe rechtskräftig verurteilt worden sind, für die Dauer von fünf Jahren, von dem Tage an gerechnet, an welchem die Strafe verbüßt, verjährt oder erlassen ist, sofern nicht der Verlust der bürgerlichen Ehrenrechte auf eine längere Dauer ausgesprochen ist,
5. Personen, welche eine Armenunterstützung aus öffentlichen Mitteln beziehen oder in dem letzten der Wahl vorhergegangenen Jahre bezogen haben.

Als Armenunterstützung sind nicht anzusehen:

a) die Krankenunterstützung,
b) die einem Angehörigen wegen körperlicher oder geistiger Gebrechen gewährte Anstaltspflege,
c) Unterstützungen zum Zwecke der Jugendfürsorge, der Erziehung oder Ausbildung für einen Beruf,
d) sonstige Unterstützungen, wenn sie nur in der Form vereinzelter Leistungen zur Hebung einer augenblicklichen Notlage gewährt sind,
e) Unterstützungen, die erstattet sind.

Das Wahlrecht darf nur in der Gemeinde ausgeübt werden, in der der Wahlberechtigte seit mindestens einem Jahre seinen

Wohnsitz hat. Kein Wähler darf das Wahlrecht an mehr als einem Ort ausüben.

E. § 2. B. 30 f. 33 f. KB. 48 ff. SB. 4177. 4180. 4187 f. 4227. 4230. 7091 f. 7095 ff. 7127.

I. Die Vorschrift bestimmt die Voraussetzungen des aktiven Wahlrechts (vgl. § 7 VG. nebst den Bem. dazu) und ähnelt dem § 30 der Gemeindeordnung vom 6. Juni 1895 (GBl. 58), der eine entsprechende Bestimmung für das Gemeindewahlrecht gibt und dem Entwurf zum Vorbild diente. Infolge dieser Verwandtschaft lassen sich auch die Bestimmungen zur Ausführung der Gemeindeordnung vom 25. März 1896 (Zentral- und Bezirksamtsblatt für E.-L. 45) für die Anwendung des § 2 heranziehen. In Abs. I desselben sind die positiven Voraussetzungen behandelt, in Abs. III und IV die negativen (Wahlausschließungsgründe); Abs. II und Abs. V S. 1 regeln die Voraussetzungen, unter denen die an sich gegebene Wahlberechtigung nicht ausgeübt werden kann (Ruhen des Wahlrechts). Abs. V S. 2 endlich spricht den Satz aus, daß Niemand das Wahlrecht an mehr als einem Orte ausüben darf. Eine Zuwiderhandlung dagegen ist nach § 108 StGB. strafbar.

II. Die Voraussetzungen des Wahlrechts nach Abs. I sind männliches Geschlecht, Besitz der Reichsangehörigkeit, Zurücklegung des 25. Lebensjahrs und mindestens 3 jähriger Wohnsitz in Elsaß-Lothringen, an dessen Stelle jedoch ein 1 jähriger Wohnsitz für diejenigen Einwohner tritt, die in E.-L. ein öffentliches Amt ausüben, einschließlich der Religionsdiener und der Lehrer an öffentlichen Schulen. Der maßgebende Zeitpunkt für die Existenz dieser Voraussetzungen ist der Tag der Wahl, nicht die Aufstellung oder der Schluß der Wählerliste (vgl. § 2 II und III der Wahlordnung für die zweite Kammer). Durch die Eintragung in diese Liste ist nach § 5 WG. die Ausübung des Wahlrechts bedingt (vgl. Bem. I zu § 5 WG.).

Die drei ersten Erfordernisse entsprechen dem Reichstags- und dem Gemeindewahlrecht (vgl. § 1 des Wahlgesetzes für den Reichstag vom 31. Mai 1869 — Bundesgesetzbl. 145 — und § 30 I der Gemeindeordnung). Die in der Reichstagskommission aufgestellte Forderung des Besitzes der e.-l. Landesangehörigkeit an Stelle der Reichsangehörigkeit vermochte sich aus staatsrechtlichen und politischen Gründen nicht durchzusetzen.

Sie hätte nach der Begründung (S. 31; vgl. auch KB. 49) nicht nur dem Charakter des Reichslandes widersprochen, sondern auch zu einer „ungerechtfertigten Zurücksetzung" einer großen Anzahl von im Lande ansässigen Angehörigen der deutschen Bundesstaaten geführt und wäre überdies „der fortschreitenden Entwicklung des Landes zum Deutschtum" hinderlich gewesen. Das vierte Erfordernis weicht von den beiden genannten Wahlrechten ab. Es wird einerseits nicht ein 3 jähriger Wohnsitz in einer bestimmten Gemeinde verlangt (Gemeindeordnung § 30 I), andererseits genügt nicht ein bloßer Wohnsitz im Lande von unbestimmter Dauer (Reichstagswahlgesetz § 1). Auch ist der Kreis der Personen, zu deren Gunsten ein 1 jähriger Wohnsitz zugelassen ist, in dem vorliegenden WG. anders als in der Gemeindeordnung bestimmt. Das Wohnsitzerfordernis bildet den Ausgleich dafür, daß auf der anderen Seite nur der Besitz der Reichsangehörigkeit verlangt wird. Es dient als Nachweis der Seßhaftigkeit und soll eine Garantie „gegen das Übergewicht der fluktuierenden Elemente der Bevölkerung" schaffen, die in E.-L. stärker als in den meisten übrigen Gebieten des Reichs vertreten sind. Bei ihnen besteht der Natur der Sache nach eine Anhänglichkeit an das Land und ein lebendiges Interesse für seine Wohlfahrt nicht in dem Maße wie bei der seßhaften Bevölkerung (Begr. 30 f.). Als Ergänzung dient die Vorschrift, daß das Wahlrecht nur in der Gemeinde ausgeübt werden darf, in welcher der Wahlberechtigte seit mindestens einem Jahre seinen Wohnsitz hat (Wohnsitzklausel; Abs. V S. 1). Durch sie wird zugleich gewissen unter die Vorschrift des § 108 StGB. fallenden Wahlfälschungen einigermaßen vorgebeugt (vgl. Schultze, Verfassung und Wahlgesetz für E.-L., Bem. 5 zu § 2 WG.).

Für den Begriff des Wohnsitzes ist den Ausführungsbestimmungen zu § 30 der Gemeindeordnung Z. 1 zufolge, auf die auch in der Begründung verwiesen ist, maßgebend, daß jemand im Lande eine Wohnung besitzt und dieselbe in Wirklichkeit, wenn auch nicht ständig, bewohnt. Die Vorschriften des bürgerlichen Rechts über den Wohnsitz (§§ 7—11 BGB.) sind nicht ohne weiteres anwendbar. Die Verlegung des Wohnsitzes von einem Orte zu einem anderen innerhalb des Landes ist ohne Einfluß auf die Wahlberechtigung. Doch kann sie nach Maßgabe des Abs. V S. 1 den Ausschluß von der Teilnahme an der Wahl bewirken.

Unter den Begriff des öffentlichen Amtes fällt jeder vom öffentlichen Recht bestimmte Inbegriff von Obliegenheiten zur Durchführung der Aufgaben der öffentlichen Verwaltung. Ein öffentliches Amt üben also aus Reichsbeamte, Landesbeamte, gleichviel ob sie mit einer Amtsgewalt betraut sind oder nicht, sowie ferner auch diejenigen Personen, welche als Organe öffentlicher Anstalten tätig sind, wie die Mitglieder der Armenräte, der Verwaltungskommissionen der Spitäler usw. (Ausführungsbestimmungen zu § 30 Z. 3; vgl. auch Bem. I zu § 10 VG.)

III. Abs. II wiederholt „der Vollständigkeit wegen" die in § 49 des Reichsmilitärgesetzes vom 2. Mai 1874 (RGBl. 45) enthaltene Vorschrift (Begr. 33). Die zum aktiven Heere gehörigen Militärpersonen — deren Wahlrecht ruht — ergeben sich aus § 38 desselben Gesetzes [1]).

Die Zivilbeamten der Militärverwaltung sind gleich den Militärbeamten zur Ausübung des Wahlrechts befugt; ebenso die Offiziere, Oberwachtmeister und Gendarmen der e.-l. Gendarmeriebrigade, weil sie nicht zum aktiven Heere gehören (Bruck, Die Gemeindeordnung für E.-L., Bem. 14 zu § 30; Schultze, Verfassung und Wahlgesetz, Bem. 3 zu § 2 WG.).

---

[1]) § 38. Zum aktiven Heere gehören:

A. Die Militärpersonen des Friedensstandes, und zwar

1) die Offiziere, Ärzte und Militärbeamten des Friedensstandes vom Tage ihrer Anstellung bis zum Zeitpunkte ihrer Entlassung aus dem Dienste;

2) die Kapitulanten vom Beginn bis zum Ablauf oder bis zur Aufhebung der abgeschlossenen Kapitulation;

3) die Freiwilligen und die ausgehobenen Rekruten von dem Tage, mit welchem ihre Verpflegung durch die Militärverwaltung beginnt, Einjährig-Freiwillige von dem Zeitpunkte ihrer definitiven Einstellung in einen Truppenteil an, sämtlich bis zum Ablauf des Tages ihrer Entlassung aus dem aktiven Dienste.

B. 1) Die aus dem Beurlaubtenstande (V. Abschnitt) zum Dienst einberufenen Offiziere, Ärzte, Militärbeamten und Mannschaften von dem Tage, zu welchem sie einberufen sind, bis zum Ablauf des Tages der Wiederentlassung;

2) alle in Kriegszeiten zum Heeresdienst aufgebotenen oder freiwillig eingetretenen Offiziere, Ärzte, Militärbeamten und Mannschaften, welche zu keiner der vorgenannten Kategorien gehören, von dem Tage, zu welchem sie einberufen sind, bezw. vom Zeitpunkte des freiwilligen Eintritts an, bis zum Ablauf des Tages der Entlassung.

IV. Von der Berechtigung zum Wählen sind die im Abs. III aufgeführten Personen ausgeschlossen. Die Ausschließungsgründe entsprechen im großen ganzen denen des § 30 III der Gemeindeordnung (vgl. auch § 3 des Reichstagswahlgesetzes); in den Einzelheiten bestehen mannigfache Verschiedenheiten. Zu den einzelnen Ausschließungsgründen ist ihrer gesetzlichen Reihenfolge nach folgendes zu bemerken:

1) Die Entmündigung (vgl. § 30 III Z. 1 Gemeindeordnung und § 3 Z. 1 Reichstagswahlges.) kann durch Beschluß des Amtsgerichts ausgesprochen werden wegen Geisteskrankheit und wegen Geistesschwäche, Verschwendung und Trunksucht (§ 6 BGB.). Das Verfahren ist in §§ 645 ff. ZPO. geregelt. Ein Volljähriger, dessen Entmündigung beantragt ist, kann unter vorläufige Vormundschaft gestellt werden, die mit ihrer Aufhebung durch Beschluß des Vormundschaftsgerichts, oder mit der Rücknahme oder der rechtskräftigen Abweisung des Entmündigungsantrags, oder mit der Bestellung eines Vormunds auf Grund der ausgesprochenen Entmündigung endigt (§§ 1906 bis 1908 BGB.). Die Entmündigung selbst hört auf mit der Aufhebung des — zu Unrecht erlassenen — Entmündigungsbeschlusses durch Urteil im Anfechtungsprozesse (§§ 672. 684 ZPO.), oder mit ihrer Wiederaufhebung durch Beschluß des Amtsgerichts (§§ 675. 685 ZPO.) oder durch Urteil auf erhobene Wiederaufhebungsklage hin (§§ 679. 686 ZPO.). Ihre zivilrechtlichen Wirkungen sind verschieden, je nachdem sie wegen Geisteskrankheit oder aus einem der andern oben angegebenen Gründen erfolgt ist. Im ersteren Falle ist der Entmündigte geschäftsunfähig (§ 104 I Z. 3 BGB.), im letzteren beschränkt geschäftsfähig, ebenso wie der unter vorläufige Vormundschaft Gestellte (§ 114 BGB.). In bezug auf das Wahlrecht ist dieser Unterschied jedoch unerheblich. Die Einleitung einer Pflegschaft wegen Gebrechlichkeit (§ 1910 BGB.) schließt das Wahlrecht nicht aus.

2) Das Konkursverfahren (vgl. § 30 III Z. 2 Gem.-Ordn. und § 3 Z. 2 Reichstagswahlges.) wird durch Beschluß des Amtsgerichts eröffnet (§§ 108/9 der Konkursordnung) und in gleicher Weise beendigt, sei es im Wege der Aufhebung nach Abhaltung des Schlußtermins oder nach erfolgter Bestätigung des Zwangsvergleichs (§§ 163. 190), oder im Wege der Einstellung nach Zustimmung aller Konkursgläubiger oder wegen ungenügender

Masse (§§ 202—204). Die Rehabilitation auf Grund des § 12 des Gesetzes vom 13. November 1899 (GBl. 157), die für das Gemeindewahlrecht nach der Bestimmung des § 30 III Z. 2 der Gemeindeordnung Bedeutung hat, ist für das Landtagswahlrecht gegenstandslos.

3) Im Gegensatz zu § 30 III Z. 4 der Gemeindeordnung schließt auch der Rückstand mit der Zahlung der direkten Staatssteuern und nicht bloß der Gemeindeabgaben die Wahlberechtigung aus. Neu ist ferner die in der Reichstagskommission hergestellte Einschränkung, daß eine Stundung nicht erfolgt sein darf, dagegen eine rechtzeitige Mahnung stattgefunden haben muß. Unter den beiden letzten Rechnungsjahren sind die beiden letzten dem Rechnungsjahre, in das der Wahltag fällt, vorhergegangenen zu verstehen (Ausführungsbestimmungen Z. 7). Bis zum Abschluß der Wählerliste (§ 5 VII WG.), der hier an Stelle des Wahltermins entscheidet, kann die Berichtigung nachgeholt werden. Zu den direkten Staatssteuern gehören die Grundsteuer (Ges. v. 6. April 1892 — GBl. 33 — u. v. 14. Juli 1903 — GBl. 47 —), die Gebäudesteuer (Ges. v. 14. Juli 1895 — GBl. 95 —), die Kapitalsteuer (Ges. v. 13. Juli 1901 — GBl. 55 —), die Lohn- und Besoldungssteuer (Ges. v. 13. Juli 1901 — GBl. 69 —), die Gewerbesteuer (Ges. v. 8. Juni 1896 — GBl. 31 —), die Wandergewerbesteuer (Ges. v. 8. Juni 1896 — GBl. 44 —), die Bergwerkssteuer (Ges. v. 14. Juli 1908 — GBl. 73 —) und die Abgabe von den Gütern der toten Hand (Ges. v. 8. November 1909 — GBl. 117 —). Gemeindeabgaben im Sinne der vorliegenden Bestimmung sind nur die Abgaben von öffentlich-rechtlichem Charakter, wie die Steuern, das Schulgeld, die Verbrauchsabgaben usw. (Ausführungsbestimmungen a. a. O.). Die Abgaben für die Benutzung gewerblicher Betriebe und Anstalten der Gemeinden (Gas-, Elektrizitäts- und Wasserwerke usw.) beruhen auf privatrechtlichem Titel und fallen nicht unter die Vorschrift (Bruck, Die Gemeindeordnung für E.-L., Bem. 21 zu § 30).

4. Nach den Bestimmungen des StGB. hat die Aberkennung der bürgerlichen Ehrenrechte den Verlust des Wahlrechts für die im Urteil bestimmte Zeit zur Folge (§ 34 Z. 7; vgl. § 3 Z. 4 Reichstagswahlges.). Abs. III Z. 4 knüpft diesen Verlust entsprechend der Gemeindeordnung (§ 30 III

Z. 5) schon an die bloße Verurteilung zu einer Zuchthaus- oder Gefängnisstrafe wegen eines Verbrechens oder Vergehens, das die Aberkennung der bürgerlichen Ehrenrechte zur Folge haben kann (vgl. darüber § 32 StGB.). Eine Zusammenstellung der in Betracht kommenden Delikte[1]) ist im Zentral- und Bezirksamtsblatt für E.-L. 1911 Nr. 32 veröffentlicht. Gleichgültig ist, ob die erkannte Gefängnisstrafe 3 Monate oder weniger beträgt (nach § 32 StGB. ist die Aberkennung der Ehrenrechte neben einer Gefängnisstrafe nur dann zulässig, wenn deren Dauer 3 Monate erreicht), da es auf den Charakter der strafbaren Handlung ankommt (Ausführungsbestimmungen Z. 7). Auch macht es keinen Unterschied, ob die Verurteilung von einem e.-l. oder einem andern deutschen Gerichte ausgesprochen ist. Verurteilungen im Auslande dagegen sind auf die Wahlberechtigung nur dann von Einfluß, wenn auf Grund des § 37 StGB. von deutschen Gerichten nachträglich auf Verlust der Ehrenrechte erkannt worden ist (Ausführungsbestimmungen a. a. O.).

5. Wie im Reichstags- und auch im Gemeindewahlrecht (vgl. § 3 Z. 3 Reichstagswahlges. und § 30 III Z. 3 GemOrdn.), sind Personen nicht wahlberechtigt, die eine Armenunterstützung aus öffentlichen Mitteln — zu denen auch die Aufwendungen der Gemeinden gehören — beziehen oder im letzten der Wahl vorhergegangenen Jahre bezogen haben. Abs. IV bestimmt entsprechend dem Reichsgesetz, betr. die Einwirkung von Armenunterstützung auf öffentliche Rechte, vom 15. März 1909 (RGBl. 319), daß gewisse daselbst bezeichnete Unterstützungen nicht als Armenunterstützungen zu betrachten sind. Unter den Begriff der Armenunterstützung fallen ferner nicht die Unfall-, Invaliden- und Altersrenten.

§ 3.

Jeder Wahlberechtigte hat eine Stimme.

E. § 3. B. 30 ff. 34. KB. 50. 53. SB. 4162. 4174 ff. 4180 f. 4188. 4235 f. 7047. 7089 f. 7093 f. 7124.

Die Vorschrift spricht den Grundsatz der Gleichheit des Wahlrechts aus (vgl. Bem. II zu § 7 VG.). Das im Ent-

[1]) Abgedruckt im Anhang.

wurfe (Abs. II) vorgesehene Alterspluralwahlrecht, das den Wahlberechtigten im Alter von mindestens 35 Jahren 2, im Alter von mindestens 45 Jahren 3 Stimmen einräumte, wurde vom Reichstag abgelehnt. Ein Proportionalwahlrecht, wie es von gewissen Kreisen in E.-L. verlangt wurde, vermochte sich ebensowenig durchzusetzen.

§ 4.

Wählbar sind die männlichen Einwohner Elsaß-Lothringens, welche seit mindestens drei Jahren die Reichsangehörigkeit besitzen, ebensolange in Elsaß-Lothringen ihren Wohnsitz haben, eine direkte Staatssteuer entrichten und das 30. Lebensjahr vollendet haben.

Die Ausschließgründe des § 2 Abs. 3 gelten auch für die Wählbarkeit.

E. § 4. B. 34. KB. 32 f. 51. 53. SB. 4177. 4227.

I. Die Voraussetzungen des passiven Wahlrechts decken sich nicht mit denen des aktiven; nur die Ausschließungsgründe sind dieselben. Verlangt wird für die Wählbarkeit, abgesehen vom Erfordernis des männlichen Geschlechts [1]), eine Reichsangehörigkeit von bestimmter Dauer (3 Jahre), um die Wahl eben naturalisierter Ausländer unmöglich zu machen, ferner ein höheres Lebensalter (30 statt 25 Jahre wie in § 2 WG., in § 4 Reichstagswahlges. und in § 31 GemOrd.). Auch sind von dem Erfordernis des 3jährigen Wohnsitzes im Lande keine Ausnahmen zugelassen, wie in § 2. Schließlich ist Voraussetzung der Wählbarkeit noch die Entrichtung einer direkten Staatssteuer, entsprechend den § 31 der Gemeindeordnung. Sie beruht auf der Annahme, daß derjenige am meisten für eine gute Verwaltung der Staatsgelder besorgt sein werde, der unter einer schlechten unmittelbar und persönlich leiden müsse, und daß die Interessen der Steuerzahler am besten von Vertretern aus ihrer Mitte wahrgenommen würden (Begr. 34).

---

[1]) In § 6 II S. 2 VG. ist dieses Erfordernis nicht besonders aufgestellt, aber als selbstverständlich zu unterstellen.

II. Nach Maßgabe der Bestimmung sind auch diejenigen Personen wählbar, deren Wahlrecht auf Grund der Vorschriften der §§ 2 II (Militärpersonen), 2 V S. 1 (Wohnsitzklausel) und 5 VG (Nichteintragung in die Wählerliste) ruht, desgleichen die Mitglieder der ersten Kammer (vgl. darüber Bem. III zu § 19 VG.).

§ 5.

Die Wahl erfolgt gemeindeweise auf Grund von Listen, welche die Wahlberechtigten der Gemeinde enthalten und ihre durch § 2 dieses Gesetzes geforderten Eigenschaften angeben (Wählerlisten).

Sind aus einer Gemeinde mehrere Wahlkreise gebildet, so erfolgt die Aufstellung der Wählerliste der Gemeinde gesondert für die einzelnen Wahlkreise. Die Listen werden von dem Bürgermeister und zwei von dem Gemeinderat aus seiner Mitte zu bezeichnenden Mitgliedern aufgestellt und spätestens sechs Wochen vor dem zur Wahl bestimmten Tage während einer Woche zu jedermanns Einsicht ausgelegt. Spätestens drei Tage vorher ist zur öffentlichen Kenntnis zu bringen, wann und wo dies geschehen wird.

Einwendungen gegen die Richtigkeit der Wählerliste müssen, während die Liste zur Einsicht aufliegt, bei dem Bürgermeister eingereicht oder zu Protokoll erklärt werden. Befugt zur Erhebung von Einwendungen ist jeder Wahlberechtigte sowie die Gemeindeaufsichtsbehörde.

Über die Einwendungen wird innerhalb fünf Tagen durch den Bürgermeister und die zwei im Abs. 2 bezeichneten Gemeinderatsmitglieder nach Stimmenmehrheit entschieden. Gegen diese Entscheidung kann Beschwerde erhoben werden. Die Beschwerde ist innerhalb drei Tagen nach Zustellung der Entscheidung durch Erklärung auf der Gerichtsschreiberei des

Amtsgerichts einzulegen und durch das Amtsgericht innerhalb fünf Tagen zu entscheiden.

Gegen die Entscheidung des Amtsgerichts steht den Beteiligten weitere Beschwerde an das Landgericht zu, welches endgültig entscheidet. Die Beschwerde ist in der Frist von drei Tagen nach Zustellung der Entscheidung auf der Gerichtsschreiberei des Landgerichts einzulegen. Die Entscheidung ist binnen fünf Tagen zu treffen, dem Beschwerdeführer und dem Bürgermeister mitzuteilen und von letzterem in der Wählerliste zu berücksichtigen.

Das Verfahren ist frei von Gerichtsgebühren.

Nach Ablauf der Auslegefrist wird die Liste vorbehaltlich derjenigen Änderungen, welche infolge der Entscheidung über erhobene Einwendungen notwendig werden, geschlossen.

Den in der Wählerliste eingetragenen Wahlberechtigten werden alsbald Ausweiskarten übersandt.

E. § 5. B. 34 f. KB. 51. 53.

I. Durch die Vorschrift, zu deren Ergänzung die §§ 1—6 der Wahlordnung vom 31. Juli 1911 gegeben sind, wird die Teilnahme an der Wahl, die gemeindeweise vorzunehmen ist, entsprechend dem Reichstags- und dem Gemeindewahlrecht (Reichstagswahlges. § 8, Gemeindeordnung § 33) sowie dem Wahlrecht für die Volksvertretungen in der Mehrzahl der Bundesstaaten von der Eintragung der Wahlberechtigten in die Wählerliste abhängig gemacht. Nur derjenige darf stimmen, der in die Liste aufgenommen ist, ohne Rücksicht darauf, ob in seiner Person die Voraussetzungen des § 2 I WG. vorliegen. Andererseits ist auch jeder Eingetragene zur Stimmabgabe zuzulassen, selbst wenn er in Wahrheit nicht wahlberechtigt ist; nur solche Personen sind trotz ihrer Aufnahme zurückzuweisen, denen im Zeitpunkte der Wahl die bürgerlichen Ehrenrechte rechtskräftig aberkannt sind[1]) (§ 11 I Wahlordnung;

[1]) Eine Zurückweisung kann auch deshalb erfolgen, weil der Wähler sich über seine Person nicht auszuweisen vermag, oder weil er bei der

vgl. dazu § 2 III Z. 4 WG. und Bem. IV 4 zu § 2). Die endgiltige Eintragung in die Wählerliste stellt die Berechtigung zur Stimmabgabe gegenüber dem Wahlvorstande autoritativ fest und begründet sie dadurch im Falle ihrer Unrichtigkeit. Materiell wahlberechtigt wird der zu Unrecht Eingetragene nicht, ebensowenig wie der nicht eingetragene Wahlberechtigte sein Wahlrecht verliert; es kann bloß nicht ausgeübt werden. Das zeigt sich im Wahlprüfungsverfahren (§ 9 VG.), in dem über die Frage der Wahlberechtigung selbständig entschieden werden kann. Daß der nach § 5 mit seinen Einwendungen ausgeschlossene Wahlberechtigte zur Erhebung des Einspruchs gegen die Gültigkeit der Wahl nicht befugt ist (vgl. Bem. II zu § 9 VG.), ändert nichts an dieser Sachlage.

II. Die Wählerlisten sind für jede Wahl (die Haupt- und Nachwahlen umfaßt) und jede Gemeinde besonders aufzustellen[1]). Nach beiden Richtungen hin gibt es jedoch Ausnahmen. Für eine Ersatzwahl, die innerhalb eines Jahres nach einer Wahl stattfindet, für welche die Wählerliste neu aufgestellt war, bedarf es einer neuen Aufstellung nicht (§ 11 II WG.). Sind aus einer Gemeinde mehrere Wahlkreise gebildet, so erfolgt die Aufstellung gesondert für die einzelnen Wahlkreise. In Gemeinden oder Wahlkreisen, die bereits vor der Aufstellung der Wählerliste in Stimmbezirke eingeteilt sind, hat dieselbe nach den einzelnen Stimmbezirken zu erfolgen (WO. § 2).

Die Eintragungen sind in alphabetischer Ordnung zu vollziehen. Aufzunehmen sind alle Personen, welche die Wahlberechtigung besitzen oder am Tage der Wahl besitzen werden. Wer nicht zur Ausübung der Wahl berechtigt ist (§ 2 III u. V S. 1), darf nicht aufgenommen werden. Am Ende der Wählerliste ist zu bescheinigen, daß bezüglich der eingetragenen Personen am Wahltage die Erfordernisse der Wahlberechtigung gemäß § 2 I WG. gegeben sind (§ 2; vgl. auch § 5 II daselbst).

III. Das Verfahren für die Aufstellung der Wählerlisten ist nach dem Vorbilde des § 33 der Gemeindeordnung geregelt.

Wahlhandlung den Vorschriften des § 12 I WO. zuwidergehandelt hat (§ 12 III WO.). Durch eine derartige Zurückweisung wird der im Text ausgesprochene Grundsatz nicht berührt.

[1]) Sie haben dem im Zentral- und Bezirksamtsblatt 1911 S. 100 abgedruckten Formular zu entsprechen (Verordnung v. 4. August 1911; vgl. den Anhang).

Die Abweichungen des § 5 beziehen sich der Hauptsache nach auf die Fristen, die zum größten Teil verkürzt sind.

Die Listen, die vom Bürgermeister und zwei vom Gemeinderat aus seiner Mitte zu bezeichnenden Mitgliedern aufzustellen sind, sind nach Maßgabe des Abs. II zu jedermanns Einsicht auszulegen. Von wann an dies zu geschehen hat, wird durch das Ministerium nach der Verkündung der Verordnung über den Tag der Wahlen (§ 8 II VG.) bestimmt (WO. § 1).

Während der Auslegung der Listen kann jeder Wahlberechtigte und außerdem die Gemeindeaufsichtsbehörde (d. h. in den Gemeinden von 25000 und mehr Einwohnern und den ihnen gleichgestellten — Gemeindeordnung § 1 — der Bezirkspräsident, in den übrigen Gemeinden der Kreisdirektor — Gemeindeordnung § 71 —) Einwendungen gegen die Richtigkeit derselben beim Bürgermeister einreichen oder zu Protokoll erklären. Zweifelhaft ist, ob nur derjenige zur Erhebung des Einspruchs befugt ist, der in der Gemeinde selbst, um deren Wählerliste es sich handelt, wahlberechtigt ist, oder überhaupt jeder Wahlberechtigte aus dem Lande. Desgleichen, ob auch solche Personen dazu legitimiert sind, die gemäß § 2 II und V S. 1 WG. das Wahlrecht nicht ausüben können. Die zweite Frage wird zu verneinen sein, die erste wird man im Sinne der ersteren Alternative beantworten müssen (ebenso für das Gemeindewahlrecht Bruck, Gemeindeordnung, Bem. 7 zu § 33, A. M. Schultze, Bem. 3 zu § 5 WG.). Die Einwendungen können sich darauf gründen, daß Eintragungen zu Unrecht erfolgt oder unterblieben sind und demgemäß auf Streichung oder auf Vornahme von solchen hinzielen. Daß sie nur insoweit erhoben werden können, als der Wahlberechtigte an der Berichtigung unmittelbar und persönlich interessiert ist, ist im Gesetz nicht gesagt und auch nicht anzunehmen. Nach Ablauf der Auslegefrist sind Einwendungen unzulässig.

Über die erhobenen Einwendungen entscheidet in erster Instanz die Kommission, welche die Liste aufgestellt hat. Sie hat zunächst die formelle Zulässigkeit der Einwendung (Einhaltung der Form und der Auslegefrist, Legitimation des Beschwerdeführers) zu prüfen und erst nach Bejahung derselben in die materielle Würdigung der Sache einzutreten. Erweist sich die Einwendung als begründet, so ist die Wählerliste zu berichtigen; die unbegründete Einwendung ist zurückzuweisen. Die Entscheidung ist gemäß § 3 I WO. zuzustellen; schon vorher ist der Eingetragene, dessen Wahlberechtigung bestritten wird, hiervon in Kenntnis zu setzen (§ 3 II WO.).

Gegen die Entscheidung der Kommission findet gleich wie nach der Gemeindeordnung (§ 33) — in Anlehnung an das französische Recht, das alle Statusklagen vor die ordentlichen Gerichte verwies (Begr. 35) — Beschwerde an die ordentlichen Gerichte statt. Zuständig ist das Amtsgericht, gegen dessen Entscheidung weitere Beschwerde an das Landgericht zulässig ist (vgl. Abs. IV u. V). Das Verfahren ist mit Rücksicht auf das vorhandene öffentliche Interesse gebührenfrei. Die Entscheidung ist dem Beschwerdeführer und dem Bürgermeister mitzuteilen. Auf Grund derselben ist die Wählerliste zu berichtigen (vgl. WO. § 4). Andere Änderungen als solche, die infolge erhobener Einwendungen vorzunehmen sind, können nach Schluß der Liste (Abs. VII) nicht getroffen werden.

Die abgeschlossene Liste ist auf dem Bürgermeisteramte aufzubewahren. Zur Benutzung bei der Wahl erhält der Wahlvorsteher (§ 7 Wahlordnung) eine vom Bürgermeister beglaubigte Abschrift (WO. § 5 I).

Die vorgeschriebene Übersendung der Ausweiskarten[1]) an die eingetragenen Wahlberechtigten durch den Bürgermeister (Abs. VIII; WO. § 6) entspricht der im Lande bestehenden Übung (Begr. 35). Die Karten werden in der Wahlordnung verschiedentlich erwähnt (§§ 12 I, 13 II, 25 II S. 5). Die Zulassung zur Stimmabgabe kann jedoch nicht unbedingt von ihrer Vorlegung abhängig gemacht werden. Die Wahlberechtigten können sich auch auf eine andere Art ausweisen.

§ 6.

Mit Genehmigung der Gemeindeaufsichtsbehörde kann der Bürgermeister zum Zwecke der Stimmabgabe die Gemeinde

[1]) Durch Verordnung des Ministeriums vom 4. August 1911 (Zentral- und Bezirksamtsblatt 99) Z. 2 ist dafür ein derselben als Anlage 2 beigefügtes Formular (S. 103) vorgeschrieben, das folgenden Aufdruck enthält: „Diese Karte ist als Ausweis zur Wahl mitzubringen und nach Gebrauch behufs Benutzung bei einer etwaigen Nachwahl aufzubewahren. An Stelle einer abhanden gekommenen Ausweiskarte kann ein Doppel auf dem Bürgermeisteramte verlangt werden. Die betreffenden Wahlberechtigten müssen sich dabei über ihre Person ausweisen".

in Stimmbezirke einteilen. Wer bei Schluß der Wählerliste dem Stimmbezirk, in dem er seinen Wohnsitz hat, noch nicht drei Monate angehört, wählt in dem Stimmbezirk, in dem er drei Monate vor Schluß der Wählerliste seinen Wohnsitz gehabt hat. Diese Vorschrift ist entsprechend anzuwenden, wenn ein Wahlberechtigter seinen Wohnsitz innerhalb der Gemeinde aus einem Wahlkreis in einen andern verlegt.

E. § 6. B. 36. KB. 51. 53.

Die Stimmbezirke (vgl. auch Gemeindeordnung § 34 III) sind Unterabteilungen der Wahlkreise und dienen dazu, die Stimmabgabe für die Wähler und die Leitung des Wahlgeschäfts zu erleichtern (Begr. 36). Sie können vor oder nach Aufstellung der Wählerliste gebildet werden, müssen aber jedenfalls in der öffentlichen Bekanntmachung des § 7 WG. bezeichnet sein. Die Einteilung in Stimmbezirke kann auch ein und für allemal stattfinden. Jeder Stimmbezirk erhält einen besonderen Wahlvorstand (vgl. WO. § 7).

Die Vorschrift des S. 2 bezweckt, nachträgliche Änderungen in den Wählerlisten nach Möglichkeit zu vermeiden und dadurch eine ordnungsmäßige Aufstellung derselben zu gewährleisten (Begr. a. a. O.). Sie findet im Falle des S. 3 analoge Anwendung. Nach Maßgabe dieser Bestimmungen hat auch die Eintragung in die Wählerliste zu erfolgen (WO. § 5 II; vgl. übrigens noch § 2 I S. 2).

§ 7.

Die Berufung der Wahlberechtigten zur Wahl erfolgt durch den Bürgermeister mindestens acht Tage vor dem Wahltag mittels ortsüblicher Bekanntmachung. Die Bekanntmachung muß den Raum, in dem die Wahl stattfindet, Tag, Stunde und Dauer der Wahl und, falls die Gemeinde in Stimmbezirke eingeteilt ist, deren Abgrenzung bezeichnen.

Die Wahl dauert mindestens vier Stunden und höchstens

acht Stunden; sie darf nicht vor 10 Uhr Morgens beginnen, der Schluß muß spätestens auf 6 Uhr Abends festgesetzt werden.

Der Wahltag muß ein Sonntag sein.

E. § 7 B. 36. KB. 51. 53.

Der Tag der allgemeinen Wahlen wird durch Verordnung des Statthalters festgesetzt und im Gesetzblatt für E.-L. bekannt gemacht (§ 8 II VG.). Durch die Bekanntmachung des Bürgermeisters sollen die Wahlberechtigten über Ort und Zeit des Wahlgeschäfts genaue Auskunft erhalten (Begr. 36). Im Falle von Nachwahlen genügt statt der achttägigen eine Frist von 2 Tagen (§ 25 II S. 1 WO.). Die Dauer der Wahl ist vom Bürgermeister innerhalb des durch Abs. II gegebenen Rahmens näher zu bestimmen. Die Bestimmung des Abs. III, die nach § 10 II S. 1 WG. auch für die Nachwahlen gilt, wurde von der Reichstagskommission eingefügt und entspricht einem von alters her im Lande herrschenden Brauch.

§ 8.

Das Wahlrecht wird in Person durch Abgabe eines Stimmzettels in eine abgeschlossene Wahlurne ausgeübt. Die Wahlurnen sollen den im Verordnungswege zu erlassenden Normativbestimmungen entsprechen.

Jeder Stimmzettel muß von weißem Papier sein, darf kein äußeres Kennzeichen aufweisen und ist von dem Wähler in einem mit amtlichem Stempel versehenen Umschlag, der sonst kein Kennzeichen haben darf, abzugeben.

E. § 8. B. 36f. KB. 51. 53f.

I. Die Bestimmung sanktioniert in erster Linie das Prinzip der persönlichen Wahl. Der Wähler hat sein Wahlrecht selbst auszuüben und auch die dazu erforderlichen Handlungen im Wahlraum (§ 12 I WO.) persönlich vorzunehmen. Nur solche Wähler, die durch körperliche Gebrechen behindert sind, ihren Stimmzettel eigenhändig in den Umschlag zu stecken und diesen dem Wahlvorsteher zu übergeben, dürfen sich des Beistandes einer Vertrauensperson bedienen (§ 12 II WO.). Abwesende können weder durch Stellvertreter noch sonst (Übersendung des Stimmzettels) an der Wahl teilnehmen (§ 11 II WO.).

II. Daneben regelt die Vorschrift die Art und Weise der Stimmabgabe (vgl. darüber noch § 12 I WO.) und sucht dabei in Anlehnung an § 10 des Reichstagswahlgesetzes und § 11 des Ausführungsreglements dazu in der Fassung vom 28. April 1903 (RGBl. 202) die Durchführung des in § 7 VG. ausgesprochenen Grundsatzes der geheimen Abstimmung durch verschiedene Bestimmungen zu sichern. Sie werden ergänzt durch die Vorschriften des § 9 WO. und Z. 1 der Ministerialverordnung vom 4. August 1911[1]), der die in Abs. I S. 2 der vorliegenden Bestimmung erwähnten Normativbestimmungen enthält. Stimmzettel, die den Vorschriften des Abs. II nicht entsprechen, sind ungültig (WO. § 16).

§ 9.

Die Wahl sowie die Ermittlung des Wahlergebnisses erfolgt öffentlich.

E. § 9. B. 37. KB. 51. 54.

I. Die Öffentlichkeit der Wahl ist gemeines Recht für die Wahlen zum Reichstag, zu den Bezirks- und Kreistagen sowie zu den Gemeinderäten. Jedermann steht grundsätzlich der Zutritt zu dem Wahlraum offen, auch nach Beendigung der Wahlhandlung und während der Ermittelung des Wahlergebnisses. Die Vorschrift des § 22 II WO. schränkt diesen Satz jedoch ein, indem sie bei der Ermittelung des Wahlergebnisses durch den Wahlkommissar (§ 20 WO.) nur den Wahlberechtigten des Wahlkreises den Zutritt gestattet. Soweit dies zur Aufrechterhaltung der Ordnung unbedingt erforderlich ist, können Personen aus dem Wahlraum entfernt werden. Auch kann der weitere Zutritt oder Aufenthalt wegen Raummangels verweigert werden.

II. Über die Wahlhandlung geben die §§ 7—14 und über die Ermittelung des Ergebnisses der Abstimmung in den Gemeinden und Stimmbezirken die §§ 15—19 WO. eingehende Vorschriften. Die Wahlhandlung wird von einem Wahl-

[1]) Abgedruckt im Anhang.

vorstande geleitet, der aus dem Wahlvorsteher, 4—6 Beisitzern und dem Schriftführer besteht (§ 7 WO.). Der Wahlvorstand hat auch das Ergebnis der Abstimmung zu ermitteln und dabei insbesondere über die Gültigkeit oder Ungültigkeit von Stimmzetteln zu entscheiden (WO. §§ 16/7).

Wahlvorsteher ist der Bürgermeister oder bei dessen Verhinderung der gesetzliche Stellvertreter; sind Stimmbezirke gebildet, so ist der Bürgermeister oder sein Vertreter Wahlvorsteher des ersten Stimmbezirks; die Wahlvorsteher der übrigen Stimmbezirke werden von dem Bürgermeister berufen (§ 7 II). Dem Wahlvorsteher sind folgende Obliegenheiten zugewiesen: Die Eröffnung der Wahlhandlung, die gemäß § 10 I durch eidesstattliche Verpflichtung der übrigen — von ihm ernannten (§ 7 III u. IV) — Mitglieder des Wahlvorstandes zu erfolgen hat, die Entgegennahme der Umschläge mit den Stimmzetteln, die sofort uneröffnet in die Wahlurne zu legen sind, die Zurückweisung von Stimmzetteln oder Wählern nach § 12 III, die Schließung der Wahl (§ 14), ferner die Handhabung der Ordnung in dem Wahlraum (§ 8) und schließlich eine Reihe von Obliegenheiten im Ermittelungsverfahren (§§ 15 III u. IV, 17 I S. 2; 18, 19 II u. III), insbesondere die öffentliche Bekanntgabe des Ergebnisses.

Der Schriftführer hat zu prüfen, ob der Wähler in der Wählerliste eingetragen ist (§ 12 I); er hat die Stimmabgabe neben dem Namen des Wählers in der Wählerliste zu vermerken (§ 13 S. 1), das Wahlprotokoll (§ 19 WO.) zu führen und darin die den Bewerbern zugefallenen Stimmen zu vermerken (§ 15 III).

Den Beisitzern, deren genaue Anzahl (nach Maßgabe des § 7 I S. 1) der Wahlvorsteher bestimmt, sind gleichfalls einige besondere Funktionen übertragen, so die Kennzeichnung der Ausweiskarten (§ 13 S. 2), die Öffnung der Umschläge, die Entnahme der Stimmzettel und deren Aufbewahrung bis zum Schlusse der Wahl, die Führung einer Gegenliste (§ 15 III).

Die Eröffnung der Umschläge und die Zählung der Stimmen kann der Wahlvorstand durch besondere, aus den Wählern zu entnehmende Stimmzähler vornehmen lassen.

Zu keiner Zeit dürfen weniger als 3 Mitglieder des Wahlvorstandes gegenwärtig sein. Der Wahlvorsteher und der Schriftführer dürfen sich während der Wahlhandlung nicht gleichzeitig entfernen; verläßt einer von ihnen vorübergehend den Wahlraum, so ist mit seiner zeitweiligen Vertretung ein anderes Mitglied des Wahlvorstandes zu beauftragen (§ 10 II).

Über die Wahlhandlung und die Ermittelung des Ergebnisses der Abstimmung hat der Wahlvorstand ein Protokoll [1]) aufzunehmen, dem die Wählerliste nebst der Gegenliste, beide von ihm unterzeichnet, beizufügen sind (§§ 19 I, 15 III S. 4).

Sind Stimmbezirke gebildet, so hat der Wahlvorstand des ersten Stimmbezirks, dem die Wahlprotokolle der übrigen Bezirke durch deren Wahlvorsteher sofort zu übersenden sind, das Gesamtergebnis der Abstimmung in den Stimmbezirken zu ermitteln, das alsbald öffentlich bekannt zu geben ist (§ 19 II u. III).

III. Die Ermittelung des Wahlergebnisses für den Wahlkreis erfolgt durch einen vom Bezirkspräsidenten zu ernennenden **Wahlkommissar** am zweiten Tage (Dienstag) nach der Wahl auf dem Bürgermeisteramte des Wahlhauptorts (vgl. WO. §§ 20—23). Die Wahlhauptorte sind in § 21 bezeichnet. Der Wahlkommissar hat einen Schriftführer zuzuziehen. Über die Verhandlung ist ein Protokoll aufzunehmen. Das Ergebnis wird durch den Wahlkommissar verkündet und in einem der zu amtlichen Bekanntmachungen dienenden Blätter bekannt gemacht.

§ 10.

Gewählt ist, wer im Wahlkreis die meisten Stimmen und zugleich mehr als die Hälfte der abgegebenen gültigen Stimmen erhalten hat.

Soweit sich keine solche Stimmenmehrheit ergibt, findet am siebenten Tage nach der Hauptwahl eine Nachwahl statt. Gewählt ist bei der Nachwahl, wer die meisten gültigen Stimmen erhalten hat. Bei Stimmengleichheit entscheidet das Los.

E. § 10. B. 37. KB. 51. 54.

I. Nach Abs. I entscheidet bei der **Hauptwahl** der Grundsatz der **absoluten Mehrheit**, gleichwie bei den Wahlen zum Reichstag (Wahlgesetz § 12 I S. 2) und zum Gemeinderat (Wahl-

[1]) Dazu sind die in Zentral- und Bezirksamtsblatt 1911 S. 104 und 108 abgedruckten Formulare zu verwenden (Verordnung v. 4. August 1911; vgl. den Anhang).

ordnung v. 28. Dezember 1895 — Zentral- und Bezirksamtsblatt für E.-L. 1896 S. 7 — § 21). Bei der **Nachwahl** dagegen (Abs. II) ist die **relative Mehrheit** maßgebend. Durch diese Regelung ist in Anlehnung an das Gemeindewahlrecht (Wahlordnung § 22 III) das System der Stichwahlen, das vom Reichstagswahlgesetz (§ 12 I S. 3) adoptiert, aber nicht besonders empfehlenswert ist — „weil es den freien Willen der Wähler in unnötiger Weise beschränkt" und „zu unnatürlichen Vereinigungen der politischen Parteien" führt (Begr. 37) —, verworfen und damit die Möglichkeit geschaffen, einen neuen Bewerber zu stimmen. Bei Stimmengleichheit in der Nachwahl entscheidet in Übereinstimmung mit dem Reichstagswahlrecht (§ 12 II) das Los, das durch den Wahlkommissar zu ziehen ist (WO. § 25 III S. 2).

II. Der Bewerber, der die absolute Mehrheit nach Abs. I erlangt hat, wird durch den Wahlkommissar als gewählt erklärt (WO. § 24) und ist von ihm durch Brief mit Postzustellungsurkunde von der Wahl zu benachrichtigen und zur Erklärung über die Annahme aufzufordern (WO. § 26 I). Die Annahme der Wahl unter Vorbehalt oder Verwahrung gilt als Ablehnung; ebenso verhält es sich, wenn der Gewählte nicht innerhalb einer Woche nach Zustellung der Benachrichtigung eine Erklärung abgibt (WO. § 26 II).

Ist eine **Nachwahl** nötig geworden, weil kein Bewerber die absolute Mehrheit erlangt hat, so hat der Wahlkommissar dies sofort den Bürgermeistern der Gemeinden des Wahlkreises mitzuteilen. Zugleich sind ihnen die Wählerlisten wieder zuzustellen (WO. § 25 I). Die Nachwahl wird auf denselben Grundlagen und nach denselben Vorschriften wie die erste Wahl vorgenommen (vgl. § 25 II). Die Berufung der Wahlberechtigten hat mindestens 2 Tage vor der Nachwahl zu erfolgen.

§ 11.

Wird die Wahl abgelehnt oder für ungültig erklärt oder scheidet ein Mitglied während der Wahlperiode aus, so findet sofort eine Ersatzwahl statt.

Bei einer Ersatzwahl, die innerhalb eines Jahres nach einer Wahl stattfindet, für welche die Wählerliste neu aufgestellt war, bedarf es einer neuen Aufstellung der Wählerliste nicht.

E. § 11. B. 37. KB. 51. 54.

I. Die Vorschrift des Abs. I ist aus dem Reichstagswahlrecht (Wahlreglement v. 28. Mai 1870 — Bundesgesetzbl. 275 — § 34) übernommen und findet eine Ergänzung in § 27 WO., demzufolge die Ersatzwahl vom Ministerium anzuordnen und in der Regel innerhalb eines Vierteljahres seit Erledigung des Sitzes vorzunehmen ist. Über die Ablehnung der Wahl ist § 26 II WO., über deren Ungültigkeitserklärung § 9 VG. nebst den Bemerkungen dazu (insbes. S. 78), über das Ausscheiden von Mitgliedern die Bemerkung III zu § 8 VG. (S. 76) zu vergleichen. Neben den daselbst genannten persönlichen Endigungsgründen kommt hier insbesondere der Tod von Mitgliedern der Kammer in Betracht.

II. Die Bestimmung des Abs. II entspricht dem § 8 III des Reichstagswahlgesetzes und dem § 33 VIII der Gemeindeordnung. Sie hat zur Folge, daß Änderungen in der Wahlberechtigung, die sich in der Zeit zwischen dem Schluß der Wählerliste und der Ersatzwahl ereignen, unberücksichtigt bleiben, ausgenommen die rechtskräftige Aberkennung der bürgerlichen Ehrenrechte (WO. § 11 I S. 2). Insbesondere sind also alle Personen, die seit dem Wahltage die Wahlberechtigung erlangt haben, von der Teilnahme an der Wahl ausgeschlossen. Auf eine durch solche nachträglichen Veränderungen herbeigeführte Unrichtigkeit der Wählerliste können Einwendungen gegen die Gültigkeit der Ersatzwahl nicht gegründet werden.

§ 12.

Den Aufwand für die Anfertigung der Wählerlisten und Ausweiskarten und die Bereitstellung und Ausrüstung des Wahlraums tragen die Gemeinden; alle übrigen durch die Wahlen entstehenden Kosten trägt die Staatskasse.

E. § 12. B. 37 f. KB. 51. 54.

Zu den Kosten, die der Staatskasse zur Last fallen, gehören namentlich die Kosten für die Wahlprotokolle und die Umschläge, ferner die Kosten der Ermittelung des Wahlergebnisses durch den Wahlkommissar (Begr. 38). Die von den Gemeinden gezahlten Löhne an die Boten, die das Wahlergebnis der einzelnen Gemeinden dem Wahlkommissar überbringen, oder Portoauslagen hierfür sind jedoch, wie die Begründung hervorhebt, unter den zuletzt bezeichneten Kosten nicht zu begreifen.

§ 13.

Soweit das Wahlverfahren nicht durch dieses Gesetz festgestellt worden ist, wird es durch Kaiserliche Verordnung (Wahlordnung) geregelt.

Die Wahlordnung sowie die Wahlkreiseinteilung (§ 1 Abs. 4) können nur durch Gesetz abgeändert werden.

E. § 13. B. 38. KB. 51. 54.

Das WG. enthält entsprechend dem Reichstagswahlgesetz und der Gemeindeordnung nur die „entscheidenden Grundsätze und Richtlinien", während die Einzelheiten zweckmäßigerweise einer besonderen Wahlordnung vorbehalten wurden, die am 31. Juli 1911 erlassen worden (GBl. 45), und auf deren ergänzende Bestimmungen in den Bemerkungen zu den einzelnen Vorschriften des Wahlgesetzes stets hingewiesen ist. Sie hat, wie auch die Wahlkreiseinteilung (vgl. Bem. I u. III zu § 1 WG.) formelle Gesetzeskraft und kann daher, da es sich um eine Angelegenheit der Landesgesetzgebung handelt (vgl. Bem. zu § 14 WG.), nur mit Zustimmung des Landtags aufgehoben oder abgeändert werden (vgl. Bem. IV zu § 5 VG.). Zur Abänderung der auf Grund des § 6 II VG. erlassenen Wahlordnungen für die erste Kammer vom 15. August 1911 bedarf es dagegen der Mitwirkung des Landtags nicht; sie ist lediglich Sache des Kaisers.

§ 14.

Dieses Gesetz tritt mit dem Tage seiner Verkündung in Kraft.

E. § 14. B. 38. KB. 51. 54.

Die Verkündung ist am 6. Juni 1911 erfolgt, zusammen mit dem VG. Mit dem WG. sind gleichzeitig die Vorschriften des VG. über die Bildung des Landtags in Kraft getreten (Art. III S. 1 VG.). Das WG. ist in Ermangelung einer dem Art. III S. 2 VG. entsprechenden Bestimmung der Änderung und Aufhebung durch die Landesgesetzgebung freigegeben (Bem. II zu Art. III VG.).

Urkundlich unter Unserer Höchsteigenhändigen Unterschrift und beigedrucktem Kaiserlichen Insiegel.

Gegeben Neues Palais, den 31. Mai 1911.

(L. S.) Wilhelm.

von Bethmann Hollweg.

Anhang.

I. Wahlordnungen für die Wahlen zur ersten Kammer des Landtags für Elsaß-Lothringen. Vom 15. August 1911.[1])

1) Wahlordnung für das Plenum der Kaiser-Wilhelms-Universität Straßburg.

Gesetzblatt für Elsaß-Lothringen 1911 S. 59.

Wir Wilhelm, von Gottes Gnaden Deutscher Kaiser, König von Preußen etc.

verordnen auf Grund von Art. II § 6 Abs. 2 des Gesetzes über die Verfassung Elsaß-Lothringens vom 31. Mai 1911 (Reichs-Gesetzbl. S. 225) im Namen des Reichs für Elsaß-Lothringen, was folgt:

§ 1.

Die Wahl eines Mitglieds der ersten Kammer durch das Plenum der Kaiser-Wilhelms-Universität wird von dem Statt-

---

[1]) Die nachstehenden 6 Wahlordnungen, die alle am gleichen Tage ergangen und in Nr. 13 des Gesetzblattes für Elsaß-Lothringen veröffentlicht sind, regeln das Wahlverfahren nach einheitlichen Gesichtspunkten. Verschiedenheiten ergeben sich u. a. aus der Verschiedenartigkeit der einzelnen Wahlkörper. Die § 5—7 der Wahlordnungen stimmen in allen Fällen wörtlich überein. Infolgedessen sind sie nur in der Wahlordnung für das Plenum der Kaiser-Wilhelms-Universität Straßburg (1) abgedruckt, während in den übrigen Wahlordnungen auf diese letztere verwiesen wird. Auch die Eingangs- und Schlußformel nebst dem Datum ist überall dieselbe, weshalb sie auch bei den Wahlordnungen 2—6 weggelassen ist.

halter angeordnet. Die Anordnung ist im Zentral- und Bezirks-Amtsblatt bekanntzumachen. Ein Abdruck der Bekanntmachung wird durch das Ministerium dem Rektor der Universität übermittelt.

§ 2.

Spätestens vier Wochen, nachdem die Bekanntmachung veröffentlicht worden ist, tritt das Plenum der Universität zur Vornahme der Wahl zusammen.

Die Einberufung zu der Wahlversammlung ist durch den Rektor mittels eingeschriebenen Briefes oder durch Boten gegen Empfangsbescheinigung so zeitig zu bewirken, daß sie den Mitgliedern des Plenums mindestens drei Tage vor dem Wahltermine zugeht. In dem Einberufungsschreiben muß der Raum, in dem die Wahl stattfindet, sowie Tag und Stunde der Wahl bezeichnet sein.

§ 3.

Die Wahlversammlung ist beschlußfähig, wenn mindestens die Hälfte der Mitglieder des Plenums anwesend ist. Wird diese Zahl bei der ersten Einberufung nicht erreicht, so findet binnen einer Woche eine zweite Wahlversammlung statt, die ohne Rücksicht auf die Zahl der Erschienenen beschlußfähig ist. Auf letztere Vorschrift ist bei der zweiten Einberufung, welche in den Formen des § 2 Abs. 2 zu erfolgen hat, hinzuweisen.

§ 4.

Die Wahlhandlung wird von einem Wahlvorstande geleitet, der aus dem Rektor und zwei von ihm aus der Zahl der Mitglieder des Plenums ernannten Beisitzern besteht.

§ 5.

Die Wahl erfolgt in geheimer Abstimmung mittels Stimmzettel, die in eine Wahlurne gelegt werden. Vor dem Beginne der Abstimmung hat sich der Wahlvorstand zu überzeugen, daß die Urne leer ist. Weißes Papier für die Stimmzettel ist im Wahlraum bereitzuhalten.

Jeder Wahlberechtigte hat eine Stimme. Abwesende können weder durch Stellvertreter noch sonst an der Wahl teilnehmen.

§ 6.

Alsbald nach Beendigung der Stimmabgabe wird das Ergebnis der Wahl von dem Wahlvorstand im Wahltermin ermittelt und festgestellt.

§ 7.

Ungültig und nicht in Anrechnung zu bringen sind:

1. Stimmzettel, welche nicht von weißem Papier oder welche mit einem äußeren Kennzeichen versehen sind;
2. Stimmzettel, welche keinen oder keinen lesbaren Namen enthalten;
3. Stimmzettel, aus welchen die Person des Gewählten nicht unzweifelhaft zu erkennen ist;
4. Stimmzettel, welche auf eine nicht wählbare Person lauten;
5. Stimmzettel, welche einen Vorbehalt gegenüber dem Gewählten oder eine Verwahrung enthalten.

Über die Gültigkeit oder Ungültigkeit eines Stimmzettels befindet der Wahlvorstand nach Stimmenmehrheit. Die Gründe, aus denen die Gültigkeit oder Ungültigkeit abgeleitet wurde, sind, nachdem die beanstandeten Stimmzettel mit fortlaufenden Nummern versehen worden sind, in dem Protokoll (§ 10) kurz anzugeben.

§ 8.

Gewählt ist derjenige, welcher mehr als die Hälfte der abgegebenen gültigen Stimmen erhalten hat.

Sofern sich keine solche Stimmenmehrheit ergibt, findet alsbald eine engere Wahl unter den drei Bewerbern statt, welche die meisten gültigen Stimmen erhalten haben. Ergibt auch dieser zweite Wahlgang keine unbedingte Stimmenmehrheit, so wird mit Beschränkung auf die zwei Bewerber, welche darin die meisten gültigen Stimmen erhalten haben, zu einer abermaligen engeren Wahl geschritten. In dem dritten Wahlgang ist bei Stimmengleichheit derjenige als gewählt zu betrachten, für den das Los entscheidet; dasselbe gilt für den Fall, daß bereits im zweiten Wahlgange nur auf zwei Bewerber gültige Stimmen gefallen sind und beide die gleiche Stimmenzahl erhalten haben. Auch entscheidet das Los darüber, wer etwa bei Stimmengleichheit in die engere Wahl kommt. Das Los wird durch die Hand des Rektors gezogen. Bei der engeren Wahl ist jede Stimme ungültig, die nicht auf einen der in der Wahl gebliebenen Bewerber fällt.

Zwischen den einzelnen Wahlgängen soll, wenn dies von einem der anwesenden Wahlberechtigten verlangt wird, eine Pause von mindestens einer Viertelstunde liegen.

§ 9.

Das Ergebnis der Wahl wird nach erfolgter Feststellung von dem Rektor in dem Wahltermine verkündet, dem Gewählten, sofern er nicht bei der Verkündung anwesend war, durch Brief mit Postzustellungsurkunde mitgeteilt und im Zentral- und Bezirks-Amtsblatt bekannt gemacht.

§ 10.

Über die Wahlhandlung wird von dem Wahlvorstand ein Protokoll aufgenommen, aus welchem sich die Beschlußfähigkeit der Wahlversammlung, ferner für jeden Wahlgang die Zahl der Wähler, der gültigen und ungültigen Stimmen und der auf die einzelnen Bewerber gefallenen Stimmen sowie die Feststellung und Verkündung des Wahlergebnisses ergeben muß und in welchem die Bedenken zu erwähnen sind, zu denen die Wahl etwa Veranlassung gegeben hat. War der Gewählte bei der Verkündung des Wahlergebnisses anwesend, so ist auch dies im Protokoll zu vermerken.

Dem Protokoll sind die Stimmzettel, über die es zu einer Beschlußfassung des Wahlvorstandes gekommen ist (§ 7 Abs. 2), beizufügen. Die übrigen Stimmzettel hat der Rektor aufzubewahren, bis feststeht, daß die Wahl nicht angefochten, oder bis über die Wahl endgültig entschieden ist. Nach diesem Zeitpunkt sind sie zu vernichten.

§ 11.

Der Gewählte hat längstens binnen einer Woche, nachdem ihm die Wahl amtlich mitgeteilt worden ist, dem Rektor zu erklären, ob er die Wahl annimmt. Annahme unter Vorbehalt oder Verwahrung sowie das Ausbleiben der Erklärung innerhalb der bezeichneten Frist gilt als Ablehnung.

Von der Erklärung oder ihrem Ausbleiben macht der Rektor dem Ministerium sofort Anzeige. Dabei ist, wenn der Gewählte angenommen hat, der Tag anzugeben, an dem ihm die Wahl amtlich mitgeteilt worden ist.

§ 12.

Das Wahlprotokoll mit seinen Anlagen sowie die sonstigen auf die Wahl bezüglichen Schriftstücke werden von dem Rektor in Verwahr genommen und, sobald die Wahl endgültig geworden ist, dem Ministerium zur Vorlage an die erste Kammer eingereicht.

Während der Erledigung des Rektorats oder bei Verhinderung des Rektors sind die ihm in dieser Wahlordnung überwiesenen Befugnisse und Obliegenheiten von seinem Stellvertreter wahrzunehmen.

Urkundlich unter Unserer Höchsteigenhändigen Unterschrift und beigedrucktem Kaiserlichen Insiegel.

Gegeben Wilhelmshöhe, den 15. August 1911.

(L. S.) Wilhelm.

Graf von Wedel.

---

2) Wahlordnung für die israelitischen Konsistorien.

Gesetzblatt für Elsaß-Lothringen 1911 S. 62.

§ 1.

Die Wahl eines Mitglieds der ersten Kammer durch die israelitischen Konsistorien wird von dem Statthalter angeordnet. Die Anordnung ist im Zentral- und Bezirks-Amtsblatt bekannt zu machen. Ein Abdruck der Bekanntmachung wird durch das Ministerium dem Präsidenten des Konsistoriums zu Straßburg übermittelt. Letzterer hat, bevor er den Wahltermin anberaumt (§ 2), mit den Präsidenten der Konsistorien zu Metz und Colmar hierwegen in Benehmen zu treten.

§ 2.

Spätestens vier Wochen, nachdem die Bekanntmachung veröffentlicht worden ist, treten die drei Konsistorien zur Vornahme der Wahl in Straßburg zusammen.

Die Einberufung zu der Wahlversammlung ist durch den Präsidenten des Konsistoriums zu Straßburg mittels eingeschriebenen Briefes oder durch Boten gegen Empfangsbescheinigung so zeitig zu bewirken, daß sie den Mitgliedern der Konsistorien mindestens eine Woche vor dem Wahltermine zugeht. In dem Einberufungsschreiben muß der Raum, in dem die Wahl stattfindet, sowie Tag und Stunde der Wahl bezeichnet sein.

§ 3.

Die Wahlversammlung ist beschlußfähig, wenn mindestens die Hälfte der im Amte befindlichen Mitglieder der Konsistorien anwesend ist. Wird diese Zahl bei der ersten Einberufung nicht erreicht, so findet binnen zehn Tagen eine zweite Wahlversammlung statt, die ohne Rücksicht auf die Zahl der Erschienenen beschlußfähig ist. Auf letztere Vorschrift ist bei der zweiten Einberufung, welche in den Formen des § 2 Abs. 2 zu erfolgen hat, hinzuweisen.

§ 4.

Die Wahlhandlung wird von einem Wahlvorstande geleitet, der aus dem Präsidenten des Konsistoriums zu Straßburg als Vorsitzenden und den Präsidenten der anderen beiden Konsistorien als Beisitzern besteht.

§§ 5, 6, 7 siehe S. 166.

§ 8.

Gewählt ist derjenige, welcher mehr als die Hälfte der abgegebenen gültigen Stimmen erhalten hat.

Sofern sich keine solche Stimmenmehrheit ergibt, findet alsbald eine engere Wahl unter den drei Bewerbern statt, welche die meisten gültigen Stimmen erhalten haben. Ergibt auch dieser zweite Wahlgang keine unbedingte Stimmenmehrheit, so wird mit Beschränkung auf die zwei Bewerber, welche darin die meisten gültigen Stimmen erhalten haben, zu einer abermaligen engeren Wahl geschritten. In dem dritten Wahlgang ist bei Stimmengleichheit derjenige als gewählt zu betrachten, für den das Los entscheidet; dasselbe gilt für den Fall, daß bereits im zweiten Wahlgange nur auf zwei Bewerber gültige Stimmen gefallen sind und beide die gleiche Stimmenzahl erhalten haben. Auch entscheidet das Los darüber, wer etwa bei Stimmengleichheit in die engere Wahl kommt. Das Los wird durch die Hand des Präsidenten des Konsistoriums zu Straßburg gezogen. Bei der engeren Wahl ist jede Stimme ungültig, die nicht auf einen der in der Wahl gebliebenen Bewerber fällt.

Zwischen den einzelnen Wahlgängen soll, wenn dies von einem der anwesenden Wahlberechtigten verlangt wird, eine Pause von mindestens einer Viertelstunde liegen.

§ 9.

Das Ergebnis der Wahl wird nach erfolgter Feststellung von dem Präsidenten des Konsistoriums zu Straßburg in dem Wahltermine verkündet, dem Gewählten, sofern er nicht bei der Verkündung anwesend war, durch Brief mit Postzustellungsurkunde mitgeteilt und im Zentral- und Bezirks-Amtsblatt bekannt gemacht.

§ 10.

Über die Wahlhandlung wird von dem Wahlvorstand ein Protokoll aufgenommen, aus welchem sich die Beschlußfähigkeit der Wahlversammlung, ferner für jeden Wahlgang die Zahl der Wähler, der gültigen und ungültigen Stimmen und der auf die einzelnen Bewerber gefallenen Stimmen sowie die Feststellung und Verkündung des Wahlergebnisses ergeben muß und in welchem die Bedenken zu erwähnen sind, zu denen die Wahl etwa Veranlassung gegeben hat. War der Gewählte bei der Verkündung des Wahlergebnisses anwesend, so ist auch dies im Protokoll zu vermerken.

Dem Protokoll sind die Stimmzettel, über die es zu einer Beschlußfassung des Wahlvorstandes gekommen ist (§ 7 Abs. 2), beizufügen. Die übrigen Stimmzettel hat der Präsident des Konsistoriums zu Straßburg aufzubewahren, bis feststeht, daß die Wahl nicht angefochten, oder bis über die Wahl endgültig entschieden ist. Nach diesem Zeitpunkt sind sie zu vernichten.

§ 11.

Der Gewählte hat längstens binnen einer Woche, nachdem ihm die Wahl amtlich mitgeteilt worden ist, dem Präsidenten des Konsistoriums zu Straßburg zu erklären, ob er die Wahl annimmt. Annahme unter Vorbehalt oder Verwahrung sowie das Ausbleiben der Erklärung innerhalb der bezeichneten Frist gilt als Ablehnung.

Von der Erklärung oder ihrem Ausbleiben macht der Präsident dem Ministerium sofort Anzeige. Dabei ist, wenn der Gewählte angenommen hat, der Tag anzugeben, an dem ihm die Wahl amtlich mitgeteilt worden ist.

§ 12.

Das Wahlprotokoll mit seinen Anlagen sowie die sonstigen auf die Wahl bezüglichen Schriftstücke werden von dem Präsidenten des Konsistoriums zu Straßburg in Verwahr genommen und, sobald die Wahl endgültig geworden ist, dem Ministerium zur Vorlage an die erste Kammer eingereicht.

Während der Erledigung des Sitzes oder bei Verhinderung eines der Präsidenten der Konsistorien sind die ihnen in dieser Wahlordnung überwiesenen Befugnisse und Obliegenheiten von ihren Stellvertretern wahrzunehmen.

---

3) Wahlordnung für die Gemeinderäte der Städte Straßburg, Metz, Colmar und Mülhausen.

Gesetzblatt für Elsaß-Lothringen 1911 S. 65.

§ 1.

Die Wahl eines Mitglieds der ersten Kammer durch den Gemeinderat einer der in der Kammer vertretenen Städte wird von dem Statthalter angeordnet. Die Anordnung ist im Zentral- und Bezirks-Amtsblatt bekannt zu machen. Ein Abdruck der Bekanntmachung wird durch das Ministerium dem Bürgermeister übermittelt.

§ 2.

Spätestens vier Wochen, nachdem die Bekanntmachung veröffentlicht worden ist, tritt der Gemeinderat zur Vornahme der Wahl zusammen.

Die Einberufung zu der Wahlversammlung ist durch den Bürgermeister mittels eingeschriebenen Briefes oder durch Boten gegen Empfangsbescheinigung so zeitig zu bewirken, daß sie den Mitgliedern des Gemeinderats mindestens drei Tage vor dem Wahltermine zugeht. In dem Einberufungsschreiben muß der Raum, in dem die Wahl stattfindet, sowie Tag und Stunde der Wahl bezeichnet sein.

§ 3.

Die Wahlversammlung ist beschlußfähig, wenn mindestens die Hälfte der im Amte befindlichen Mitglieder des Gemeinderats anwesend ist. Wird diese Zahl bei der ersten Einberufung nicht erreicht, so findet binnen einer Woche eine zweite Wahlversammlung statt, die ohne Rücksicht auf die Zahl der Erschienenen beschlußfähig ist. Auf letztere Vorschrift ist bei der zweiten Einberufung, welche in den Formen des § 2 Abs. 2 zu erfolgen hat, hinzuweisen.

§ 4.

Die Wahlhandlung wird von einem Wahlvorstande geleitet, der aus dem Bürgermeister und zwei von ihm aus den Mitgliedern des Gemeinderats ernannten Beisitzern besteht.

§§ 5, 6, 7 siehe S. 166.

§ 8.

Gewählt ist derjenige, welcher mehr als die Hälfte der abgegebenen gültigen Stimmen erhalten hat.

Sofern sich keine solche Stimmenmehrheit ergibt, findet alsbald eine engere Wahl unter den drei Bewerbern statt, welche die meisten gültigen Stimmen erhalten haben. Ergibt auch dieser zweite Wahlgang keine unbedingte Stimmenmehrheit, so wird mit Beschränkung auf die zwei Bewerber, welche darin die meisten gültigen Stimmen erhalten haben, zu einer abermaligen engeren Wahl geschritten. In dem dritten Wahlgang ist bei Stimmengleichheit derjenige als gewählt zu betrachten, für den das Los entscheidet; dasselbe gilt für den Fall, daß bereits im zweiten Wahlgange nur auf zwei Bewerber gültige Stimmen gefallen sind und beide die gleiche Stimmenzahl erhalten haben. Auch entscheidet das Los darüber, wer etwa bei Stimmengleichheit in die engere Wahl kommt. Das Los wird durch die Hand des Bürgermeisters gezogen. Bei der engeren Wahl ist jede Stimme ungültig, die nicht auf einen der in der Wahl gebliebenen Bewerber fällt.

Zwischen den einzelnen Wahlgängen soll, wenn dies von einem der anwesenden Wahlberechtigten verlangt wird, eine Pause von mindestens einer Viertelstunde liegen.

§ 9.

Das Ergebnis der Wahl wird nach erfolgter Feststellung von dem Bürgermeister in dem Wahltermine verkündet, dem Gewählten, sofern er nicht bei der Verkündung anwesend war, durch Brief mit Postzustellungsurkunde mitgeteilt und im Zentral- und Bezirksamtblatt bekanntgemacht.

§ 10.

Über die Wahlhandlung wird von dem Wahlvorstand ein Protokoll aufgenommen, aus welchem sich die Beschlußfähigkeit der Wahlversammlung, ferner für jeden Wahlgang die Zahl der Wähler, der gültigen und ungültigen Stimmen und der auf die einzelnen Bewerber gefallenen Stimmen sowie die Feststellung und Verkündung des Wahlergebnisses ergeben muß und in welchem die Bedenken zu erwähnen sind, zu denen die Wahl etwa Veranlassung gegeben hat. War der Gewählte bei der Verkündung des Wahlergebnisses anwesend, so ist auch dies im Protokoll zu vermerken.

Dem Protokoll sind die Stimmzettel, über die es zu einer Beschlußfassung des Wahlvorstandes gekommen ist (§ 7 Abs. 2), beizufügen. Die übrigen Stimmzettel hat der Bürgermeister aufzubewahren, bis feststeht, daß die Wahl nicht angefochten, oder bis über die Wahl endgültig entschieden ist. Nach diesem Zeitpunkt sind sie zu vernichten.

§ 11.

Der Gewählte hat längstens binnen einer Woche, nachdem ihm die Wahl amtlich mitgeteilt worden ist, dem Bürgermeister zu erklären, ob er die Wahl annimmt. Annahme unter Vorbehalt oder Verwahrung sowie das Ausbleiben der Erklärung innerhalb der bezeichneten Frist gilt als Ablehnung.

Von der Erklärung oder ihrem Ausbleiben macht der Bürgermeister dem Ministerium sofort Anzeige. Dabei ist, wenn der Gewählte angenommen hat, der Tag anzugeben, an dem ihm die Wahl amtlich mitgeteilt worden ist.

§ 12.

Das Wahlprotokoll mit seinen Anlagen sowie die sonstigen auf die Wahl bezüglichen Schriftstücke werden von dem Bürgermeister in Verwahr genommen und, sobald die Wahl endgültig geworden ist, dem Ministerium zur Vorlage an die erste Kammer eingereicht.

Während der Erledigung des Sitzes oder bei Verhinderung des Bürgermeisters sind die ihm in dieser Wahlordnung überwiesenen Befugnisse und Obliegenheiten von seinem Stellvertreter wahrzunehmen.

---

4) Wahlordnung für die Handelskammern zu Straßburg, Metz, Colmar und Mülhausen.

Gesetzblatt für Elsaß-Lothringen 1911 S. 68.

§ 1.

Die Wahl eines Mitglieds der ersten Kammer durch eine der Handelskammern wird von dem Statthalter angeordnet. Die Anordnung ist im Zentral- und Bezirks-Amtsblatt bekanntzumachen. Ein Abdruck der Bekanntmachung wird durch das Ministerium dem Vorsitzenden der Handelskammer übermittelt.

§ 2.

Spätestens vier Wochen, nachdem die Bekanntmachung veröffentlicht worden ist, tritt die Handelskammer zur Vornahme der Wahl zusammen.

Die Einberufung zu der Wahlversammlung ist durch den Vorsitzenden der Handelskammer mittels eingeschriebenen Briefes oder durch Boten gegen Empfangsbescheinigung so zeitig zu bewirken, daß sie den Mitgliedern der Handelskammer mindestens eine Woche vor dem Wahltermine zugeht. In dem Einberufungsschreiben muß der Raum, in dem die Wahl stattfindet, sowie Tag und Stunde der Wahl bezeichnet sein.

§ 3.

Die Wahlversammlung ist beschlußfähig, wenn mindestens die Hälfte der im Amte befindlichen Mitglieder der Handelskammer anwesend ist. Wird diese Zahl bei der ersten Einberufung nicht erreicht, so findet binnen zehn Tagen eine zweite Wahlversammlung statt, die ohne Rücksicht auf die Zahl der Erschienenen beschlußfähig ist. Auf letztere Vorschrift ist bei der zweiten Einberufung, welche in den Formen des § 2 Abs. 2 zu erfolgen hat, hinzuweisen.

§ 4.

Die Wahlhandlung wird von einem Wahlvorstande geleitet, der aus dem Vorsitzenden der Handelskammer und zwei von ihm aus deren Mitgliedern ernannten Beisitzern besteht.

§§ 5, 6, 7 siehe S. 166.

§ 8.

Gewählt ist derjenige, welcher mehr als die Hälfte der abgegebenen gültigen Stimmen erhalten hat.

Sofern sich keine solche Stimmenmehrheit ergibt, findet alsbald eine engere Wahl unter den drei Bewerbern statt, welche die meisten gültigen Stimmen erhalten haben. Ergibt auch dieser zweite Wahlgang keine unbedingte Stimmenmehrheit, so wird mit Beschränkung auf die zwei Bewerber, welche darin die meisten gültigen Stimmen erhalten haben, zu einer abermaligen engeren Wahl geschritten. In dem dritten Wahlgang ist bei Stimmengleichheit derjenige als gewählt zu betrachten, für den das Los entscheidet; dasselbe gilt für den Fall, daß bereits im zweiten Wahlgange nur auf zwei Bewerber gültige Stimmen gefallen sind und beide die gleiche Stimmenzahl erhalten haben. Auch entscheidet das Los darüber, wer etwa bei Stimmengleichheit in die engere Wahl kommt. Das Los wird durch die Hand des Vorsitzenden der Handelskammer gezogen. Bei der engeren Wahl ist jede Stimme ungültig, die nicht auf einen der in der Wahl gebliebenen Bewerber fällt.

Zwischen den einzelnen Wahlgängen soll, wenn dies von einem der anwesenden Wahlberechtigten verlangt wird, eine Pause von mindestens einer Viertelstunde liegen.

§ 9.

Das Ergebnis der Wahl wird nach erfolgter Feststellung von dem Vorsitzenden der Handelskammer in dem Wahltermine verkündet, dem Gewählten, sofern er nicht bei der Verkündung anwesend war, durch Brief mit Postzustellungsurkunde mitgeteilt und im Zentral- und Bezirks-Amtsblatt bekanntgemacht.

§ 10.

Über die Wahlhandlung wird von dem Wahlvorstand ein Protokoll aufgenommen, aus welchem sich die Beschlußfähigkeit der Wahlversammlung, ferner für jeden Wahlgang die Zahl der Wähler, der gültigen und ungültigen Stimmen und der auf die einzelnen Bewerber gefallenen Stimmen sowie die Feststellung und Verkündung des Wahlergebnisses ergeben muß und in welchem die Bedenken zu erwähnen sind, zu denen die Wahl etwa Veranlassung gegeben hat. War der Gewählte bei der Verkündung des Wahlergebnisses anwesend, so ist auch dies im Protokoll zu vermerken.

Dem Protokoll sind die Stimmzettel, über die es zu einer Beschlußfassung des Wahlvorstandes gekommen ist (§ 7 Abs. 2), beizufügen. Die übrigen Stimmzettel hat der Vorsitzende der Handelskammer aufzubewahren, bis feststeht, daß die Wahl nicht angefochten, oder bis über die Wahl endgültig entschieden ist. Nach diesem Zeitpunkt sind sie zu vernichten.

§ 11.

Der Gewählte hat längstens binnen einer Woche, nachdem ihm die Wahl amtlich mitgeteilt worden ist, dem Vorsitzenden der Handelskammer zu erklären, ob er die Wahl annimmt. Annahme unter Vorbehalt oder Verwahrung sowie das Ausbleiben der Erklärung innerhalb der bezeichneten Frist gilt als Ablehnung.

Von der Erklärung oder ihrem Ausbleiben macht der Vorsitzende dem Ministerium sofort Anzeige. Dabei ist, wenn der Gewählte angenommen hat, der Tag anzugeben, an dem ihm die Wahl amtlich mitgeteilt worden ist.

§ 12.

Das Wahlprotokoll mit seinen Anlagen sowie die sonstigen auf die Wahl bezüglichen Schriftstücke werden von dem Vorsitzenden der Handelskammer in Verwahr genommen und, sobald die Wahl endgültig geworden ist, dem Ministerium zur Vorlage an die erste Kammer eingereicht.

Während der Erledigung des Sitzes oder bei Verhinderung des Vorsitzenden sind die ihm in dieser Wahlordnung überwiesenen Befugnisse und Obliegenheiten von seinem Stellvertreter wahrzunehmen.

---

5) Wahlordnung für den Landwirtschaftsrat.

Gesetzblatt für Elsaß-Lothringen 1911 S. 71.

§ 1.

Die Wahlen der Mitglieder der ersten Kammer durch den Landwirtschaftsrat werden von dem Statthalter angeordnet. Die Anordnung ist im Zentral- und Bezirks-Amtsblatt bekanntzumachen. Ein Abdruck der Bekanntmachung wird durch das Ministerium dem Präsidenten des Landwirtschaftsrats übermittelt.

§ 2.

Spätestens vier Wochen, nachdem die Bekanntmachung veröffentlicht worden ist, tritt der Landwirtschaftsrat zur Vornahme der Wahlen in Straßburg zusammen.

Die Einberufung zu der Wahlversammlung ist durch den Präsidenten des Landwirtschaftsrats mittels eingeschriebenen Briefes oder durch Boten gegen Empfangsbescheinigung so zeitig zu bewirken, daß sie den Mitgliedern des Landwirtschaftsrats mindestens eine Woche vor dem Wahltermine zugeht. In dem Einberufungsschreiben muß der Raum, in dem die Wahl stattfindet, sowie Tag und Stunde der Wahl bezeichnet sein.

§ 3.

Die Wahlversammlung ist beschlußfähig, wenn mindestens die Hälfte der im Amte befindlichen Mitglieder des Landwirtschaftsrats anwesend ist. Wird diese Zahl bei der ersten Einberufung nicht erreicht, so findet binnen zehn Tagen eine zweite Wahlversammlung statt, die ohne Rücksicht auf die Zahl der Erschienenen beschlußfähig ist. Auf letztere Vorschrift ist bei der zweiten Einberufung, welche in den Formen des § 2 Abs. 2 zu erfolgen hat, hinzuweisen.

§ 4.

Die Wahlhandlung wird von einem Wahlvorstande geleitet, der aus dem Präsidenten des Landwirtschaftsrats und zwei von ihm aus dessen Mitgliedern ernannten Beisitzern besteht.

Zuerst werden diejenigen Mitglieder der ersten Kammer gewählt, welche die Eigenschaft bäuerlicher Kleinbesitzer haben müssen; dann folgt die Wahl derjenigen, welche die bezeichnete Eigenschaft nicht zu besitzen brauchen. Für jede dieser beiden Gruppen wird die Wahl gemeinsam vorgenommen. Der Präsident hat zu Beginn der Wahlhandlung hierauf aufmerksam zu machen, sowie den Mitgliedern der Wahlversammlung zu eröffnen, daß in beiden Wahlen je eine der zu wählenden Personen dem Bezirk Oberelsaß, Unterelsaß und Lothringen angehören müsse.

§§ 5, 6, 7 siehe S. 166.

§ 8.

Gewählt ist derjenige, welcher mehr als die Hälfte der abgegebenen gültigen Stimmen erhalten hat.

Soweit sich bei den Wahlen keine solche Stimmenmehrheit ergibt, wird alsbald zu einer engeren Wahl geschritten. Für diese kommen aus den einzelnen Bezirken nur die drei Bewerber in Betracht, welche im ersten Wahlgange die meisten gültigen Stimmen erhalten haben. Soweit auch der zweite Wahlgang keine unbedingte Stimmenmehrheit ergibt, findet eine abermalige engere Wahl mit Beschränkung auf die zwei Bewerber aus jedem Bezirke statt, welche im zweiten Wahlgange die meisten gültigen Stimmen erhalten haben. In dem dritten Wahlgang ist bei Stimmengleichheit derjenige als gewählt zu betrachten, für den das Los entscheidet; dasselbe gilt für den Fall, daß bereits im zweiten Wahlgange nur auf zwei Bewerber gültige Stimmen gefallen sind und beide die gleiche Stimmenzahl erhalten haben. Auch entscheidet das Los darüber, wer etwa bei Stimmengleichheit in die engere Wahl kommt. Das Los wird durch die Hand des Präsidenten des Landwirtschaftsrats gezogen. Bei der engeren Wahl ist jede Stimme ungültig, die nicht auf einen der in der Wahl gebliebenen Bewerber fällt.

Zwischen den einzelnen Wahlgängen soll, wenn dies von einem der anwesenden Wahlberechtigten verlangt wird, eine Pause von mindestens einer Viertelstunde liegen.

§ 9.

Das Ergebnis der Wahlen wird nach erfolgter Feststellung von dem Präsidenten des Landwirtschaftsrats in dem Wahltermine verkündet, den Gewählten, sofern sie nicht bei der Verkündung anwesend waren, durch Brief mit Postzustellungsurkunde mitgeteilt und im Zentral- und Bezirks-Amtsblatt bekanntgemacht.

§ 10.

Über die Wahlhandlung wird von dem Wahlvorstand ein Protokoll aufgenommen, aus welchem sich die Beschlußfähigkeit der Wahlversammlung, ferner für jede Wahl und jeden Wahlgang die Zahl der Wähler, der gültigen und ungültigen Stimmen und der auf die einzelnen Bewerber gefallenen Stimmen sowie die Feststellung und Verkündung des Wahlergebnisses ergeben muß und in welchem die Bedenken zu erwähnen sind, zu denen die Wahlen etwa Veranlassung gegeben haben. Waren die Gewählten bei der Verkündung des Wahlergebnisses anwesend, so ist auch dies im Protokoll zu vermerken.

Dem Protokoll sind die Stimmzettel, über die es zu einer Beschlußfassung des Wahlvorstandes gekommen ist (§ 7 Abs. 2), beizufügen. Die übrigen Stimmzettel hat der Präsident des Landwirtschaftsrats aufzubewahren, bis feststeht, daß die Wahl nicht angefochten, oder bis über die Wahl endgültig entschieden ist. Nach diesem Zeitpunkt sind sie zu vernichten.

§ 11.

Die Gewählten haben längstens binnen einer Woche, nachdem ihnen die Wahl amtlich mitgeteilt worden ist, dem Präsidenten des Landwirtschaftsrats zu erklären, ob sie die Wahl annehmen. Annahme unter Vorbehalt oder Verwahrung sowie das Ausbleiben der Erklärung innerhalb der bezeichneten Frist gilt als Ablehnung.

Von der Erklärung oder ihrem Ausbleiben macht der Präsident dem Ministerium sofort Anzeige. Dabei ist, wenn die Gewählten angenommen haben, der Tag anzugeben, an dem ihnen die Wahl amtlich mitgeteilt worden ist.

§ 12.

Das Wahlprotokoll mit seinen Anlagen sowie die sonstigen auf die Wahl bezüglichen Schriftstücke werden von dem Präsidenten des Landwirtschaftsrats in Verwahr genommen und, sobald die Wahl endgültig geworden ist, dem Ministerium zur Vorlage an die erste Kammer eingereicht.

Während der Erledigung des Sitzes oder bei Verhinderung des Präsidenten sind die ihm in dieser Wahlordnung überwiesenen Befugnisse und Obliegenheiten von seinem Stellvertreter wahrzunehmen.

---

6) Wahlordnung für die Handwerkskammer zu Straßburg.

Gesetzblatt für Elsaß-Lothringen 1911 S. 75.

§ 1.

Die Wahlen der Mitglieder der ersten Kammer durch die Handwerkskammer werden von dem Statthalter angeordnet. Die Anordnung ist im Zentral- und Bezirks-Amtsblatt bekanntzumachen. Ein Abdruck der Bekanntmachung wird durch das Ministerium dem Vorsitzenden des Vorstandes der Handwerkskammer übermittelt.

§ 2.

Spätestens vier Wochen, nachdem die Bekanntmachung veröffentlicht worden ist, tritt die Handwerkskammer zur Vornahme der Wahlen zusammen.

Die Einberufung zu der Wahlversammlung ist durch den Vorsitzenden des Vorstandes der Handwerkskammer mittels eingeschriebenen Briefes oder durch Boten gegen Empfangsbescheinigung so zeitig zu bewirken, daß sie den Mitgliedern der Handwerkskammer oder den für ausgeschiedene Mitglieder eingetretenen Ersatzmännern mindestens eine Woche vor dem Wahltermine zugeht. In dem Einberufungsschreiben muß der Raum, in dem die Wahl stattfindet, sowie Tag und Stunde der Wahl bezeichnet sein.

Im Falle der Verhinderung haben die Mitglieder der Handwerkskammer dem Vorsitzenden des Vorstandes so zeitig Anzeige zu erstatten, daß es letzterem möglich ist, ihren Ersatzmann einzuberufen. Versäumen sie diese Anzeige, so wird eine Verhinderung nicht als vorliegend angenommen.

§ 3.

Die Wahlversammlung ist beschlußfähig, wenn mindestens die Hälfte der im Amte befindlichen Mitglieder der Handwerkskammer oder ihrer Ersatzmänner anwesend ist. Wird diese Zahl bei der ersten Einberufung nicht erreicht, so findet binnen zehn Tagen eine zweite Wahlversammlung statt, die ohne Rücksicht auf die Zahl der Erschienenen beschlußfähig ist. Auf letztere Vorschrift ist bei der zweiten Einberufung hinzuweisen; im übrigen kommen die Vorschriften des § 2 Abs. 2, 3 zur Anwendung.

§ 4.

Die Wahlhandlung wird von einem Wahlvorstande geleitet, der aus dem Vorsitzenden des Vorstandes der Handwerkskammer und zwei von ihm aus deren Mitgliedern oder ihren Ersatzmännern ernannten Beisitzern besteht.

Jedes Mitglied der ersten Kammer wird für sich besonders gewählt. Der Vorsitzende hat zu Beginn der Wahlhandlung hierauf aufmerksam zu machen.

§§ 5, 6, 7 siehe S. 166.

§ 8.

Gewählt ist derjenige, welcher mehr als die Hälfte der abgegebenen gültigen Stimmen erhalten hat.

Sofern sich bei einer der Wahlen keine solche Stimmenmehrheit ergibt, findet alsbald eine engere Wahl unter den drei Bewerbern statt, welche die meisten gültigen Stimmen erhalten haben. Ergibt auch dieser zweite Wahlgang keine unbedingte Stimmenmehrheit, so wird mit Beschränkung auf die zwei Bewerber, welche darin die meisten gültigen Stimmen erhalten haben, zu einer abermaligen engeren Wahl geschritten. In dem dritten Wahlgang ist bei Stimmengleichheit derjenige als gewählt zu betrachten, für den das Los entscheidet; dasselbe gilt für den Fall, daß bereits im zweiten Wahlgange nur auf zwei Bewerber gültige Stimmen gefallen sind und beide die gleiche Stimmenzahl erhalten haben. Auch entscheidet das Los darüber, wer etwa bei Stimmengleichheit in die engere Wahl kommt. Das Los wird durch die Hand des Vorsitzenden des Vorstandes der Handwerkskammer gezogen. Bei der engeren Wahl ist jede Stimme ungültig, die nicht auf einen der in der Wahl gebliebenen Bewerber fällt.

Zwischen den einzelnen Wahlgängen soll, wenn dies von von einem der anwesenden Wahlberechtigten verlangt wird, eine Pause von mindestens einer Viertelstunde liegen.

§ 9.

Das Ergebnis der Wahlen wird nach erfolgter Feststellung von dem Vorsitzenden des Vorstandes der Handwerkskammer in dem Wahltermine verkündet, den Gewählten, sofern sie nicht bei der Verkündung anwesend waren, durch Brief mit Postzustellungsurkunde mitgeteilt und im Zentral- und Bezirks-Amtsblatt bekannt gemacht.

§ 10.

Über die Wahlhandlung wird von dem Wahlvorstand ein Protokoll aufgenommen, aus welchem sich die Beschlußfähigkeit der Wahlversammlung, ferner für jede Wahl und jeden Wahlgang die Zahl der Wähler, der gültigen und ungültigen Stimmen und der auf die einzelnen Bewerber gefallenen Stimmen, sowie die Feststellung und Verkündung des Wahlergebnisses ergeben muß und in welchem die Bedenken zu erwähnen sind, zu denen die Wahlen etwa Veranlassung gegeben haben. Waren die Gewählten bei der Verkündung des Wahlergebnisses anwesend, so ist auch dies im Protokoll zu vermerken.

Dem Protokoll sind die Stimmzettel, über die es zu einer Beschlußfassung des Wahlvorstandes gekommen ist (§ 7 Abs. 2), beizufügen. Die übrigen Stimmzettel, hat der Vorsitzende des Vorstandes der Handwerkskammer aufzubewahren, bis feststeht, daß die Wahl nicht angefochten, oder bis über die Wahl endgültig entschieden ist. Nach diesem Zeitpunkt sind sie zu vernichten.

§ 11.

Die Gewählten haben längstens binnen einer Woche, nachdem ihnen die Wahl amtlich mitgeteilt worden ist, dem Vorsitzenden des Vorstandes der Handwerkskammer zu erklären, ob sie die Wahl annehmen. Annahme unter Vorbehalt oder Verwahrung sowie das Ausbleiben der Erklärung innerhalb der bezeichneten Frist gilt als Ablehnung.

Von der Erklärung oder ihrem Ausbleiben macht der Vorsitzende dem Ministerium sofort Anzeige. Dabei ist, wenn die Gewählten angenommen haben, der Tag anzugeben, an dem ihnen die Wahl amtlich mitgeteilt worden ist.

§ 12.

Das Wahlprotokoll mit seinen Anlagen sowie die sonstigen auf die Wahl bezüglichen Schriftstücke werden von dem Vorsitzenden des Vorstandes der Handwerkskammer in Verwahr genommen und sobald die Wahl endgültig geworden ist, dem Ministerium zur Vorlage an die erste Kammer eingereicht.

Während der Erledigung des Sitzes oder bei Verhinderung des Vorsitzenden sind die ihm in dieser Wahlordnung überwiesenen Befugnisse und Obliegenheiten von seinem Stellvertreter wahrzunehmen.

II. Verordnung über die Einteilung der Landtagswahlkreise für Elsaß-Lothringen. Vom 3. Juli 1911.

Reichsgesetzblatt 1911 S. 267.

Wir Wilhelm, von Gottes Gnaden Deutscher Kaiser, König von Preußen 2c.

verordnen auf Grund von § 1 Abs. 4 des Gesetzes über die Wahlen zur zweiten Kammer des Landtags für Elsaß-Lothringen vom 31. Mai 1911 (Reichs-Gesetzbl. S. 234) im Namen des Reichs für Elsaß-Lothringen, nach erfolgter Zustimmung des Bundesrats, was folgt:

Für die Wahlen zur zweiten Kammer des Landtags für Elsaß-Lothringen werden folgende Wahlkreise gebildet:

1. Wahlkreis (1. Altkirch):
   Pfirt-Hirsingen, bestehend aus den Kantonen Pfirt und Hirsingen.
2. Wahlkreis (2. Altkirch):
   Altkirch-Dammerkirch, bestehend aus den Kantonen Altkirch und Dammerkirch.
3. Wahlkreis (1. Colmar):
   Stadt Colmar, bestehend aus der Stadt Colmar ohne den Stadtteil westlich der Bahnlinie Straßburg-Basel, und der Gemeinde Hausen vom Kanton Andolsheim.
4. Wahlkreis (2. Colmar):
   Colmar-Münster-Winzenheim, bestehend aus dem Stadtteil von Colmar westlich der Bahnlinie Straßburg-Basel, dem Kanton Münster und den Gemeinden Türkheim, Walbach, Winzenheim und Zimmerbach vom Kanton Winzenheim.

5. Wahlkreis (3. Colmar):
Neubreisach-Andolsheim, bestehend aus der Gemeinde Heiligkreuz vom Kanton Colmar, dem Kanton Neubreisach, dem Kanton Andolsheim ohne die Gemeinde Hausen sowie dem Kanton Winzenheim ohne die Gemeinden Türkheim, Walbach, Winzenheim und Zimmerbach.
6. Wahlkreis (1. Gebweiler):
Gebweiler-Sulz, bestehend aus dem Kanton Gebweiler und den Gemeinden Sulz und Jungholz vom Kanton Sulz.
7. Wahlkreis (2. Gebweiler):
Bollweiler-Ensisheim-Rufach, bestehend aus den Kantonen Ensisheim und Rufach sowie dem Kanton Sulz ohne die Gemeinden Jungholz und Sulz.
8. Wahlkreis (1. Mülhausen):
Stadt Mülhausen I, bestehend aus den Polizeirevieren I und VI der Stadt Mülhausen.
9. Wahlkreis (2. Mülhausen):
Stadt Mülhausen II, bestehend aus den Polizeirevieren II und III der Stadt Mülhausen.
10. Wahlkreis (3. Mülhausen):
Stadt Mülhausen III, bestehend aus den Polizeirevieren IV und V der Stadt Mülhausen.
11. Wahlkreis (4. Mülhausen):
Mülhausen-Land, bestehend aus den Kantonen Mülhausen Nord und Mülhausen Süd ohne die Stadt Mülhausen.
12. Wahlkreis (5. Mülhausen):
Hüningen-Sierenz, bestehend aus dem Kanton Hüningen sowie den Gemeinden Bartenheim, Kembs und Sierenz vom Kanton Landser.
13. Wahlkreis (6. Mülhausen):
Habsheim-Landser, bestehend aus dem Kanton Habsheim und dem Kanton Landser ohne die Gemeinden Bartenheim, Kembs und Sierenz.
14. Wahlkreis (1. Rappoltsweiler):
Rappoltsweiler-Kaysersberg, bestehend aus den Kantonen Rappoltsweiler und Kaysersberg.

15. Wahlkreis (2. Rappoltsweiler):
Markirch-Schnierlach, bestehend aus den Kantonen Markirch und Schnierlach.

16. Wahlkreis (1. Thann):
Sennheim-Masmünster, bestehend aus den Kantonen Sennheim und Masmünster sowie dem Kanton Thann ohne die Gemeinden Altthann, Bitschweiler, Thann und Weiler.

17. Wahlkreis (2. Thann):
Thann-St. Amarin, bestehend aus den Gemeinden Altthann, Bitschweiler, Thann und Weiler vom Kanton Thann sowie dem Kanton St. Amarin.

18. Wahlkreis (1. Straßburg):
Stadt Straßburg I (innerhalb der Umwallung), bestehend aus dem Kanton Nord westlich der Ill ohne den westlich des Straßenzugs Blauwolkengasse—Meisengasse—An den Gewerbslauben gelegenen Teil, dem westlich der Ill gelegenen Teil vom Kanton Ost und dem östlich der Straße Alter Fischmarkt gelegenen Teil vom Kanton Süd.

19. Wahlkreis (2. Straßburg):
Stadt Straßburg II (innerhalb der Umwallung), bestehend aus dem Kanton Nord östlich der Ill und dem Kanton Ost östlich der Ill.

20. Wahlkreis (3. Straßburg):
Stadt Straßburg III (innerhalb der Umwallung), bestehend aus dem Kanton Süd ohne den östlich der Straße Alter Fischmarkt gelegenen Teil und dem südlich des Straßenzugs Weißturmstraße—Weißturmring—Königshofener Straße gelegenen Teil vom Kanton West.

21. Wahlkreis (4. Straßburg):
Stadt Straßburg IV (innerhalb der Umwallung), bestehend aus dem Kanton West ohne den südlich des Straßenzugs Weißturmstraße—Weißturmring—Königshofener Straße gelegenen Teil sowie dem westlich des Straßenzugs Blauwolkengasse—Meisengasse—An den Gewerbslauben gelegenen Teil vom Kanton Nord.

22. Wahlkreis (5. Straßburg):
Stadt Straßburg V, bestehend aus den außerhalb

der Umwallung gelegenen Teilen der Kantone Straßburg-Ost (Neudorf) und Straßburg-Süd (Neuhof).

23. Wahlkreis (6. Straßburg):
Stadt Straßburg VI, bestehend aus den außerhalb der Umwallung gelegenen Teilen der Kantone Straßburg-Nord (Ruprechtsau) und Straßburg-West (Königshofen, Kronenburg, Grüneberg).

24. Wahlkreis (1. Straßburg-Land):
Schiltigheim, bestehend aus dem Kanton Schiltigheim ohne die Gemeinden Achenheim, Breuschwickersheim, Hangenbieten, Ittenheim, Kolbsheim, Lampertheim, Mundolsheim, Oberschäffolsheim, Reichstett und Suffelweyersheim.

25. Wahlkreis (2. Straßburg-Land):
Brumath, bestehend aus dem Kanton Brumath und den Gemeinden Lampertheim, Mundolsheim, Reichstett und Suffelweyersheim vom Kanton Schiltigheim.

26. Wahlkreis (3. Straßburg-Land):
Truchtersheim-Hochfelden, bestehend aus den Kantonen Truchtersheim und Hochfelden, sowie den Gemeinden Achenheim, Breuschwickersheim, Hangenbieten, Ittenheim, Kolbsheim und Oberschäffolsheim vom Kanton Schiltigheim.

27. Wahlkreis (1. Erstein):
Erstein-Benfeld, bestehend aus dem Kanton Erstein ohne die Gemeinde Hindisheim, dem Kanton Benfeld sowie den Gemeinden Walf und Zellweiler vom Kanton Oberehnheim.

28. Wahlkreis (2. Erstein):
Geispolsheim-Oberehnheim, bestehend aus dem Kanton Geispolsheim, dem Kanton Oberehnheim ohne die Gemeinden Walf und Zellweiler und der Gemeinde Hindisheim vom Kanton Erstein.

29. Wahlkreis (1. Hagenau):
Hagenau, bestehend aus dem Kanton Hagenau.

30. Wahlkreis (2. Hagenau):
Bischweiler, bestehend aus dem Kanton Bischweiler.

31. Wahlkreis (3. Hagenau):
Niederbronn, bestehend aus dem Kanton Niederbronn.

32. Wahlkreis (1. Molsheim):
Schirmeck-Saales-Rosheim, bestehend aus den Kantonen Schirmeck, Saales und Rosheim.
33. Wahlkreis (2. Molsheim):
Molsheim-Wasselnheim, bestehend aus den Kantonen Molsheim und Wasselnheim.
34. Wahlkreis (1. Schlettstadt):
Schlettstadt-Markolsheim, bestehend aus dem Kanton Schlettstadt ohne die Gemeinden Diefenthal und Scherweiler und dem Kanton Markolsheim.
35. Wahlkreis (2. Schlettstadt):
Barr-Weiler, bestehend aus den Kantonen Barr und Weiler sowie den Gemeinden Diefenthal und Scherweiler vom Kanton Schlettstadt.
36. Wahlkreis (1. Weißenburg):
Weißenburg-Lauterburg-Selz, bestehend aus den Kantonen Weißenburg, Lauterburg und Selz.
37. Wahlkreis (2. Weißenburg):
Sulz unterm Wald-Wörth, bestehend aus den Kantonen Sulz unterm Wald und Wörth.
38. Wahlkreis (1. Zabern):
Zabern-Maursmünster, bestehend aus den Kantonen Zabern und Maursmünster.
39. Wahlkreis (2. Zabern):
Saarunion-Drulingen, bestehend aus den Kantonen Saarunion und Drulingen.
40. Wahlkreis (3. Zabern):
Buchsweiler-Lützelstein, bestehend aus den Kantonen Buchsweiler und Lützelstein.
41. Wahlkreis (1. Metz):
Stadt Metz I, bestehend aus dem Stadtkanton Metz I (mit Devant-les-Ponts), der Sektion III vom Stadtkanton Metz III sowie dem nördlich des Straßenzugs Judenstraße, Heiligkreuzplatz, Trinitarierstraße, Schmiedeplatz, Ecke Marchantstraße-Paixhannsstraße gelegenen Teil vom Stadtkanton Metz II.
42. Wahlkreis (2. Metz):
Stadt Metz II, bestehend aus dem Stadtkanton Metz II ohne den nördlich des Straßenzugs Judenstraße, Heiligkreuzplatz, Trinitarierstraße, Schmiedeplatz, Ecke

Marchantstraße-Paixhannsstraße gelegenen Teil (mit Plantières-Queuleu) sowie der Sektion IV vom Stadtkanton Metz III.

43. Wahlkreis (1. Metz-Land):
Gorze-Verny-Pange, bestehend aus den Kantonen Gorze, Verny und Pange.

44. Wahlkreis (2. Metz-Land):
Montigny-Sablon, bestehend aus den Gemeinden Amanweiler, Augny, Ban-St. Martin, Bronvaux, Fèves, Longeville, Lorry, Maxe, Montigny, Moulins bei Metz, Norroy-le-Veneur, Plesnois, Plappeville, Sablon, St. Privat, Saulny, Scy, Semécourt und Woippy vom Kanton Metz-Land.

45. Wahlkreis (3. Metz-Land):
Vigy-Rombach, bestehend aus dem Kanton Vigy sowie dem Kanton Metz-Land ohne die Gemeinden Amanweiler, Augny, Ban-St. Martin, Bronvaux, Fèves, Longeville, Lorry, Maxe, Montigny, Moulins bei Metz, Norroy-le-Veneur, Plesnois, Plappeville, Sablon, St. Privat, Saulny, Scy, Semécourt und Woippy.

46. Wahlkreis (1. Bolchen):
Bolchen-Falkenberg, bestehend aus dem Kanton Bolchen ohne die Gemeinden Bettingen, Gelmingen, Girlingen, Hollingen [1]), Kuhmen, Mengen, Pieblingen, Teterchen, Valmünster und Welwingen und dem Kanton Falkenberg.

47. Wahlkreis (2. Bolchen):
Busendorf-Teterchen, bestehend aus dem Kanton Busendorf und den Gemeinden Bettingen, Gelmingen, Girlingen, Hollingen [1]), Kuhmen, Mengen, Pieblingen, Teterchen, Valmünster und Welwingen vom Kanton Bolchen.

48. Wahlkreis (1. Château-Salins):
Château-Salins-Delme-Vic, bestehend aus den Kantonen Château-Salins und Delme sowie den Gemeinden Geistkirch, Klein-Bessingen, Lezey, Marsal, Moyenvic, Vic und Xanrey vom Kanton Vic.

---

[1]) Gemäß der Berichtigung im RGBl. 1911 S. 862 (statt „Hallingen").

49. Wahlkreis (2. Château-Salins):
Albesdorf-Dieuze, bestehend aus den Kantonen Albesdorf und Dieuze sowie dem Kanton Vic ohne die Gemeinden Geistkirch, Klein-Bessingen, Lezey, Marsal, Moyenvic, Vic und Xanrey.

50. Wahlkreis (1. Diedenhofen-Ost):
Diedenhofen-Groß-Hettingen, bestehend aus dem Kanton Diedenhofen und den Gemeinden Entringen, Escheringen, Garsch, Groß-Hettingen, Kanfen, Oetringen, Suftgen und Wollmeringen vom Kanton Kattenhofen.

51. Wahlkreis (2. Diedenhofen-Ost):
Kattenhofen-Sierck-Metzerwiese, bestehend aus dem Kanton Kattenhofen ohne die Gemeinden Entringen, Escheringen, Garsch, Groß-Hettingen, Kanfen, Oetringen, Suftgen und Wollmeringen sowie den Kantonen Sierck und Metzerwiese.

52. Wahlkreis (1. Diedenhofen-West):
Fentsch-Algringen, bestehend aus dem Kanton Fentsch und den Gemeinden Nilvingen, Kneuttingen und Algringen vom Kanton Hayingen.

53. Wahlkreis (2. Diedenhofen-West):
Hayingen-Großmoyeuvre, bestehend aus dem Kanton Hayingen ohne die Gemeinden Nilvingen, Kneuttingen, und Algringen sowie dem Kanton Großmoyeuvre.

54. Wahlkreis (1. Forbach):
Forbach, bestehend aus dem Kanton Forbach ohne die Gemeinden Farschweiler, Kochern, Merlenbach und Thedingen.

55. Wahlkreis (2. Forbach):
St. Avold, bestehend aus dem Kanton St. Avold und den Gemeinden Farschweiler, Kochern, Merlenbach und Thedingen vom Kanton Forbach.

56. Wahlkreis (3. Forbach):
Großtänchen-Saaralben, bestehend aus den Kantonen Großtänchen und Saaralben.

57. Wahlkreis (1. Saarburg):
Saarburg-Lörchingen, bestehend aus den Kantonen Saarburg und Lörchingen.

58. Wahlkreis (2. Saarburg):
Pfalzburg-Finstingen-Rixingen, bestehend aus den Kantonen Pfalzburg, Finstingen und Rixingen.
59. Wahlkreis (1. Saargemünd):
Saargemünd, bestehend aus dem Kanton Saargemünd sowie den Gemeinden Achen, Groß-Rederchingen und Kalhausen vom Kanton Rohrbach.
60. Wahlkreis (2. Saargemünd):
Bitsch-Rohrbach-Wolmünster, bestehend aus den Kantonen Bitsch und Wolmünster sowie dem Kanton Rohrbach ohne die Gemeinden Achen, Groß-Rederchingen und Kalhausen.

Urkundlich unter Unserer Höchsteigenhändigen Unterschrift und beigedrucktem Kaiserlichen Insiegel.

Gegeben Kiel, an Bord Meiner Yacht „Hohenzollern", den 3. Juli 1911.

(L. S.) Wilhelm,
Delbrück.

III. Wahlordnung für die Wahlen zur zweiten Kammer des Landtags für Elsaß-Lothringen. Vom 31. Juli 1911.

Gesetzblatt für Elsaß-Lothringen 1911 S. 45.

Wir Wilhelm, von Gottes Gnaden Deutscher Kaiser, König von Preußen rc.

verordnen auf Grund von § 13 Abs. 1 des Gesetzes über die Wahlen zur zweiten Kammer des Landtags für Elsaß-Lothringen vom 31. Mai 1911 (Reichs-Gesetzbl. S. 234) im Namen des Reichs für Elsaß-Lothringen, was folgt:

§ 1.

Nachdem die Verordnung über den Tag der Wahlen verkündet ist, trifft das Ministerium darüber Bestimmung, von wann an die Wählerlisten auszulegen sind.

§ 2.

Die Wählerlisten sind gemeindeweise oder, wenn aus einer Gemeinde mehrere Wahlkreise gebildet sind, für die einzelnen Wahlkreise so aufzustellen, daß die Wahlberechtigten in alphabetischer Ordnung aufgeführt werden. In Gemeinden (Wahlkreisen), welche bereits vor der Aufstellung der Wählerliste in Stimmbezirke eingeteilt sind, erfolgt die Aufstellung nach den einzelnen Stimmbezirken.

In die Wählerliste sind alle Personen aufzunehmen, welche

die Wahlberechtigung besitzen oder am Tage der Wahl besitzen werden.

Am Ende der Wählerliste ist zu bescheinigen, daß die aufgeführten Personen sämtlich im Besitze der Reichsangehörigkeit sind. Weiter ist zu bescheinigen, daß sie am Tage der Wahl das 25. Lebensjahr zurückgelegt, seit mindestens einem Jahre ihren Wohnsitz in der Gemeinde und seit mindestens drei Jahren, sofern sie nicht in Elsaß-Lothringen ein öffentliches Amt ausüben oder Religionsdiener oder Lehrer an öffentlichen Schulen sind, ihren Wohnsitz in Elsaß-Lothringen haben.

§ 3.

Der Bürgermeister hat die Entscheidung, die er mit den vom Gemeinderate bezeichneten zwei Gemeinderatsmitgliedern über Einwendungen gegen die Richtigkeit der Wählerliste trifft, den Beteiligten sofort durch Brief mit Postzustellungsurkunde oder durch Boten gegen Empfangsbescheinigung zuzustellen.

Wird die Wahlberechtigung eines in der Wählerliste Eingetragenen bestritten, so ist dieser durch den Bürgermeister sofort, ehe die Entscheidung ergeht, hiervon kostenfrei in Kenntnis zu setzen.

§ 4.

Auf Grund der bis zum Zeitpunkt der Wahl getroffenen rechtskräftigen Entscheidungen über erhobene Einwendungen sind, soweit erforderlich, diejenigen, deren Wahlberechtigung anerkannt worden ist, nachträglich in die Wählerliste aufzunehmen und diejenigen, welchen die Wahlberechtigung abgesprochen worden ist, in der Liste zu streichen. Die Gründe der Nachtragungen und Streichungen sind in der Liste kurz zu vermerken. Andere Änderungen dürfen nach Schluß der Wählerliste nicht darin vorgenommen werden.

§ 5.

Die abgeschlossene Wählerliste ist auf dem Bürgermeisteramt aufzubewahren. Eine vom Bürgermeister beglaubigte Abschrift erhält der Wahlvorsteher (§ 7) zur Benutzung bei der Wahl. Ist die Gemeinde (der Wahlkreis) in Stimmbezirke eingeteilt und sind die Wählerlisten nicht bereits nach den einzelnen Stimmbezirken aufgestellt, so ist dem Wahlvorsteher jedes Stimmbezirkes ein die Wahlberechtigten seines Bezirks umfassender beglaubigter Auszug aus der Wählerliste zu übermitteln.

Ein Wahlberechtigter, welcher bei Schluß der Wählerliste dem Stimmbezirk, in dem er seinen Wohnsitz hat, noch nicht drei Monate angehört, ist in die Liste desjenigen Stimmbezirks einzutragen, in dem er drei Monate vor Schluß der Wählerliste seinen Wohnsitz gehabt hat. Diese Vorschrift ist entsprechend anzuwenden, wenn ein Wahlberechtigter seinen Wohnsitz innerhalb der Gemeinde aus einem Wahlkreis in einen anderen verlegt.

§ 6.

Den in der Wählerliste eingetragenen Wahlberechtigten werden alsbald von dem Bürgermeister Ausweiskarten übersandt.

§ 7.

Die Wahlhandlung wird von einem Wahlvorstande geleitet, der aus dem Wahlvorsteher, vier bis sechs Beisitzern und dem Schriftführer besteht. Für jeden Stimmbezirk ist ein besonderer Wahlvorstand einzusetzen. Sind aus einer Gemeinde mehrere Wahlkreise gebildet und diese in Stimmbezirke eingeteilt, so werden die Stimmbezirke in jedem Wahlkreise besonders gezählt.

Wahlvorsteher ist der Bürgermeister, bei Verhinderung sein gesetzlicher Stellvertreter. Sind Stimmbezirke gebildet, so ist der Bürgermeister oder sein Vertreter Wahlvorsteher des ersten Stimmbezirks; die Wahlvorsteher der übrigen Stimmbezirke werden von dem Bürgermeister berufen.

Die Beisitzer und den Schriftführer ernennt der Wahlvorsteher aus der Zahl der Wahlberechtigten der Gemeinde (des Wahlkreises) oder des Stimmbezirks, welche lesen und schreiben können.

Personen, die ein unmittelbares Staatsamt bekleiden, sollen zu Wahlvorstehern, Beisitzern oder Schriftführern nicht berufen werden.

§ 8.

Die Handhabung der Ordnung in dem Wahlraum steht dem Wahlvorsteher zu.

Während der Wahlhandlung dürfen im Wahlraum weder Beratungen stattfinden noch Ansprachen gehalten oder Beschlüsse gefaßt werden. Ausgenommen sind die Beratungen und Beschlüsse des Wahlvorstandes, die durch das Wahlgeschäft veranlaßt sind.

Im Wahlraum dürfen keine Stimmzettel aufgelegt oder verteilt werden.

§ 9.

Der Tisch, an dem der Wahlvorstand Platz nimmt, ist so aufzustellen, daß er von allen Seiten zugänglich ist.

Auf oder an diesem Tisch wird eine abgeschlossene Wahlurne zum Hineinlegen der Stimmzettel gestellt. Vor dem Beginne der Abstimmung hat sich der Wahlvorstand davon zu überzeugen, daß die Urne leer ist. Von da an bis zur Herausnahme der Umschläge mit den Stimmzetteln nach Schluß der Wahl (§ 14) muß die Wahlurne geschlossen gehalten werden.

Die Stimmzettel sollen 9 zu 12 cm groß und aus mittelstarkem Papier hergestellt sein. Sie sind außerhalb des Wahlraums mit dem Namen desjenigen, welchem der Wähler seine Stimme geben will, handschriftlich oder im Wege der Vervielfältigung zu versehen. Die Umschläge sollen 12 zu 15 cm groß und von undurchsichtigem Papier sein; sie sind in der erforderlichen Zahl bereitzuhalten.

Durch Bereitstellung eines oder mehrerer Nebenräume, die nur durch den Wahlraum betretbar und unmittelbar mit ihm verbunden sind, oder durch Vorrichtungen an einem oder mehreren von dem Vorstandstische getrennten Nebentischen ist dafür zu sorgen, daß die Wähler ihren Stimmzettel unbeobachtet in den Umschlag stecken können.

Ein Abdruck des Wahlgesetzes und der gegenwärtigen Wahlordnung ist im Wahlraum auszulegen.

§ 10.

Die Wahlhandlung wird damit eröffnet, daß der Wahlvorsteher den Schriftführer und die Beisitzer mittels Handschlags an Eidesstatt verpflichtet und so den Wahlvorstand bildet.

Zu keiner Zeit der Wahlhandlung dürfen weniger als drei Mitglieder des Wahlvorstandes gegenwärtig sein. Der Wahlvorsteher und der Schriftführer dürfen sich während der Wahlhandlung nicht gleichzeitig entfernen; verläßt einer davon vorübergehend den Wahlraum, so ist mit seiner zeitweiligen Vertretung ein anderes Mitglied des Wahlvorstandes zu beauftragen.

§ 11.

Zur Stimmabgabe wird nur zugelassen, wer in die Wählerliste aufgenommen ist. Zurückzuweisen ist, ungeachtet seiner Aufnahme in die Wählerliste, derjenige, welchem im Zeitpunkt der Wahl die bürgerlichen Ehrenrechte rechtskräftig aberkannt sind.

Abwesende können weder durch Stellvertreter noch sonst an der Wahl teilnehmen.

§ 12.

Der Wähler, der seine Stimme abgeben will, nimmt von einer durch den Wahlvorstand in der Nähe des Zugangs zu dem Nebenraum oder Nebentische aufzustellenden Person einen mit amtlichem Stempel versehenen Umschlag an sich, begibt sich in den Nebenraum oder an den Nebentisch, wo er, ohne daselbst länger zu verweilen, als nötig ist, seinen Stimmzettel unbeobachtet in den Umschlag steckt, tritt an den Vorstandstisch, nennt unter Vorweisung seiner Ausweiskarte seinen Namen und übergibt, sobald der Schriftführer den Namen in der Wählerliste aufgefunden hat, den Umschlag mit dem Stimmzettel dem Wahlvorsteher. Von letzterem wird der Umschlag sofort uneröffnet in die Wahlurne gelegt.

Wähler, die durch körperliche Gebrechen behindert sind, ihren Stimmzettel eigenhändig in den Umschlag zu stecken und diesen dem Wahlvorsteher zu übergeben, dürfen sich des Beistandes einer Vertrauensperson bedienen.

Stimmzettel, welche die Wähler nicht in dem abgestempelten Umschlag oder welche sie in einem sonst mit einem Kennzeichen versehenen Umschlag abgeben wollen, hat der Wahlvorsteher zurückzuweisen. Desgleichen sind von der Stimmabgabe die Wähler zurückzuweisen, die sich nicht in den Nebenraum oder an den Nebentisch begeben haben.

§ 13.

Der Schriftführer vermerkt die Stimmabgabe jedes Wählers neben dessen Namen in der Wählerliste. Einer der Beisitzer kennzeichnet die Ausweiskarte durch Abschneiden der rechten oberen Ecke und gibt sie dem Wähler behufs Benutzung bei einer etwaigen Nachwahl (§ 25) zurück.

§ 14.

Nach Ablauf der festgesetzten Zeit erklärt der Wahlvorsteher die Wahl für geschlossen. Nachdem dies geschehen, dürfen keine Stimmzettel mehr angenommen werden.

§ 15.

Alsbald nach Schluß der Wahl wird das Ergebnis der Abstimmung ermittelt.

Zu diesem Zwecke werden die Umschläge aus der Wahlurne genommen und uneröffnet gezählt. Zugleich wird die Summe der Abstimmungsvermerke in der Wählerliste festgestellt. Ergibt sich dabei auch nach wiederholter Zählung eine Verschiedenheit, so ist dies nebst dem zur Aufklärung Dienlichen in dem Wahlprotokoll (§ 19 Abs. 1) anzugeben.

Einer der Beisitzer öffnet sodann jeden Umschlag, nimmt den Stimmzettel heraus und übergibt ihn dem Wahlvorsteher, der ihn laut vorliest und mit dem Umschlag einem anderen Beisitzer zur Aufbewahrung bis zum Schlusse der Wahlhandlung weiterreicht. Der Schriftführer nimmt den Namen jedes Bewerbers, der Stimmen erhalten hat, in das Protokoll auf, vermerkt dabei die dem Bewerber zugefallenen Stimmen und zählt sie laut. In gleicher Weise führt einer der Beisitzer eine Gegenliste. Letztere ist, ebenso wie die Wählerliste, beim Schlusse der Wahlhandlung von dem Wahlvorstand zu unterschreiben und dem Protokolle beizufügen.

Der Wahlvorstand ist befugt, die Eröffnung der Umschläge und die Zählung der Stimmen unter seiner Aufsicht durch besondere, aus den lese- und schreibkundigen Wählern zu entnehmende Stimmzähler vornehmen zu lassen. Die Stimmzähler haben in Abteilungen von je fünf Zählern, unter welche die Umschläge von dem Wahlvorsteher verteilt werden, an besonderen Tischen Platz zu nehmen und nach Maßgabe der Vorschriften des Abs. 3 zu verfahren. Die nach diesen Vorschriften von dem Wahlvorsteher, dem Schriftführer und den Beisitzern wahrzunehmenden Verrichtungen werden durch den Wahlvorsteher den Mitgliedern der einzelnen Abteilungen zugewiesen. Zu beanstandende Umschläge und Stimmzettel sind dem Wahlvorstande zur Entscheidung vorzulegen. Nach Beendigung der Zählung werden sämtliche Umschläge und Stimmzettel mit den Stimmzählungslisten dem Wahlvorstand übergeben.

§ 16.

Ungültig und nicht in Anrechnung zu bringen sind:

1. Stimmzettel, welche nicht in einem mit amtlichem Stempel versehenen oder welche in einem Umschlag übergeben worden sind, der sonst ein Kennzeichen hat;
2. Stimmzettel, welche nicht von weißem Papier sind oder welche ein äußeres Kennzeichen aufweisen;

3. Stimmzettel, welche keinen oder keinen lesbaren Namen enthalten;
4. Stimmzettel, aus welchen die Person des Gewählten nicht unzweifelhaft zu erkennen ist;
5. Stimmzettel, welche auf eine nicht wählbare Person lauten;
6. Stimmzettel, welche einen Vorbehalt gegenüber dem Gewählten oder eine Verwahrung enthalten.

Mehrere in einem Umschlag enthaltene gleichlautende Stimmzettel gelten als eine Stimme; in einem Umschlag enthaltene, auf verschiedene Personen lautende Stimmzettel sind ungültig.

§ 17.

Über die Gültigkeit oder Ungültigkeit eines Stimmzettels befindet der Wahlvorstand nach Stimmenmehrheit. Bei Stimmengleichheit gibt die Stimme des Wahlvorstehers den Ausschlag.

Die Stimmzettel, über die es zu einer Beschlußfassung des Wahlvorstandes gekommen ist, sind mit fortlaufenden Nummern zu versehen und dem Protokoll (§ 19 Abs. 1) beizufügen; wurde die Ungültigkeit des Stimmzettels aus der Beschaffenheit des Umschlags abgeleitet, so ist auch der Umschlag beizufügen. Im Protokoll sind die Gründe, aus denen die Stimmzettel für gültig oder ungültig erklärt worden sind, kurz anzugeben.

§ 18.

Die Stimmzettel und Umschläge, welche nicht dem Protokoll beizufügen waren, sind, nachdem sie der Wahlvorsteher in Papier eingeschlagen und die Umhüllung versiegelt sowie mit Aufschrift versehen hat, auf dem Bürgermeisteramt aufzubewahren, bis feststeht, daß die Wahl nicht angefochten, oder bis über die Wahl endgültig entschieden ist. Nach diesem Zeitpunkt sind sie zu vernichten.

§ 19.

Über die Wahlhandlung und die Ermittlung des Ergebnisses der Abstimmung wird von dem Wahlvorstand ein Protokoll aufgenommen.

Ist die Gemeinde oder, wenn aus einer Gemeinde mehrere Wahlkreise gebildet sind, der Wahlkreis in Stimmbezirke eingeteilt, so hat der Wahlvorstand des ersten Stimmbezirks, welchem die Wahlvorsteher der übrigen Stimmbezirke die Wahlprotokolle mit den zugehörigen Schriftstücken sofort durch zuverlässige Boten zu übersenden haben, das Gesamtergebnis der Abstimmung in den Stimmbezirken zu ermitteln.

Das Ergebnis und das Gesamtergebnis wird von dem zuständigen Wahlvorsteher alsbald öffentlich bekanntgegeben.

§ 20.

Die Ermittlung des Wahlergebnisses für den Wahlkreis erfolgt durch einen von dem Bezirkspräsidenten zu ernennenden Wahlkommissar am zweiten Tage (Dienstag) nach der Wahl auf dem Bürgermeisteramte des Wahlhauptortes. Die Ernennung ist mindestens acht Tage vor der Wahl öffentlich bekanntzumachen.

Die Wahlprotokolle (§ 19 Abs. 1, 2) mit den zugehörigen Schriftstücken sind von den Wahlvorstehern der Gemeinden, oder, wenn eine Gemeinde (ein Wahlkreis) in Stimmbezirke eingeteilt war, von dem Wahlvorsteher des ersten Stimmbezirks sofort durch zuverlässige Boten unter der Adresse des Wahlkommissars an das Bürgermeisteramt des Wahlhauptortes zu übersenden.

§ 21.

Wahlhauptorte sind:

Hirsingen	für den	1.	Wahlkreis	(1. Altkirch).
Altkirch	„ „	2.	„	(2. Altkirch).
Colmar	„ „	3. u. 4.	„	(1. u. 2. Colmar).
Neubreisach	„ „	5.	„	(3. Colmar).
Gebweiler	„ „	6.	„	(1. Gebweiler).
Rufach	„ „	7.	„	(2. Gebweiler).
Mülhausen	„ „	8. b. 10.	„	(1. bis 3. Mülhausen).
Dornach	„ „	11.	„	(4. Mülhausen).
St. Ludwig	„ „	12.	„	(5. Mülhausen).
Habsheim	„ „	13.	„	(6. Mülhausen).
Rappoltsweiler	„ „	14.	„	(1. Rappoltsweiler).
Markirch	„ „	15.	„	(2. Rappoltsweiler).
Sennheim	„ „	16.	„	(1. Thann).
Thann	„ „	17.	„	(2. Thann).
Straßburg	„ „	18 b. 23.	„	(1. bis 6. Straßburg).
Schiltigheim	„ „	24.	„	(1. Straßburg-Land).
Brumath	„ „	25.	„	(2. Straßburg-Land).
Hochfelden	„ „	26.	„	(3. Straßburg-Land).
Erstein	„ „	27.	„	(1. Erstein).
Oberehnheim	„ „	28.	„	(2. Erstein).
Hagenau	„ „	29.	„	(1. Hagenau).
Bischweiler	„ „	30.	„	(2. Hagenau).
Bad Niederbronn	„ „	31.	„	(3. Hagenau).
Rosheim	„ „	32.	„	(1. Molsheim).
Molsheim	„ „	33.	„	(2. Molsheim).
Schlettstadt	„ „	34.	„	(1. Schlettstadt).
Barr	„ „	35.	„	(2. Schlettstadt).
Weißenburg	„ „	36.	„	(1. Weißenburg).

Sulz u. W.	für den	37.	Wahlkreis	(2. Weißenburg).
Zabern	„ „	38.	„	(1. Zabern).
Saarunion	„ „	39.	„	(2. Zabern).
Buchsweiler	„ „	40.	„	(3. Zabern).
Metz	„ „	41. u. 42.	„	(1. u. 2. Metz).
Ars a. d. Mosel	„ „	43.	„	(1. Metz-Land).
Montigny	„ „	44.	„	(2. Metz-Land).
Rombach	„ „	45.	„	(3. Metz-Land).
Bolchen	„ „	46.	„	(1. Bolchen).
Busendorf	„ „	47.	„	(2. Bolchen).
Château-Salins	„ „	48.	„	(1. Château-Salins).
Dieuze	„ „	49.	„	(2. Château-Salins).
Diedenhofen	„ „	50.	„	(1. Diedenhofen-Ost).
Königsmachern	„ „	51.	„	(2. Diedenhofen-Ost).
Fentsch	„ „	52.	„	(1. Diedenhofen-West).
Hayingen	„ „	53.	„	(2. Diedenhofen-West).
Forbach	„ „	54.	„	(1. Forbach).
St. Avold	„ „	55.	„	(2. Forbach).
Mörchingen	„ „	56.	„	(3. Forbach).
Saarburg	„ „	57.	„	(1. Saarburg).
Finstingen	„ „	58.	„	(2. Saarburg).
Saargemünd	„ „	59.	„	(1. Saargemünd).
Bitsch	„ „	60.	„	(2. Saargemünd).

§ 22.

Der Wahlkommissar beruft zum Zwecke der Ermittlung des Wahlergebnisses den Wahlvorstand des Wahlhauptortes oder im Falle des § 19 Abs. 2 den Wahlvorstand des ersten Stimmbezirks. Außerdem hat er einen Schriftführer zuzuziehen, der von ihm mittels Handschlag an Eidesstatt verpflichtet wird. Der Schriftführer muß wahlberechtigt sein; er darf Beamteneigenschaft besitzen.

Der Zutritt zu dem Raume, in welchem die Ermittlung des Wahlergebnisses erfolgt, steht den Wahlberechtigten des Wahlkreises offen.

§ 23.

Die Ermittlung des Wahlergebnisses vollzieht sich derart, daß die Protokolle über die Wahlen in den einzelnen Gemeinden oder Stimmbezirken sowie über das Gesamtergebnis in den Stimmbezirken durchgesehen und das Ergebnis der Wahl festgestellt wird.

Das Ergebnis wird durch den Wahlkommissar nach erfolgter Feststellung verkündet und in einem der zu amtlichen Bekanntmachungen dienenden Blätter bekanntgemacht.

Über die Verhandlung ist ein Protokoll aufzunehmen, woraus die Zahl der Wähler sowie der gültigen und ungültigen Stimmen und die Zahl der auf die einzelnen Bewerber gefallenen Stimmen für jede Gemeinde und jeden Stimmbezirk ersichtlich sein muß und worin die Bedenken zu erwähnen sind, zu denen die Wahlen etwa Veranlassung gegeben haben. Zur Beseitigung solcher Bedenken ist der Wahlkommissar befugt, die Stimmzettel und Umschläge (§ 18) einzufordern und einzusehen.

§ 24.

Hat ein Bewerber mehr als die Hälfte der in dem Wahlkreis abgegebenen gültigen Stimmen erhalten, so wird er durch den Wahlkommissar als gewählt erklärt.

§ 25.

Ist eine Nachwahl nötig, so hat der Wahlkommissar dies sofort den Bürgermeistern der Gemeinden des Wahlkreises durch eingeschriebenen Brief oder durch Boten gegen Empfangsbescheinigung mitzuteilen. Zugleich sind die Wählerlisten von den Wahlprotokollen zu trennen und den Bürgermeistern wieder zuzustellen.

Die Berufung der Wahlberechtigten erfolgt mindestens zwei Tage vor der Nachwahl. Im übrigen wird die Nachwahl durchweg auf denselben Grundlagen und nach denselben Vorschriften, wie die erste Wahl, vorgenommen. Insbesondere bleiben die Stimmbezirke, die Wahlräume und die Wahlvorsteher sowie der Wahlkommissar die gleichen, soweit nicht eine Verlegung der Wahlräume oder eine Ersetzung der Wahlvorsteher oder des Wahlkommissars durch besondere Umstände erforderlich wird. Die Verlegung eines Wahlraums sowie die Ersetzung des Wahlkommissars ist ortsüblich bekannt zu machen, ohne daß hierfür eine Frist eingehalten zu werden braucht. Die Ausweiskarten werden nach erfolgter Benutzung den Wählern nicht zurückgegeben.

Als gewählt wird bei der Nachwahl erklärt, wer die meisten gültigen Stimmen erhalten hat. Bei Stimmengleichheit wird das Los durch die Hand des Wahlkommissars gezogen.

§ 26.

Der Gewählte ist von der auf ihn gefallenen Wahl von dem Wahlkommissar durch Brief mit Postzustellungsurkunde zu benachrichtigen und zur Erklärung über die Annahme aufzufordern.

Annahme der Wahl unter Vorbehalt oder Verwahrung sowie das Ausbleiben der Erklärung binnen einer Woche von der Zustellung der Benachrichtigung an gerechnet gilt als Ablehnung.

§ 27.

Wird die Wahl abgelehnt oder für ungültig erklärt oder scheidet ein Mitglied der Kammer während der Wahlperiode aus, so ordnet das Ministerium eine Ersatzwahl an. Die Frist, innerhalb welcher die Ersatzwahl vorzunehmen ist, soll in der Regel den Zeitraum eines Vierteljahres seit Erledigung des Sitzes nicht überschreiten.

§ 28.

Die Verhandlungen über die Wahlen sowie über die Ermittlung und Feststellung der Ergebnisse sind von dem Wahlkommissar dem Bürgermeister des Wahlhauptortes zu übergeben, der für ihre Aufbewahrung Sorge trägt und sie, sobald die Wahl endgültig geworden ist, dem Ministerium zur Vorlage an die zweite Kammer einreicht.

Urkundlich unter Unserer Höchsteigenhändigen Unterschrift und beigedrucktem Kaiserlichen Insiegel.

Gegeben Swinemünde, den 31. Juli 1911.

(L. S.) Wilhelm.

Graf von Wedel.

IV. Verordnung,

betreffend die Wahlen zur Zweiten Kammer des Landtags für Elsaß-Lothringen.

Zentral- und Bezirks-Amtsblatt für Elsaß-Lothringen 1911 S. 99.

1. Die Wahlurnen müssen von einer Beschaffenheit sein, die es ausschließt, daß die Umschläge mit den Stimmzetteln in der Reihenfolge, in der sie in die Urne gelegt werden, aufeinander zu liegen kommen. Sichere Gewähr hierfür bieten Urnen, welche, im Innern gemessen, eine Höhe von mindestens 80 cm und eine Breite von mindestens 35 cm haben. In Gemeinden oder Stimmbezirken, die nicht mehr als 400 Wähler zählen, kann auch eine Höhe von 40 cm bei einer Mindestbreite von 35 cm als genügend erachtet werden. Der Spalt zum Hineinlegen der Umschläge mit den Stimmzetteln muß sich im Deckel der Urne befinden und soll nicht breiter als $1^1/_2$ cm sein.

2. Zu den Wählerlisten, den Ausweiskarten und den Wahlprotokollen sind Formulare zu verwenden, welche den in den Anlagen 1 bis 4 angegebenen Mustern entsprechen.

Straßburg, den 4. August 1911.

Ministerium für Elsaß-Lothringen.

Der Staatssekretär

Zorn von Bulach.

V. Zusammenstellung

der Verbrechen und Vergehen, welche die Aberkennung der bürgerlichen Ehrenrechte zur Folge haben können.

Zentral- und Bezirks-Amtsblatt für Elsaß-Lothringen 1911 S. 117.

Zu vgl. § 2 Abs. 3 Nr. 4 des Gesetzes über die Wahlen zur zweiten Kammer des Landtags für Elsaß-Lothringen vom 31. Mai 1911 und § 30 Abs. 3 Nr. 5 der Gemeindeordnung für Elsaß-Lothringen vom 6. Juni 1895.

A. Reichsstrafgesetzbuch.

1. Aufforderung, Annahme der Aufforderung sowie Erbieten zur Begehung eines Verbrechens, § 49a;
2. Hochverrat, Verabredung hochverräterischer Unternehmen, Vorbereitung hochverräterischer Unternehmen, Aufforderung zum Hochverrat, §§ 80, 81, 83—86;
3. Landesverrat, §§ 87—90, 92, vgl. unten Nr. 117, 118;
4. Tätlichkeiten gegen den Kaiser, den Landesherrn oder ein Mitglied des landesherrlichen Hauses, §§ 94, 96;
5. Tätlichkeiten gegen einen Bundesfürsten oder ein Mitglied eines bundesfürstlichen Hauses, §§ 98, 100;
6. Gewaltsame Handlungen gegen gesetzgebende Versammlungen sowie gegen Mitglieder von solchen, §§ 105, 106;
7. Wahlfälschungen, § 108;
8. Stimmkauf, § 109;
9. Aufruhr, § 115, Abs. 2;
10. Auflauf, § 116 Abs. 2;
11. Qualifizierte Widerstandsleistung gegen Forst- und Jagdbeamte usw., § 118;
12. Meuterei, § 122 Abs. 3;
13. Landfriedensbruch, § 125, Abs. 2;
14. In gewinnsüchtiger Absicht begangene Vernichtung, Bei-

seiteschaffung oder Beschädigung von Urkunden, Registern, Akten usw., § 133 Abs. 2;
15. Selbstverstümmelung oder sonstige Untauglichmachung zur Erfüllung der Wehrpflicht, § 142;
16. Anwendung täuschender Mittel behufs Entziehung der Wehrpflicht, § 143;
17. Münzfälschung, §§ 146, 147;
18. Münzvergehen im Sinne des § 150;
19. Meineid, wissentliche Verletzung der Eidespflicht in den Fällen der §§ 153—159, vgl. § 161;
20. Verleitung zur Ableistung eines falschen Eides, § 160;
21. Falsche Anschuldigung, § 164;
22. Leichenraub, Zerstörung oder Beschädigung eines Grabes, Verübung beschimpfenden Unfugs an einem Grabe, § 168;
23. Kindesunterschiebung, Unterdrückung oder Veränderung des Personenstandes, wenn in gewinnsüchtiger Absicht begangen, § 169;
24. Doppelehe, § 171;
25. Blutschande, § 173;
26. Vornahme unzüchtiger Handlungen unter Verletzung eines Amts- oder sonstigen Autoritätsverhältnisses, § 174;
27. Widernatürliche Unzucht, § 175;
28. Gewaltsame Vornahme unzüchtiger Handlungen, § 176 Nr. 1;
29. Mißbrauch einer in willenlosem oder bewußtlosem Zustande befindlichen oder geisteskranken Frauensperson, § 176 Nr. 2;
30. Vornahme unzüchtiger Handlungen mit Kindern unter 14 Jahren, § 176 Nr. 3;
31. Notzucht, §§ 177, 178;
32. Verleitung einer Frauensperson zum Beischlaf durch Vorspiegelung einer Trauung oder sonstige Irrtumserregung, § 179;
33. Kuppelei, §§ 180, 181;
34. Zuhälterei, § 181a;
35. Öffentliche Ärgerniserregung durch unzüchtige Handlungen, § 183;
36. Feilhalten unzüchtiger Schriften usw., § 184;
37. Mord, § 211;
38. Totschlag, §§ 212, 213, 214, 215;

39. Abtreibung, Tötung der Leibesfrucht, §§ 218, 219, 220;
40. Qualifizierte Aussetzung, § 221 Abs. 3;
41. Schwere Körperverletzung, §§ 224, 225;
42. Körperverletzung mit nachgefolgtem Tode, § 226;
43. Beteiligung an einer Schlägerei bei Vorliegen der besonderen Voraussetzungen des Abs. 2 des § 227;
44. Vergiftung, § 229;
45. Menschenraub, § 234;
46. Kinderraub, § 235;
47. Entführung im Falle des § 236;
48. Freiheitsberaubung in den Fällen des § 239 Abs. 2, 3;
49. Diebstahl, §§ 242—244;
50. Unterschlagung, § 246;
51. Raub, §§ 249—252;
52. Erpressung, §§ 253—255;
53. Hehlerei, §§ 258—261;
54. Betrug, § 263;
55. Betrug im wiederholten Rückfall, § 264;
56. Versicherungsbetrug, § 265;
57. Untreue, § 266;
58. Urkundenfälschung, §§ 267—270;
59. Intellektuelle Urkundenfälschung im Falle der §§ 272, 273;
60. Verschiedene der Urkundenfälschung verwandte strafbare Handlungen, §§ 274, 275;
61. Ausstellung und Gebrauch falscher Zeugnisse in den Fällen der §§ 277—279;
62. Gewerbsmäßiges Glücksspiel, § 284;
63. Beeinträchtigung eines Nießbrauch-, Pfand- oder Zurückbehaltungsrechts durch Entwenden der Sache zum Vorteil des Eigentümers, § 289;
64. Gewerbsmäßige Betreibung unberechtigten Jagens, § 294;
65. Ausbeutung Minderjähriger, § 302;
66. Wucher, §§ 302a—302e;
67. Qualifizierte Sachbeschädigung, § 304;
68. Vorsätzliche Brandstiftung, §§ 306—308, 311;
69. Vorsätzliche Herbeiführung einer Überschwemmung, §§ 312, 313;
70. Vorsätzliche Eisenbahntransport-Gefährdung, § 315;
71. Sonstige gemeingefährliche Beschädigungen, § 321 Abs. 2, § 322;

72. Vorsätzliche Bewirkung der Strandung oder des Sinkens eines Schiffes, § 323;
73. Vergiftung von Brunnen und ähnliche Handlungen, § 324;
74. Vorsätzliche Nichterfüllung von Lieferungsverträgen über Bedürfnisse des Heeres oder der Marine zur Zeit eines Krieges oder über Lebensmittel zur Abwendung oder Beseitigung eines Notstandes, § 329;
75. Beamten-Bestechung, §§ 332, 333, 334;
76. Beugung des Rechts durch Beamte oder Schiedsrichter § 336;
77. Schließung einer Doppelehe durch einen Religionsdiener oder Personenstandsbeamten, § 338;
78. Schwere Körperverletzung im Amte, § 340 Abs. 2;
79. Unberechtigte Vornahme einer Verhaftung oder sonstiger Freiheitsentziehung durch Beamte, sofern die Voraussetzungen des § 239 Abs. 2, 3 (vgl. oben Nr. 48) zutreffen, § 341;
80. Unberechtigte Anwendung von Zwangsmitteln zur Erpressung von Zeugnissen oder Aussagen durch Beamte, § 343;
81. Vorsätzliche Beantragung oder Verfügung einer Untersuchung gegen Unschuldige, § 344;
82. Vorsätzliche Veranlassung einer widerrechtlichen Strafvollstreckung, § 345 Abs. 1;
83. Verletzung der Amtspflicht durch Unterlassung einer Strafverfolgung und dergl., § 346;
84. Desgleichen durch vorsätzliche Befreiung oder Entweichenlassen von Gefangenen, § 347 Abs. 1;
85. Desgleichen durch falsche Beurkundung im Falle des § 349;
86. Amtsunterschlagung, §§ 350, 351;
87. Pflichtwidriges Handeln von Rechtsanwälten und sonstigen Rechtsbeiständen (Prävarikation) im Falle des § 356 Abs. 2.

B. Sonstige reichsrechtliche Bestimmungen.

88. Betrüglischer Bankerutt, § 239 der Konkursordnung;
89. Einfacher Bankerutt, § 240 Nr. 1, 2 des nämlichen Gesetzes;

90. Teilnahme an betrüglischem Bankerutt im Sinne des § 242 des nämlichen Gesetzes;
91. Untreue der Mitglieder des Vorstandes, des Aufsichtsrats oder der Liquidatoren einer Aktiengesellschaft sowie der persönlich haftenden Gesellschafter, der Mitglieder des Aufsichtsrats oder der Liquidatoren einer Kommanditgesellschaft auf Aktien, § 312, § 320 Abs. 3, § 325 Nr. 9 des Handelsgesetzbuches;
92. Wissentlich falsche Angaben seitens der Gründer, der Mitglieder des Vorstandes und des Aufsichtsrats einer Aktiengesellschaft sowie der persönlich haftenden Gesellschafter und der Mitglieder des Aufsichtsrats einer Kommanditgesellschaft auf Aktien behufs Eintragung der Gesellschaft in das Handelsregister, § 313 Nr. 1, § 320 Abs. 3, § 325 Nr. 9 des nämlichen Gesetzes;
93. Wissentlich falsche Angaben in der Ankündigung von Aktien, § 313 Nr. 2, § 320 Abs. 3 des nämlichen Gesetzes;
94. Wissentlich falsche Angaben seitens der Mitglieder des Vorstandes und des Aufsichtsrats einer Aktiengesellschaft sowie der persönlich haftenden Gesellschafter und der Mitglieder des Aufsichtsrats einer Kommanditgesellschaft auf Aktien behufs Eintragung einer Kapitalserhöhung, § 313 Nr. 3, § 320 Abs. 3, § 325 Nr. 9 des nämlichen Gesetzes;
95. Wissentlich unwahre Darstellung oder Verschleierung des Standes der Gesellschaftsverhältnisse seitens der vorstehend unter Nr. 91 bezeichneten Personen, § 314 Nr. 1, § 320 Abs. 3, § 325 Nr. 9 des nämlichen Gesetzes;
96. Fälschung von Bescheinigungen über Hinterlegung von Aktien, § 316, § 320 Abs. 3 des nämlichen Gesetzes;
97. Untreue der Mitglieder des Vorstandes und des Aufsichtsrats sowie der Liquidatoren einer Erwerbs- und Wirtschaftsgenossenschaft, § 146 des Gesetzes, betreffend die Erwerbs- und Wirtschaftsgenossenschaften, in der Fassung vom 20. Mai 1898;
98. Wissentlich falsche Angaben in den dem Gericht zu machenden Anmeldungen, Anzeigen und Versicherungen, desgl. wissentlich unwahre Darstellung des Standes der Genossenschaftsverhältnisse seitens der vorstehend unter Nr. 97 bezeichneten Personen, § 147 des nämlichen Gesetzes;

99. Wissentlich falsche Angaben behufs Eintragung der Gesellschaft oder einer Erhöhung des Stammkapitals seitens der Geschäftsführer und Mitglieder einer Gesellschaft mit beschränkter Haftung, § 82 Nr. 1 des Gesetzes, betreffend die Gesellschaften mit beschränkter Haftung, in der Fassung vom 20. Mai 1898;
100. Wissentlich unwahre Versicherung der Geschäftsführer einer Gesellschaft mit beschränkter Haftung behufs Eintragung einer Herabsetzung des Stammkapitals, § 82 Nr. 2 des nämlichen Gesetzes;
101. Wissentlich unwahre Darstellung oder Verschleierung der Vermögenslage der Gesellschaft seitens der Geschäftsführer, der Liquidatoren sowie der Mitglieder eines Aufsichtsrats oder eines ähnlichen Organs einer Gesellschaft mit beschränkter Haftung, § 82 Nr. 3 des nämlichen Gesetzes;
102. Zuwiderhandlung nach §§ 12, 13 des Gesetzes vom 14. Mai 1879, betreffend den Verkehr mit Nahrungsmitteln, Genußmitteln und Gebrauchsgegenständen;
103. Zuwiderhandlung gegen die §§ 2, 4 (2. Fall) des Gesetzes vom 21. Mai 1878, betreffend Zuwiderhandlungen gegen die zur Abwehr der Rinderpest erlassenen Vieh-Einfuhrverbote;
104. Vorsätzliche Herbeiführung von Gefahr für das Eigentum, die Gesundheit oder das Leben eines anderen durch Anwendung von Sprengstoffen, § 5 des Gesetzes vom 9. Juni 1884 gegen den verbrecherischen und gemeingefährlichen Gebrauch von Sprengstoffen;
105. Verabredung der Begehung und Verbindung zum Zweck der Begehung der vorstehend unter Nr. 104 bezeichneten strafbaren Handlungen, § 6 des nämlichen Gesetzes;
106. Herstellung, Anschaffung, Bestellung und Besitz von Sprengstoffen in verbrecherischer Absicht, § 7 des nämlichen Gesetzes;
107. Herstellung, Anschaffung, Bestellung und Besitz von Sprengstoffen ohne erweislich erlaubten Zweck, § 8 des nämlichen Gesetzes;
108. Aufforderung oder Anreizung zu einer der vorstehend unter Nr. 104, 105 bezeichneten strafbaren Handlungen, § 10 des nämlichen Gesetzes;

109. Meuterei im Falle des § 105 der Seemanns-Ordnung vom 2. Juni 1902;
110. Vorsätzliche Nichterfüllung der Verpflichtung des Kapitäns, für gehörige Verproviantierung des Schiffes zu sorgen, § 112 des nämlichen Gesetzes;
111. Vorsätzliche Benachteiligung des Versicherungsträgers oder der Kasse seitens eines Mitglieds der Organe des Versicherungsträgers usw., § 23 Abs. 2, §§ 535, 536 der Reichsversicherungsordnung;
112. Unbefugte Offenbarung oder Verwertung von Geschäfts- oder Betriebsgeheimnissen, um den Unternehmer zu schädigen oder sich oder anderen einen Vermögensvorteil zu verschaffen, § 142 Abs. 2, § 143 des nämlichen Gesetzes;
113. Vorsätzliche Vorenthaltung oder Hinterziehung von abgezogenen oder erhaltenen Beitragsteilen seitens der Arbeitgeber usw., § 533, § 534 Abs. 2, §§ 536, 1492, 1493, § 1494 Abs. 2 des nämlichen Gesetzes;
114. Fälschliche Anfertigung oder Verfälschung von Marken der Versicherungsanstalten, um sie als echt zu verwenden, oder Verschaffung usw., Verwendung, Feilhalten, Inverkehrbringen von falschen Marken, § 1496 des nämlichen Gesetzes;
115. Wissentliche Wiederverwendung bereits verwendeter Marken oder Verschaffung usw., Feilhalten, Inverkehrbringen von solchen Marken, § 1497 des nämlichen Gesetzes;
116. Absichtliche Offenbarung von Betriebsgeheimnissen oder Nachahmung von geheim gehaltenen Betriebseinrichtungen oder Betriebsweisen zum Nachteil der Betriebsunternehmer seitens Sachverständiger, § 145a Nr. 2 der Gewerbeordnung;
117. Verrat militärischer Geheimnisse, § 1 des Gesetzes vom 3. Juli 1893 gegen den Verrat militärischer Geheimnisse;
118. Vorbereitung der vorstehend unter Nr. 117 bezeichneten strafbaren Handlung, § 3 des nämlichen Gesetzes;
119. Verleitung einer Frauensperson zur Auswanderung, um sie der gewerbsmäßigen Unzucht zuzuführen, § 48 des Gesetzes über das Auswanderungswesen vom 9. Juni 1897;
120. Betrügerische Anwendung von auf Täuschung berechneter

Mittel, um auf den Börsen- oder Marktpreis von Waren oder Wertpapieren einzuwirken, § 88 des Börsengesetzes in der Fassung vom 27. Mai 1908;

121. Verleitung zu Börsenspekulationsgeschäften, § 94 des nämlichen Gesetzes;

122. Beschädigung des Vermögens des Kommittenten durch den Kommissionär, § 95 des nämlichen Gesetzes;

123. Rechtswidrige Zueignung von Depots durch einen Kaufmann oder durch Vorstandsmitglieder von handelsrechtlichen Gesellschaften und Genossenschaften, §§ 11, 12 des Gesetzes vom 5. Juli 1896, betreffend die Pflichten der Kaufleute bei Aufbewahrung fremder Wertpapiere;

124. Mitwirkung an einem auf Sklavenraub gerichteten Unternehmen, Betreibung von Sklavenhandel, §§ 1, 2 des Gesetzes vom 28. Juli 1895, betreffend die Bestrafung des Sklavenraubes und des Sklavenhandels;

125. Entziehung elektrischer Arbeit, § 1 des Gesetzes vom 9. April 1900, betreffend die Bestrafung der Entziehung elektrischer Arbeit;

126. Fälschung von Schaumweinsteuerzeichen, § 22 des Schaumweinsteuergesetzes vom 9. Mai 1902;

127. Fälschung von Zigarettensteuerzeichen, § 25 des Zigarettensteuergesetzes (Anl. 2 des Gesetzes vom 3. Juni 1906, betreffend die Ordnung des Reichshaushalts und die Tilgung der Reichsschuld);

128. Fälschung von Leuchtmittelsteuerzeichen, § 23 des Leuchtmittelsteuergesetzes vom 15. Juli 1909;

129. Wissentlich falsche Angaben gegenüber der Aufsichtsbehörde über Versicherungsunternehmungen, § 105 des Gesetzes vom 12. Mai 1901 über die privaten Versicherungsunternehmungen;

130. Wissentlich falsche Abgabe von Erklärungen durch Sachverständige in Bezug auf die Berechnung der Prämienreserve bei Versicherungsunternehmungen, § 107 des nämlichen Gesetzes;

131. Absichtliche Benachteiligung eines Versicherungsvereins durch die Mitglieder des Vorstandes, eines Aufsichtsrats oder eines ähnlichen Organs sowie durch die Liquidatoren, § 110 des nämlichen Gesetzes;

132. Unwahre Darstellungen oder Verschleierungen seitens derselben Personen, § 111 des nämlichen Gesetzes.

Aus dem Militärstrafgesetzbuch.

133. Einfacher Kriegsverrat, § 57;
134. Qualifizierter Kriegsverrat, § 58;
135. Kriegsverräterisches Komplott, § 59;
136. Unterlassene Anzeige eines bevorstehenden Kriegsverrats, § 60;
137. Vorsätzliche Verletzung der Dienstpflicht im Felde, § 62;
138. Pflichtwidrige Übergabe eines festen Platzes seitens des Kommandanten, Verlassen oder Übergabe eines anvertrauten Postens, Kapitulation auf freiem Felde, Übergabe eines Schiffes der Marine oder der Bemannung desselben seitens des Befehlshabers, § 63;
139. Fahnenflucht in wiederholtem Rückfall, § 70;
140. Fahnenflucht im Felde im Rückfall, § 71;
141. Verabredung und gemeinschaftliche Ausführung der Fahnenflucht im Felde, § 72 Abs. 2;
142. Fahnenflucht vom Posten vor dem Feinde oder aus einer belagerten Festung, § 73;
143. Flucht und Verleitung zur Flucht während des Gefechts, § 84;
144. Feigheit, §§ 85, 86;
145. Ausdrückliche Verweigerung des Gehorsams gegen einen vor dem Feinde erteilten Befehl, § 95 Abs. 2;
146. Tätlichkeit gegen den Vorgesetzten mit Verursachung schwerer Folgen oder im Felde, § 97, Abs. 2, 3;
147. Anstiftung oder Anführung eines militärischen Aufruhrs, Begehung von Gewalttätigkeiten gegen einen Vorgesetzten seitens eines Aufrührers, § 107;
148. Militärischer Aufruhr vor dem Feinde, § 108;
149. Schwere Mißhandlung eines Untergebenen, § 123;
150. Plünderung unter Gewalttätigkeit gegen eine Person, § 133;
151. Räuberei an Leichen usw., § 134;
152. Marodieren in Banden oder mit Plünderung, § 135 Abs. 2;
153. Diebstahl oder Unterschlagung von dienstlich zugänglichen oder anvertrauten Sachen, desgleichen gegen einen Vorgesetzten, Kameraden usw., § 138;
154. Passive Bestechung, § 140;

155. Pflichtverletzung vor dem Feinde unter Verursachung von Nachteilen seitens eines Befehlshabers oder eines Postens, § 141 Abs. 2;
156. Entweichung eines Kriegsgefangenen unter Bruch des Ehrenworts oder Bruch des Ehrenworts seitens eines entlassenen Kriegsgefangenen, § 159.

C. Landesrechtliche Bestimmungen.

157. Verabredung von Beamten zu gesetzwidrigen Zwecken, Artikel 123, 124 Code pénal;
158. Amtsuntreue, Artikel 126, 127, 130 des nämlichen Gesetzes;
159. Unbefugte Mitteilung von Fabrikgeheimnissen, Artikel 418 des nämlichen Gesetzes.

Nachtrag.

Ergänzungen und Berichtigungen.

Bei der Eile, mit welcher der vorliegende Kommentar fertig gestellt werden mußte, haben sich einige Bemerkungen eingeschlichen, die nach einer erneuten Prüfung zu berichtigen sind. Gleichzeitig sollen einzelne Erläuterungen ergänzt werden.

Zu S. 29: Die von Bruck aufgestellte Meinung, daß im Wege der Begnadigung auch die Aberkennung der bürgerlichen Ehrenrechte beseitigt werden könne, und es dazu des Verfahrens der Rehabilitation nicht bedürfe, läßt sich nicht aufrecht erhalten. Vgl. Art. 619 code d'instruction criminelle sowie Dalloz, Supplément v° grâce N. 39, 40, und Dictionnaire pratique de droit, eod. N. 3.

Zu S. 30: Den Adel kann der Kaiser auch auf Grund des e.-l. Landesrechts verleihen (Art. 71 der Charte v. 10. Juni 1814, Art. 62 der Charte v. 24. August 1830; durch das Dekret v. 24. Januar 1852 wurde dasjenige v. 29. Februar 1848, das den Adel abgeschafft hatte, wieder aufgehoben). Bisher wurde jedoch stets der preußische Adel an Landesangehörige verliehen (vgl. über das Adelsrecht insbesondere Molitor, Gesetz betr. die Ausführung des BGB. — 2. A. — Bem. 6 zu § 1).

Zu S. 37: Zur Wahrnehmung der Geschäfte, die dem Staatssekretär als unmittelbarem Leiter einer Ministerialabteilung obliegen, ist ihm ein Ministerialdirektor als Stellvertreter beigegeben, der die Befugnisse eines Abteilungsvorstands hat, soweit sich nicht der Staatssekretär die Entscheidung bestimmter Angelegenheiten vorbehält (Ver. v. 31. März 1905 — Gbl. 37).

Zu S. 38: Dem Ministerium ist eine technische Zentralbehörde angegliedert, die tatsächlich eine weitere (5.) Abteilung desselben darstellt, der Oberschulrat. Ihm steht an Stelle des Ministeriums (soweit dies früher zuständig war) die Beaufsichtigung und Leitung des gesamten höheren und niederen Unterrichtswesens mit Ausnahme der Universität, sowie der landwirtschaftlichen und gewerblichen Fachlehranstalten zu (Ver. v. 21. April 1882 — Gbl. 67. Das Unterrichtswesen war zunächst neben der inneren Verwaltung der 1. Abteilung des Ministeriums zugewiesen, sodann ging seine Leitung auf den Staatssekretär über — Ver. v. 29. Juni 1881). Der Oberschulrat setzt sich zusammen aus dem Staatssekretär als Vorsitzendem, einem Ministerialrat als Direktor, 7 ordentlichen Mitgliedern (3 Oberschulräten, dem Vorsitzenden der wissenschaftlichen Prüfungskommission, den Regierungs- und Schulräten bei den Bezirkspräsidien) und einer Anzahl außerordentlicher Mitglieder, die der Statthalter aus den Professoren der Universität, dem höheren Lehramte oder aus sonstigen sachverständigen Kreisen auf bestimmte Zeit oder auf die Dauer ihres Hauptamts beruft. Alle organisatorischen Maßregeln und alle wichtigeren Gegenstände der laufenden Verwaltung werden kollektiv bearbeitet; ebenso findet kollegiale Beschlußfassung über Rekurse gegen gewisse Entscheidungen der Bezirkspräsidenten in Schulangelegenheiten statt. In den übrigen Sachen entscheidet der Staatssekretär oder an seiner Stelle der Direktor. Jedes Mitglied kann Anträge stellen und sich über den Zustand der Schulen an Ort und Stelle unterrichten.

Die unmittelbare Aufsicht über die Universität wird von einem Kurator geführt, der außerdem zur Wahrung der Gerechtsame derselben und zur Leitung der ökonomischen Angelegenheiten und der Kassenverwaltung berufen ist (§ 3 des Gesetzes betr. die Universität der Stadt Straßburg v. 28. April 1872 — Gbl. 166). Er ist Vertreter der ministeriellen Gewalt, die in den Händen des Statthalters als Nachfolgers des Reichskanzlers ruht. Hinsichtlich derjenigen einzelnen Angelegenheiten, die zur Zuständigkeit des Staatssekretärs gehören (vergl. Ver. v. 3. August 1890 — Gbl. 67), ist er diesem letzteren unterstellt (Hoseus, Die Kaiser-Wilhelms-Universität zu Straßburg, 138ff., insbes. 141 u. 144).

Zu S. 40 u. 49: Durch die Verordnung vom 23. November 1907 (RGBl. 759) ist dem Statthalter die Vollziehung allgemeiner Polizeiverordnungen, insbesondere auch über den Fuhrverkehr, die Anlegung von Dampfkesseln und den Verkauf giftiger Stoffe als landesherrliche Befugnis (§ 3 VG) übertragen. Dadurch hat seine Zuständigkeit eine sehr bedeutende Erweiterung erfahren.

Zu S. 68: Der Kaiser ist an den Vorschlag des Bundesrats gebunden, er kann nur die ihm vorgeschlagenen Personen zu Kammermitgliedern ernennen. Das schließt nicht aus, daß ihm der Bundesrat die Auswahl unter mehreren Personen überlassen kann. Eine völlig freie Entschließung stände dem Kaiser nur dann zu, wenn vorgeschrieben wäre, daß die Ernennung nach Anhörung des Bundesrats zu erfolgen hätte [Unzutreffend Bruck, Gemeindeordnung, Bem. 3 zu § 25, woselbst der Begriff des Vorschlagsrechts verkannt wird].

Über die Gegenzeichnung der Ernennungen ist im VG. nichts bestimmt; sie wird dem Statthalter obliegen.

Bezüglich der Handelskammern vergleiche die Verordnung vom 14. April 1897 (GBl. 35) und Bruck III 66ff., bezüglich des Landwirtschaftsrats die Verordnung vom 6. November 1895 (GBl. 111) und vom 12. März 1900 (GBl. 51) sowie Bruck I 146 u. III 30, bezüglich der Handwerkskammer das Reichsgesetz v. 26. Juli 1897 (RGBl. 663) und Bruck III 75ff.

Zu S. 86 u. 132: Die Anstellung der Reichstagsbeamten ist dem Reichstagspräsidenten durch § 156 II des Reichsbeamtengesetzes übertragen; er ist derselben Vorschrift zufolge ihre vorgesetzte Behörde. Eine entsprechende Bestimmung enthält § 11 II des e.-l. Etatsgesetzes vom 26. März 1892 (GBl. 13) bezüglich der bei dem Landesausschuß angestellten Beamten. Sie gilt nach § 28 VG nunmehr für die Beamten der zweiten Kammer, während eine Vorschrift für diejenigen der ersten Kammer fehlt.

Auf S. 1 Abs. II Zeile 8 ist statt 558, 561 u. a. . . . zu lesen 516 ff.

Ebenso auf S. 81 Zeile 27 statt 3. A. — 2. A.

Alphabetisches Sachregister.

Die angegebenen Ziffern beziehen sich auf die Seitenzahlen.

A.

Abänderung der RV. 20 f., des VG. 20 f., 133 ff., des WG. 134, 163, der WO. für die I. und die II. Kammer 162, der Wahlkreiseinteilung 162.
Aberkennung der bürgerlichen Ehrenrechte 142, 147 f.; vgl. auch S. 149 (§ 4 II VG.).
Abolition 29.
Abstimmung im Bundesrat 19 ff., im Landtag 93 ff.
Adel 30, 223.
Adresse an den Kaiser 66.
Allgemeine Wahlen; allgemeines Wahlrecht 71 f.
Amnestie 29.
Amtliche Geschäftssprache 125 ff.
appel comme d'abus 125.
Arbeiterstand 68.
Armenunterstützung 142.
Aufhebung von Gesetzen durch das VG. 130 ff.; vgl. auch Abänderung.
Auflösung des Landtags 82, 84 f.
Ausfertigung der Gesetze 52.
Ausführungsverordnungen 49.
Ausgaben im Etatsrecht 55 ff.
Ausweiskarte der Wähler 151, 154, 161.

B.

Bahnpolizei 118.
Bauten 43.
Beamte: Reichs- und Landesbeamte 14; Eintritt in den Landtag 80 f.; Ernennung und Beförderung von Mitgliedern der II. Kammer 80 f.; Wahlberechtigung 141.
Belagerungszustand 29 f.
Berichte über Verhandlungen des Landtags 87 f.
Berufung des Landtags 11 f.; zur Wahl 155 f.
Beschlußfähigkeit der Kammern 94 f.
Budgetrecht 53 ff.
Bürgermeister als Organ der Landespolizei 49; Tätigkeit desselben in den Lantagswahlen 150, 153, 154, 155, 173 ff., 200 209.
Bundesrat: Einrichtung 18; Zuständigkeit 63, 118 f., 125; Stimmrecht E.-L. 21 ff.; Bevollmächtigte zum Bundesrat 21, 31, 35.

C.

Christliche Kirchen 121 f.

D.

Deutsches Reich, Verhältnis E.-L. zu demselben 11 ff.
Diäten der Mitglieder des Landtags 104 f.
Diktaturparagraph 5, 7, 31.
Direkte Steuern 56, 142, 147, 149.
Dispositionsfond 32.
Disziplin des Landtags 85.

E.

Ehrenrechte des Kaisers 30, 223, bürgerliche — 142, 147 f.; vgl. auch Aberkennung.
Eid der Mitglieder des Landtags 86.
Einnahmen im Etatsrecht 56 ff.
Einsprüche gegen die Gültigkeit der Wahlen 77 ff.

Einwendungen gegen die Wählerlisten 150 f., 153.
Eisenbahnwesen 109 ff.; Reichseisenbahnen und Privatbahnen 113 ff.; Eisenbahnhoheit 115 ff.
Elsaß-Lothringen: geschichtliche Entwicklung 2 ff.; rechtliche Stellung 10 ff.
Enteignung 116.
Entlastung im Budgetrecht 59 f.
Entmündigung 141, 146.
Eröffnung des Landtags 82 f.
Ersatzwahl 160 f., 211.
Etatsrecht 53 ff.

F.

Festnahme von Mitgliedern des Landtags 98.
Finanzvermögen 15.
Freiheit des religiösen Bekenntnisses 120 f.

G.

Gebietshoheit 16.
Gegenzeichnung durch den Reichskanzler 31, 39; durch den Statthalter 34; durch den Staatssekretär 39, 42.
Geheime Abstimmung bei den Wahlen zur II. Kammer 71 ff.
Gemeindeabgaben 142, 147.
Genehmigung durch den Landtag 59, 65, 82, 101 ff, 105, 108.
Generaldirektion der Reichseisenbahnen 111.
Gerichtliche Entscheidungen im Wahlprüfungsverfahren 77 ff., über Einwendungen gegen die Richtigkeit der Wählerliste 150 f.
Geschäftsordnung der Kammern 85.
Geschäftssprache des Landtags 87, der Behörden und öffentlichen Körperschaften 26 ff.
Gesetz: Landesgesetze 45 ff.; Gesetz u. Verordnung 49; Initiative zu Landesgesetzen 51, 89; Sanktion u. Ausfertigung 52; Verkündung 53; Etatsgesetz 54 ff.
Gleichberechtigung der Konfessionen 120 f.

H.

Haft der Landtagsmitglieder 101 ff.
Handelskammern 63; Wahlordnung für dieselben 176.
Handwerkskammer 63; Wahlordnung für dieselben 184.

J.

Immunität der Landtagsmitglieder 98 ff.
Initiative zur Gesetzgebung 89 f.
Inkompatibilität der Mitgliedschaft beider Kammern 71, 76, 95.
Instruktion der Bundesratsbevollmächtigten 31, 34 ff.
Interpellationsrecht der Kammern 89 ff.
Israelitische Konsistorien 63, 123; Wahlordnung für dieselben 169.
Jüdischer Kultus 122 ff.

K.

Kaiser: Organstellung 26 f.; Regierungsrechte — landesherrliche Befugnisse 27 ff.; Ehrenrechte 30; Ernennung und Abberufung des Statthalters 30; Übertragung landesherrlicher Befugnisse 38 ff.; Erlaß von Landesgesetzen 42, 51 ff. und von Rechtsverordnungen 49 ff.; Ernennung von Mitgliedern der I. Kammer 63, 69; Berufung, Eröffnung, Vertagung, Schließung und Auflösung des Landtags 82 ff.
Kaiserlicher Rat 77 f.
Kaiser-Wilhelms-Universität 63; Wahlordnung für dieselbe 164.
Kammern des Landtags: Gesetzgebung 42 f., 51 f.; Budgetrecht 54, 57 ff.; Zusammensetzung der I. Kammer 62 ff., der II. 71 ff.; Verhältnis und Rechte beider 66 ff.
Katholische Kirche 121 ff.
Konkurs 142, 146 f.
Kontrolle des Landeshaushalts 59 f.
Kosten der Wahlen 161 f.

L.

Landesangehörigkeit 16.
Landesausschuß 6, 44, 67, 72.
Landesbeamte, Landesbehörden 14.
Landesfiskus 12, 15.
Landesgesetzgebung 42ff.
Landeshaushaltsetat 42 f., 53ff.
Landespolizei 49.
Landesrecht 45ff.
Landtag: Charakteristik 64 ff.; Zusammensetzung 66 ff.; Legislaturperiode 69 f., 73 ff.; Berufung, Eröffnung, Vertagung, Schließung, Auflösung 82 ff.; Geschäftsordnung 85 f.; Verhandlungen und Geschäftssprache 87 f.; Recht der Initiative und der Interpellation 89 ff.; Petitionen 91; Abstimmung 93 ff., 98.
Landtagsmitglieder: Eid 86; rechtliche Stellung 95 ff.; Immunität 98 ff.; Diäten 104 f.; Endigungsgründe der Mitgliedschaft bei der I. Kammer 69 ff.; bei der II. 76.
Landwirtschaftsrat 63; Wahlordnung für denselben 180.
Lehrer 81, 141.

M.

Militärpersonen 141, 145, 150.
Ministerium 37 f.; Mitglieder desselben im Landtage 92 f.
Mißbrauch in kirchlichen Angelegenheiten 125.

N.

Nachwahl 159 f., 209 f.
Notstandsverordnungen 50, 105 ff.

O.

Öffentlichkeit der Landtagsverhandlungen 87, der Wahlen 157, 209.

P.

Petitionen 89, 91 f.
Polizeiverordnungen 49 f., 224.
Präsidenten der Kammern 66, 85 f.
Präsidialstimmen im Bundesrat 17, 22.
Preußenklausel 22 f.
Protestantische Kirchen 121 ff.

R.

Rechnungshof des Deutschen Reichs 59.
Rechnungslegung 59 f.
Rehabilitation 29, 223.
Reichsangehörigkeit 16, 141, 143 f., 149.
Reichseisenbahnen 109 ff.
Reichsgesetze 45 ff., 133 ff.
Reichskanzler 4 f., 7, 30, 36, 39, 40, 111.
Reichsland; vgl. Elsaß-Lothringen.
Reichstag 18.
Reichsverfassung: Einführung in E.-L. 5; Abänderung und Stimmrecht E.-L. 19 ff., 23 f., 135 f.
Reisekosten der Landtagsmitglieder 105.
Rekurse wegen Mißbrauchs in kirchlichen Angelegenheiten 125.
Religionsdiener 81, 141.
Religionsgesellschaften 121 ff.
Requisition der Truppen 31 f.

S.

Sanktion der Gesetze 52.
Schatzanweisungen 60 ff.
Schließung des Landtags 82 f.
Selbstverwaltung 14.
Sitzungsperiode (Session) 83.
Sprachenparagraph 126.
Staatsangehörigkeit; vgl. Landesangehörigkeit.
Staatsgewalt 11 f., 26 f.
Staatsrat 28, 67.
Staatssekretär 37 ff.
Staatssteuern im Etatsrecht 43, 56; Entrichtung direkter Staatssteuern 142, 147, 149.
Staatsverträge 16.
Städte, Vertreter derselben in

der I. Kammer 63, 68; Wahlordnung für die Gemeinderäte 73.
Statthalter: rechtliche Stellung 32f.; Ernennung und Abberufung 32; ministerielle Befugnisse 33 ff.; konstitutionelle Verantwortlichkeit 34 ff.; Instruktion der Bundesratsstimmen 35f.; landesherrliche Befugnisse 39f.; Stellvertretung desselben 37, 39, 40 ff.
Stimmabgabe bei den Wahlen zur I. Kammer 166 (vgl. auch 170, 174, 177, 181, 186); bei denen zur II. Kammer 156f., 202f.
Stimmbezirk 155, 199f.
Stimmrecht E.-L. im Bundesrat 17, 19 ff.
Stimmzähler 158, 204.
Stimmzettel bei den Wahlen zur I. Kammer 166 (vgl. auch 170, 174, 177, 181, 186), bei denen zur II. Kammer 156, 201 ff.

T.

Tagegelder der Landtagsmitglieder 105.

U.

Universität; vgl. Kaiser-Wilhelms-Universität.
Ungültigkeit der Stimmzettel; vgl. Stimmzettel; Ungültigkeit der Wahl 77 ff.
Unterrichtssprache 125, 128f.
Untersuchungen gegen Landtagsmitglieder 101 ff.
Unterstaatssekretäre 37.
Urlaub der Landtagsmitglieder 97.

V.

Verantwortlichkeit des Statthalters 31, 34 ff., des Staatssekretärs 39, 41.
Verfassungsklausel 23f.
Verfolgung, Verhaftung der Landtagsmitglieder 101 ff.
Verkündung der Gesetze 53.
Verordnungsrecht 49f., 105 ff., 224.
Vertagung des Landtags 82f.
Vertretung des Statthalters 37, 40 ff., des Staatssekretärs 41.
Verwahrung der Wahlprotokolle und Stimmzettel: I. Kammer 168f., 172, 176, 180, 184 188; II. Kammer 205, 211.
Vorläufige Vormundschaft 141, 146.
Vorschlagsrecht der Kammern 89.

W.

Wahlausschließungsgründe 70f., 141, 146 ff.
Wählbarkeit für die I. Kammer 63f., 68f.; für die II. Kammer 149f.
Wahlberechtigung für die I. Kammer 63; für die II. Kammer 141 ff.
Wählerlisten 150 ff., 197f.
Wahlhandlung: I. Kammer 165f., 170, 174, 177, 181, 185; II. Kammer 156 ff., 199 ff.
Wahlhauptorte 159, 207.
Wahlkommissar 159. 206.
Wahlkosten 161f.
Wahlkreiseinteilung 137 ff., 189 ff.
Wahlprotokolle: I. Kammer 168f., 171f., 175f., 179f., 183f., 187f.; II. Kammer 159, 206, 209, 211.
Wahlprüfung 77 ff.
Wahltag: I. Kammer 165, 170, 173, 177, 181, 185; II. Kammer 73, 155f.
Wahlurnen: I. Kammer 166 u. a.; II. Kammer 156, 201, 202, 203, 212.
Wahlverfahren für die I. Kammer: Universität 164; israelitische Konsistorien 109; Städte 173; Handelskammern 176; Landwirtschaftsrat 180; Handwerkskammer 184; für die II. Kammer 197.
Wahlvorsteher 158, 199 ff.
Wahlvorstand: I. Kammer 165, 170, 174, 177, 181, 185; II. Kammer 158, 199 ff.
Wohnsitz im Lande 63f., 69, 141, 143, 144, 149.

Z.

Zivilhaft der Landtagsmitglieder 101f.
Zwangsrechte bei öffentlichen Arbeiten 116.

Inhaltsübersicht.

	Seite
Vorwort	III
Abkürzungen	VI
Literatur	1
Einleitung	2
Gesetz über die Verfassung Elsaß-Lothringens vom 31. Mai 1911	17
Gesetz über die Wahlen zur zweiten Kammer des Landtags für Elsaß-Lothringen vom 31. Mai 1911	137
Anhang:	
I. Wahlordnungen für die Wahlen zur ersten Kammer des Landtags für Elsaß-Lothringen vom 15. August 1911:	
1. Wahlordnung für das Plenum der Kaiser-Wilhelms-Universität Straßburg	164
2. Wahlordnung für die israelitischen Konsistorien	169
3. Wahlordnung für die Gemeinderäte der Städte Straßburg, Metz, Colmar und Mülhausen	173
4. Wahlordnung für die Handelskammern zu Straßburg, Metz, Colmar und Mülhausen	176
5. Wahlordnung für den Landwirtschaftsrat	180
6. Wahlordnung für die Handwerkskammer zu Straßburg	184
II. Verordnung über die Einteilung der Landtagswahlkreise für Elsaß-Lothringen vom 3. Juli 1911	189
III. Wahlordnung für die Wahlen zur zweiten Kammer des Landtags für Elsaß-Lothringen vom 31. Juli 1911	197
IV. Verordnung betreffend die Wahlen zur zweiten Kammer des Landtags für Elsaß-Lothringen vom 4. August 1911	212
V. Zusammenstellung der Verbrechen und Vergehen, welche die Aberkennung der bürgerlichen Ehrenrechte zur Folge haben können	213
Nachtrag	223
Alphabetisches Sachregister	226

Hauseigentümer und Steuerreform in Elsaß-Lothringen

Von

Aug. Herrmann

Doktor der Staatswissenschaften

8°. III, 30 S. 1911. M 0.75.

Vorwort des Verfassers: „Am 1. Februar 1911 hat der Kaiserliche Statthalter Graf v. Wedel die 38. und letzte Session des Landesausschusses für Elsaß-Lothringen eröffnet. Er teilte hierbei mit, daß die auf die Steuerreform bezüglichen Gesetzentwürfe fertiggestellt wären und ihre parlamentarische Beratung erfolgen könnte, sobald über den dem Reichstag vorliegenden Gesetzentwurf der verbündeten Regierungen betreffend die Verfassung Elsaß-Lothringens entschieden wäre.

Heute ist die neue Verfassung bereits verkündet.

In einigen Wochen wird sich die neugewählte Volksvertretung mit der für unser Land so wichtigen Steuerreform zu befassen haben.

Lange bevor der Landesausschuß zum letzten Male zusammentrat, beauftragte mich der Verband elsaß-lothringischer Haus- und Grundbesitzervereine, zu der am 10. Juni 1910 dem Landesausschuß vorgelegten Denkschrift über die Reform der direkten Steuern in Elsaß-Lothringen Stellung zu nehmen. Ich tat dies in einem Vortrage, den ich in den größeren Städten Elsaß-Lothringens hielt.

Vielfach geäußerten Wünschen entsprechend wird er hiermit, in der Form weiter ausgestaltet und auch inhaltlich mannigfach ergänzt, der Öffentlichkeit übergeben."

Das

Feldpolizeistrafgesetz

für Elsaß-Lothringen

vom 9. Juli 1888.

Erläutert

von

Dr. A. Stieve,

Gerichtsassessor.

8°. XIV, 100 Seiten. 1907. Kartoniert ℳ 1.60

„Das Werkchen, welches den mit der Verfolgung von Feldfreveln betrauten Beamten die Handhabung des Gesetzes und die Ausübung des Dienstes erleichtern wird, kann den Gemeindeverwaltungen zur Anschaffung für die Feldhüter bestens empfohlen werden."

Straßburger Korrespondenz 1907, Nr. 36.

„Der kleine Kommentar gibt eine sehr brauchbare Erörterung über die zum Teil recht schwierigen Fragen unseres Feldpolizeistrafrechtes. Ein großer Vorzug des Werkchens ist der, daß der Verfasser bei der Untersuchung und Darstellung der besonderen Regelung, die das Gesetz getroffen, immer von den allgemeinen Grundsätzen des Strafrechts ausgeht und auf dieser Grundlage die Sonderbestimmung klar und anschaulich macht. Dadurch bieten die Ausführungen über Notstand, Bewußtsein der Rechtswidrigkeit, Versuch und Beihilfe — die nach dem vorliegenden Gesetz auch bei Übertretungen mit der Strafe des vollendeten Delikts bezw. der Täterhandlung bedroht werden, — Rückfall, Strafbarkeit der Jugendlichen usw., viel allgemein Interessantes. Auch die hübschen Ausführungen über die juristische Natur der „Nachlese" — eine an manchen Orten von alters her bestehende Berechtigung der Armen, die nach vollendeter und abgeräumter Ernte auf den Feldern zurückgelassenen Bodenerzeugnisse einzusammeln und sich anzueignen — wird mancher gerne lesen". *Deutsche Juristen-Zeitung 1908, Heft 7.*

Der Schutz des Ortsbildes

Das Elsaß-Lothringische Landesgesetz betreffend baupolizeiliche Vorschriften vom 7. November 1910 (Gesetzblatt v. 21. Nov.), sowie das Ortsstatut und die Verordnung zum Schutze des Ortsbildes von Straßburg vom 23. November 1910

erläutert von

Dr. jur. Heinr. Emerich,

Beigeordneter der Stadt Straßburg.

8⁰. X, 150 Seiten. 1911. Mit 4 Tafeln.
Geheftet *M* 4.—, gebunden *M* 4.80.

„... Das Werk ist somit vorzüglich dazu geeignet, das Wesen und den Zweck des erwähnten Landesgesetzes auch dem bisher Uneingeweihten vor Augen zu führen und als Grundlage zum Erlasse von Ortsstatuten sowie von bürgermeisterlichen Verordnungen zu dienen.

Das Ziel, welches sich der Verfasser bei Herausgabe des Werkes gesteckt hat, durch Erhaltung schöner, charakteristischer Ortsbilder und durch Gewinnung solcher zum Segen unseres engeren Heimatlandes mit beizutragen, den Gemeinden und anderen Verwaltungsbehörden, den Gerichten und Anwälten, Architekten, Unternehmern und Bauhandwerkern sowie den Schulen ein Hilfsmittel an die Hand zu geben, dies Ziel dürfte in vollem Umfange erreicht werden. Die Herausgabe des Werkes entsprach geradezu einem Bedürfnis. ...“

Elsaß-Lothringische Gemeindezeitung 1911, Nr. 8.

„... Der Inhalt des Buches zeugt nicht bloß von genauer, fachmännischer Kenntnis der behandelten Gebiete, sondern auch von einem ernsten Erfassen der Schönheit heimatlicher Bauschätze und einem warmen kommunal-patriotischen Empfinden. Interessiert die „wunderschöne Stadt“ mit ihren Bauten schon heute jeden gebildeten Deutschen, so wird das Buch dazu beitragen, dieses Interesse in weitere Kreise zu tragen. ...“

Deutsche Gemeinde-Zeitung 1911, Nr. 7.

Ausführungsgesetze.

Das elsaß-lothringische Gesetz, betreffend die Ausführung des Reichsgesetzes über die Angelegenheiten der freiwilligen Gerichtsbarkeit vom 6. November 1899 nebst den zugehörigen Ausführungsverfügungen. Auf amtliche Veranlassung erläutert von Hugo Molitor. 8°. X, 242 S. 1901.
Geheftet ℳ 4.50, in Leinwand gebunden ℳ 5.—.

Die Elsaß-Lothringischen Ausführungsgesetze und Verordnungen zu den Reichs-Justizgesetzen nebst einigen weiteren Gesetzen über Gewerbegerichte, Forststrafrecht, Erbbescheinigungen, Feld- und Fährpolizei-Uebertretungen, Vormundschaften und Zwangsenteignung, von Hugo Molitor. Textausgabe mit französischer Übersetzung und Anmerkungen. Zweite verbesserte und vermehrte Auflage. 8°. 445 S. 1887. Geheftet ℳ 5.—, gebunden ℳ 6.30.

Siehe auch S. 1 dieses Verzeichnisses.

Bergrecht.

Entstehung und Beendigung des Bergwerkseigentums nach dem in Elsaß-Lothringen geltenden Rechte, von Dr. Otto Kusenberg. 8°. 115 S. 1905.
Geheftet ℳ 2.—.

Bürgerliches Gesetzbuch.

Das Bürgerliche Gesetzbuch mit den dazu gehörigen Nebengesetzen für Elsaß-Lothringen. Bürgerliches Gesetzbuch, Gesetz über die Angelegenheiten der freiwilligen Gerichtsbarkeit, Grundbuchordnung, Gesetz über die Zwangsversteigerung und Zwangsverwaltung nebst den Einführungsgesetzen und den für Elsaß-Lothringen erlassenen Ausführungsgesetzen. Bearbeitet von Karl Paffrath und Franz Großmann, Landgerichtsräte in Straßburg. XVI, 848 S. 1901. Geheftet ℳ 3.—, in Halbfranz gebunden ℳ 4.—.

Freiwillige Gerichtsbarkeit. Siehe Ausführungsgesetze.

Grundeigentum und Hypothekenwesen.

Die elsaß-lothingischen Gesetze betreffend Grundeigenthum und Hypothekenwesen sowie die Einrichtung von Grundbüchern nebst den Kostengesetzen und Ausführungsverordnungen. Mit Erläuterungen herausgegeben von A. Leoni, k. Ministerialrat. 8°. VIII, 248 S. 1892. In Ganz-Leinwand gebunden ℳ 4.—.

Jagdgesetze.

Das Elsaß-Lothringische Jagdgesetz. Textausgabe mit französischer Übersetzung und Anmerkungen von einem Mitgliede des Landesausschusses. 8°. 31 S. 1881. Kart. *M* —.80.

Das Elsaß-Lothringische Jagdpolizeigesetz nebst der darauf bezüglichen Verordnung. Textausgabe mit französischer Übersetzung und Anmerkungen von einem Mitgliede des Landesausschusses. 2. Auflage. 8°. 41 S. 1883. Kart. *M* —.80.

Siehe auch Seite 4 dieses Verzeichnisses.

Justizgesetze.

Das Gesetz für Elsaß-Lothringen, betreffend die Änderung verschiedener Justizgesetze, vom 13. Februar 1905 (Justiznovelle) nebst Ausführungs-Verordnungen und Materialien. Auf amtliche Veranlassung mit Erläuterungen herausgegeben von Hugo Molitor. Geh. Regierungsrat im Ministerium für Elsaß-Lothringen. 8°. VIII, 166 S. 1905. Kart. *M* 3.—.

Inhalt: I. Gesetz betr. die Änderung verschiedener Justizgesetze (Justiznovelle): Art. 1 (Notariats-Gesetz v. 23. XII. 1873 §§ 9, 10. — Art. 2 (Ausf.-Gesetz zum Gerichtsverfassungsgesetz v. 4. XI. 1878). — Art. 3 (Ausf.-Ges. zum B.G.B. § 40, § 40a, Exkurs). — Art. 4 (Ausf.-Ges. zum Reichsges. über die Angel. der freiw. Gerichtsbarkeit, § 28, § 28a, § 56). — Art. 5 (Ausf.-Ges. zur Z.P.O. und K.O. § 7). Art. 6 (Gerichtskostengesetz für Elf.-Lothr. — Art. 7 (Gebührenordnung für die Notare). — Art. 8 (Schlußbestimmung).

II. Ausführungsverordnung. Verfügung des Ministeriums, betr. das Notariat und das Verfahren in Angel. der freiw. Gerichtsbarkeit, v. 28. II. 1905.

III. Materialien.

Siehe auch Ausführungsgesetze.

Katastergesetz.

Das Elsaß-Lothringische Katastergesetz vom 31. März 1884 und das Gesetz vom 6. April 1892 betreffend Abänderung des Katastergesetzes sowie Ausgleichung der Grundsteuer. Text mit französischer Übersetzung und Anmerkungen von Dr. Wilhelm Gunzert, Mitglied des Landesausschusses. 8°. 102 S. 1892. Kart. *M* 1.—.

Unschädlichkeitserklärung.

Das Gesetz für Elsaß-Lothringen vom 19. Juni 1906 über das Unschädlichkeitszeugnis nebst den Materialien. Mit Erläuterungen herausgegeben von Hugo Molitor, Ministerialrat. 8°. V, 63 S. 1907. In Halbleinwand gebunden *M* 1.50.

Die Armenpolitik Frankreichs

während der großen Revolution

und die

Weiterentwickelung der französischen Armengesetzgebung bis zur Gegenwart.

Von

Dr. Rudolf Schwander.

8°. XXII, 157 Seiten 1904. ℳ 3.—.

Inhalt:

Vorwort. — Definition der Begriffe. — I. Der Zustand des Armenwesens vor der großen Revolution. — II. Armenpolitik während der großen Revolution: A. Nationalversammlung. B. Assemblée législative. C. Convention nationale. D. Directoire et Empire. — III. Die Weiterentwicklung der Armengesetzgebung seit der großen Revolution bis zur Gegenwart: A. Die Weiterentwicklung bis zum Jahre 1870. B. Von 1870 bis zur Gegenwart.

„... Eines dieser guten geschichtlichen Bücher ist das vorliegende, welches mit erschöpfender Benutzung der Quellen und guter Hervorhebung der leitenden Ideen gearbeitet ist. ... Aus diesen Bemerkungen geht hervor, wie es der Verfasser verstanden hat, mitten in dem erdrückenden Detailmaterial die großen Gesichtspunkte nicht zu übersehen und die Angelpunkte der Entwicklung unverrückt festzuhalten. ...“

Zeitschrift für Sozialwissenschaft IX. Jahrg., Heft 6.

FSC
www.fsc.org
MIX
Papier | Fördert
gute Waldnutzung
FSC® C083411

Kolibri 360 GmbH
Ferdinand-Jühlke-Straße 7
99095 Erfurt, Deutschland
produktsicherheit@kolibri360.de